भारतीय संदर्भ में व्यावहारिक सकारात्मक मनोविज्ञान

लेखिका का परिचय

डॉ. कमलेश सिंह भारतीय प्रौद्योगिकी संस्थान दिल्ली के मानविकी एवं समाज विज्ञान विभाग में सह–प्रोफेसर के पद पर कार्यरत हैं। इस संस्थान में 2004 में नियुक्त होने से पहले वे लगभग नौ वर्षों तक राजस्थान विश्वविद्यालय, जयपुर के मनोविज्ञान विभाग में सहायक प्रोफेसर के पद पर कार्यरत रहीं। मनोविज्ञान के विभिन्न क्षेत्रों में इन्होंने पढ़ाया और शोध कार्य किया है। उनमें से कुछ मुख्य क्षेत्र हैं– सकारात्मक मनोविज्ञान और इसके उपयोग, मनोवैज्ञानिक परीक्षण और विभिन्न समुदायों और समूहों को शोध में केन्द्रित कर उनकी कुशलता को समझने और उन्नत व समृद्ध करने के लिए विशेष अध्ययन, जैसे स्कूली छात्र, महाविद्यालय के छात्र, ग्रामीण महिलाएँ आदि।

इन्होंने अब तक लगभग 85 शोध पत्र देश–विदेश के वैज्ञानिक जर्नल्स में प्रकाशित किए हैं और इनके 14 अध्याय विभिन्न किताबों में छपे हैं। इसके अलावा स्प्रिंगर प्रकाशन के साथ 'मैजरस ऑफ पॉजिटीव साइकोलॉजी' (2016) में प्रकाशित हुई है और सेज प्रकाशन के साथ 'ट्रांसलेशनल रिसर्च एण्ड एप्लाइड साइकोलॉजी इन इण्डिया' (2019) में प्रकाशित होने के लिए स्वीकृति मिली है।

इन्होंने अपना शोध–कार्य देश और कई विदेशों के सम्मेलनों, जैसे मलेशिया, यू.के., मास्को, चेक गणराज्य, स्पेन और कई बार अमेरिका के विश्वविद्यालयों के सम्मेलनों में प्रस्तुत किया है। ये अन्तरराष्ट्रीय सकारात्मक मनोविज्ञान संगठन में वर्ष 2011 से सलाहकार के रूप में भारत का प्रतिनिधित्व कर रही हैं। इसके अलावा इस क्षेत्र के भारतीय विशेषज्ञों के साथ इन्होंने भारत में भी अपना संगठन 'राष्ट्रीय सकारात्मक मनोविज्ञान संगठन' बनाया है जिसमें इस क्षेत्र को और उन्नत बनाकर आम आदमी के मानसिक स्वास्थ्य की जागरूकता के लिए विभिन्न गतिविधियाँ होती रहती हैं तथा भविष्य में इस क्षेत्र को और अधिक व्यावहारिक व उपयोगी बनाने के लिए विशेषज्ञ कार्यरत हैं।

भारतीय संदर्भ में व्यावहारिक सकारात्मक मनोविज्ञान

डॉ. कमलेश सिंह

सह–प्रोफेसर

मानविकी एवं समाज विज्ञान विभाग

भारतीय प्रौद्योगिकी संस्थान दिल्ली

SSPH

सतीश सीरियल पब्लिशिंग हाउस

403, एक्सप्रेस टॉवर, वाणिज्यिक परिसर, आजादपुर, नई दिल्ली–110033

दूरभाषः 011–27672852 फेक्सः 91–11–27672046

ईमेलः info@satishserial.com, hkjain1975@yahoo.com

वैबसाईटः www.satishserial.com

Published by :

SATISH SERIAL PUBLISHING HOUSE

403, Express Tower, Commercial Complex, Azadpur, Delhi-110033 (INDIA)
Phone : 011-27672852 Fax : 91-11-27672046
E-mail : info@satishserial.com, hkjain1975@yahoo.com

ISBN 978-93-88020-40-4

Composed, Designed & Printed in India

प्रस्तावना

सकारात्मक मनोविज्ञान, मनोविज्ञान की एक नई शाखा है जो लगभग दो दशक पहले एक अलग मनोविज्ञान की शाखा के रूप में उभर कर आई है। इस मनोविज्ञान की शाखा ने पिछले सालों में मानव–व्यवहार के सकारात्मक पहलुओं पर तथा उनको और उन्नत व समृद्ध बनाने के विशेष कार्यक्रम प्रस्तुत कर दिन–दोगुनी रात–चौगुनी उन्नति की है। मगर ये व्यावहारिक ज्ञान–विज्ञान ज्यादातर मनोवैज्ञानिक जगत में ही उपलब्ध हैं। जबकि ऐसे व्यावहारिक ज्ञान की समझ हमारे समुदाय, समाज व संस्कृति में उपलब्ध होने की बहुत जरूरत है जो मानव–व्यवहार के सकारात्मक पहलू में बढ़त कर अपना योगदान दे सके।

इस लक्ष्य को ध्यान में रखकर ही यह पुस्तक मनोवैज्ञानिक विशेषज्ञों और छात्रों के साथ–साथ एक आम पाठक के लिए भी लाभप्रद रहेगी, क्योंकि इस पुस्तक के जरिए मैंने व्यावहारिक सकारात्मक मनोविज्ञान को एक बोलचाल की भाषा में लाने की कोशिश की है जिससे कई फायदे होंगे। जैसे, पाठक को व्यवहार के सकारात्मक पहलुओं पर जानकारी मिलना, सरकारी और गैर–सरकारी संगठन जो हिन्दी भाषी समुदायों में मानसिक स्वास्थ्य पर काम कर रहे हैं, उनके लिए मदद और मेरा खुद का इस पुस्तक को लिखते समय एक प्रशिक्षण कि मैं देश–विदेश और स्वयं की टीम के शोध–पत्रों के व्यावहारिक ज्ञान को उत्तर भारत में सबसे ज्यादा बोली जाने वाली भाषा में अनुवादित कर उनके लिए आगामी कार्यक्रमों में प्रयोग में ला सकूं।

व्यावहारिक सकारात्मक मनोविज्ञान ज्यादातर यूरोपियन और पश्चिमी देशों के मनोवैज्ञानिक सिद्धांतों पर आधारित है। हालाँकि इस पुस्तक में उनके साथ–साथ भारतीय मनोविज्ञान के व्यावहारिक ज्ञान और विज्ञान को भी सम्मिलित किया गया है जिसका मुख्य उद्देश्य पाठक तक सकारात्मक मनोविज्ञान का हर व्यावहारिक पहलू, जो उसकी खुशी, सचेतन, प्रतिरोधक्षमता और दूसरे सद्गुण व विशिष्ट गुणों की समझ और उन्हें उन्नत व समृद्ध करने के लिए व्यावहारिक सकारात्मक मनोविज्ञान में और धार्मिक और आध्यात्मिक क्षेत्र में मौजूद कार्यक्रमों से अवगत कराना है। मनोवैज्ञानिकों के अलावा, विशेषकर दूसरे पाठकों के लिए सरल भाषा में इस विषय के परिचय और इसमें शोध करने के विभिन्न तरीकों पर भी विशेष प्रकाश डाला गया है। इसके अतिरिक्त व्यावहारिक मनोविज्ञान में अनुवाद सम्बन्धी शोध, ज्ञान

अनुवाद, हमारी शोध श्रृंखला से सीख और आखिरी अध्याय, जो आगामी समय में व्यावहारिक सकारात्मक मनोविज्ञान के क्षेत्र में एक दिशा–निर्देश प्रस्तुत करता है और ये अध्याय इस क्षेत्र के कार्यकर्ताओं के लिए पथ प्रदर्शक रहेंगे। आशा है कि ये पुस्तक पाठकों की उम्मीदों पर खरी उतरेगी और उनकी समझ में एक सकारात्मक बदलाव लाएगी।

आभार

यह पुस्तक मेरे पिछले लगभग पच्चीस सालों के पढ़ाने और शोध करने के अनुभव पर आधारित है। इस शोध–यात्रा में मेरा बहुत से विशेषज्ञों और छात्रों ने साथ दिया जिनको मैं अपना धन्यवाद देना चाहूंगी। प्रोफेसर उपेन्द्र धर, प्रोफेसर संग्राम सिंह नाथावत, प्रोफेसर राजबीर सिंह जिन्होंने मेरे शैक्षिक शोध के दौरान मार्गदर्शन किया और इस शोध–यात्रा में मुझे निपुण बनाने के लिए उनका आभार प्रकट करना चाहूँगी। मेरे शोध–पत्रों का एक मुख्य हिस्सा ग्रामीण क्षेत्र भी रहा है जिसमें डॉ. दलबीर सिंह ने हरियाणवी क्षेत्र शोध में विशेष योगदान दिया। ये सह–प्राध्यापक के तौर पर नेकीराम शर्मा सरकारी महाविद्यालय रोहतक, हरियाणा में कार्यरत हैं। इस सहयोग के लिए इन्हें विशेष आभार प्रकट करती हूँ।

इनके अलावा बहुत सारे शोध छात्रों और प्रोजेक्ट में सहायक छात्रों का इस शोध श्रृंखला में विशेष योगदान रहा जिनमें से कुछ को उनके बेशर्त समर्थन, मदद और शोध–कार्य को निपुण बनाने के लिए बेजोड़ मेहनत के लिए विशेष धन्यवाद देना चाहूँगी। डॉ. शालिनी दुग्गल झा, डॉ. मोहिता जुन्नारकर, डॉ. जसलीन कौर, डॉ. रजनीश चौबीसा, डॉ. सोनिका दाँगी, डॉ. रोशनी सच्चर, डॉ. अंजली जैन, डॉ. पुलकित खन्ना, डॉ. महिमा रैना, स्वाति शर्मा, शिल्पा बंधोपाध्याय और कुछ और छात्र जिनके साथ किए शोध के कारण मैं इस पुस्तक में व्यावहारिक मनोविज्ञान का प्रस्तुतीकरण और अधिक अनुभवात्मक और योजनास्वरूप विवरण दे पाई, इन सभी का सह्रदय आभार व्यक्त करती हूँ।

जैसा कि हम सब जानते हैं कि जीवन में हम तभी प्रफुल्ल और समृद्ध हो सकते हैं जब हमारे जीवन में सभी स्तम्भ मजबूत हों और इनमें से एक महत्त्वपूर्ण स्तम्भ है परिवार जिसमें मुझे समझने और बिना शर्त समर्थन का माहौल मिला है। इसके कारण ही मैं अपने व्यावसायिक जीवन में उन्नत और प्रगतिशील रह पाई जिसके लिए मेरे पति डॉ. बलराज सिंह और पुत्र हार्दिक सिंह और कार्तिक सिंह को भी धन्यवाद देना चाहूँगी। इसके अलावा एक और मेरे जीवन में सबसे महत्त्वपूर्ण रिश्ता मेरी माँ श्रीमती लक्ष्मी देवी, जिनसे मैंने मनोविज्ञान औपचारिक रूप में पढ़ने से पहले जीवन के मनोविज्ञान को सीखा और अनुभव किया, जो आज भी मेरे लेखन में झलकता है, उनके प्रति प्यार, आभार और कृतज्ञता।

अंत में इस पुस्तक को प्रकाशित करने वाली टीम, पुरुषोत्तम दत्त कुकरेती जी को टाइपिंग के लिए, सतबीर सिंह जी को पुस्तक की विषयवस्तु को सेट करने के लिए और हेमन्त जैन जी को इस पुस्तक को प्रकाशित करने के लिए आभार व्यक्त करती हूँ। आशा है हम सबका यह प्रयास सकारात्मक व्यवहार को समझने में पाठक को एक नई सोच की तरफ अग्रसर करेगा।

विषय सूची

अध्याय : 1

व्यावहारिक सकारात्मक मनोविज्ञान और संबंधित क्षेत्र

सार

इस अध्याय में मनोविज्ञान की क्या परिभाषा है और कैसे विभिन्न दृष्टिकोणों और विभिन्न शाखाओं में मानव–व्यवहार का विवरण दिया जाता है, के बारे में प्रस्तुत किया गया है। उसके बाद 'भारत में मनोविज्ञान' और 'भारतीय मनोविज्ञान' का परिचय दिया गया है। फिर सकारात्मक मनोविज्ञान और व्यावहारिक मनोविज्ञान का परिचय, इनकी शाखाओं की औचित्यता और महत्त्वता पर प्रकाश डाला गया है। आमतौर पर यह अध्याय व्यावहारिक सकारात्मक मनोविज्ञान और इससे सम्बंधित क्षेत्रों का परिचय प्रस्तुत करता है जो अगले अध्यायों के लिए एक पृष्ठभूमि का काम करेगा।

परिचय

किसी भी विषय पर बात करने से पहले उस विषय के मूल स्वरूप को समझना जरूरी है। अतः आओ सबसे पहले जानें कि मनोविज्ञान क्या है? और इसकी शाखाएँ कौन–कौन सी हैं? मनोविज्ञान मानव व्यवहार का वैज्ञानिक अध्ययन है। मानव–व्यवहार को हम मुख्यतः दो भागों में बाँट सकते हैं– आंतरिक और बाहरी व्यवहार। आंतरिक व्यवहार यानी कि मानसिक प्रक्रिया जैसे सोचने की प्रक्रिया, भावनाएँ, समस्याओं का हल पाने की प्रक्रिया, तर्क–वितर्क की प्रक्रिया आदि और बाहरी व्यवहार जो व्यवहार प्रत्यक्ष रूप से देखा जा सके। मनोविज्ञान में ज्यादातर वैज्ञानिक अध्ययनों पर जोर दिया जाता है। हालांकि कुछ शाखाएँ और सिद्धांत अनुभवी ज्ञान पर भी आधारित हैं और 'भारतीय मनोविज्ञान' भी मानव–व्यवहार को समझने के लिए अनुभवी ज्ञान पर ही जोर देती है।

मानव–व्यवहार को समझने के लिए विभिन्न दृष्टिकोण

मनोविज्ञान में व्यवहार का अध्ययन करने के लिए इसकी विभिन्न शाखाएँ और दृष्टिकोण हैं। यदि हम विभिन्न दृष्टिकोणों की बात करें तो कुछ दृष्टिकोण मानते

हैं कि हमारा व्यवहार मुख्यतः हमारे बचपन की परवरिश व परिस्थितियाँ निर्धारित करते हैं, दूसरा दृष्टिकोण कहता है कि हमें किन बातों या हरकतों के लिए ईनाम मिला और किस तरह के लिए दण्ड, यह निर्धारित करेगा कि हमारा व्यवहार कैसा है? अगला दृष्टिकोण कहता है कि हमारी सोच हमारे व्यवहार का केन्द्रबिन्दु है। एक और दृष्टिकोण कहता है कि हमारी आनुवंशिकता व वातावरण और इन दोनों का पारस्परिक प्रभाव हमारे व्यवहार को निर्धारित करता है।

जैसे मनोविज्ञान में इस विषय पर काफी चर्चा होती है कि एक ही उत्तेजना या उद्दीपन की प्राणी भिन्न–भिन्न प्रतिक्रियाएँ क्यों देता है? प्राणी को प्रभावित करने वाले दो मुख्य कारक हैं– एक, उसका वातावरण और दूसरा, प्राणी का अपना स्वभाव। मनुष्य के व्यवहार के उदाहरण में इसे समझना और भी जटिल हो जाता है। मनोविज्ञान में मनुष्य के विशेष स्वभाव के निर्मित होने के लिए विभिन्न मनोवैज्ञानिकों ने विभिन्न सिद्धांत दिए हैं। जैसे–मनोविज्ञान में संरचनावाद दृष्टिकोण मानता था कि मन की संरचना का अध्ययन करना मनोविज्ञान का मुख्य उद्देश्य है, जबकि क्रियावाद मानता है कि मन की क्रियाओं का अध्ययन करना मनोविज्ञान का उद्देश्य है। हालाँकि उसके बाद आये दृष्टिकोण और अधिक विस्तृत रूप से मनोविज्ञान की विषयवस्तु व सिद्धांतों का हवाला देते हुए वर्णन करते हैं। जैसे–मनोविश्लेषण, जिसके प्रमुख सिगमंड फ्रायड हैं, मानते हैं कि हमारा व्यवहार मुख्यतः अवचेतन मन में हमारे बचपन के दौरान अनुभव की गई नकारात्मक भावनाएँ, जैसे–चिंता, कुण्ठा, द्वन्द्व, आत्महीनता आदि से प्रभावित होता है। अतः इस सिद्धांत को मानने वाले सभी मनोवैज्ञानिकों ने बचपन को अत्यधिक महत्त्व दिया है और माना है कि व्यक्ति का बचपन उसके व्यक्तित्त्व को एक विशेष दिशा देता है, जैसे बचपन की हीन भावना, विकासात्मक अवस्थाओं में आए द्वन्द्व समय पर नहीं सुलझना, बचपन में स्नेह या सही देखरेख न होना आदि। अतः यह सिद्धांत मानता है कि अगर हमें स्वस्थ व सन्तुलित व्यक्तित्त्व चाहिए तो बचपन और विकासात्मक अवस्थाओं पर ध्यान दें और बच्चों को सकारात्मक माहौल में पालना होगा। आधुनिक मनोवैज्ञानिक इस मुद्दे को समझते हुए बाल अवस्था और किशोरावस्था पर व्यक्ति के सकारात्मक विकास के लिए विशेष ध्यान देते हैं।

हालाँकि संज्ञानात्मक दृष्टिकोण मनोविज्ञान की विषयवस्तु ज्यादातर मानसिक प्रक्रियाओं को मानता है और इस दृष्टिकोण के अंतर्गत संवेदना, अवधान, प्रत्यक्षण, अधिगम, स्मृति, चिंतन आदि मानसिक प्रक्रियाओं का अध्ययन किया जाता है। मुख्यतः हमारे विशेष व्यवहार का कारण हमारी सोच को माना जाता है। यदि हमारी

अच्छी और खुशहाल सोच होती है तो हमारा व्यवहार भी खुशहाल होगा और यदि हमारी सोच विकृत होती है तो ये नकारात्मक भावनाएँ, जैसे चिंता, अवसाद या तनाव को बढ़ा सकती हैं। अतः इस दृष्टिकोण को महत्त्व देने वाले मनोवैज्ञानिक ज्यादातर व्यक्ति की सोच पर केन्द्रित हो मानव व्यवहार को समझते हैं और आवश्यकता पड़ने पर सोच में आई विकृति को थैरेपी या रोगोपचार के द्वारा ठीक भी करते हैं।

इन दो दृष्टिकोणों के ठीक विपरीत व्यवहारवाद, जो बाहरी व्यवहार, जिसे हम प्रत्यक्ष रूप से देख सकते हैं, को ज्यादा महत्त्व देता है। इस दृष्टिकोण का मानना है कि मनोविश्लेषण और संज्ञानात्मक दृष्टिकोण को हम वैज्ञानिक ढंग से अध्ययन नहीं कर पाते। जबकि बाहरी व्यवहार का अध्ययन वैज्ञानिक ढंग से किया जा सकता है और दूसरे कारण अपने आप व्यक्ति के व्यवहार के अंतर्गत अध्ययन किए जा सकते हैं। व्यवहारवाद मानता है कि व्यक्ति कैसा व्यवहार करता है, वह उसके वातावरण के द्वारा दिए गए पुरस्कार और दण्ड का परिणाम होता है। मनुष्य अपने जीवन में सीखता है कि उसे क्या–क्या कार्य करने से पुरस्कार मिलेगा और क्या–क्या करने से दण्ड? वह पुरस्कार मिलने वाले क्रियाकलापों को अहमियत देता है और दण्ड मिलने वाले क्रियाकलापों से बचता है। अतः हमें समाज में अच्छे व्यवहार को ही प्रोत्साहित करना चाहिए और गलत व्यवहार समाज में किसी तरह से भी प्रोत्साहित ना हो, यह भी ध्यान रखना चाहिए। ऐसे सिद्धांत जानवरों को प्रशिक्षित करने के लिए उपयोग में लाए जाते हैं और मनुष्यों में भी उनके वातावरण को महत्त्व देते हैं। उदाहरणतया, जिन देशों में पुरस्कार और दण्ड के नियम ज्यादा मजबूत हैं वहाँ के लोग ज्यादा अनुशासित होते हैं, जैसे, अगर हम अमेरिका और भारत के यातायात नियमों को मानने पर चर्चा करें तो बेशक अमेरिका में यातायात कानूनों का अनुसरण कड़ाई से किया जाता है, क्योंकि वहाँ नियमों का उल्लंघन करना व्यक्ति के लिए काफी भारी पड़ता है। जबकि भारत में उन नियमों को तोड़ने पर बचने के तरीके लोगों के पास मौजूद होते हैं और वे ज्यादा परवाह नहीं करते। इससे भी ज्यादा जब हो जाता है तब भारतीय लोग अमेरिका में उन्हीं यातायात नियमों का पालन कड़ाई से करते हैं लेकिन भारत में उनकी उतनी परवाह नहीं करते। ऐसे और भी बहुत से व्यवहार की क्रियाओं का मनोवैज्ञानिक विश्लेषण किया जा सकता है। अतः यदि जीवन–मूल्यों और नैतिकता को समाज में मान देना है तो उनका अनुसरण करने वाले व्यक्तियों को भी प्रोत्साहित करते रहना होगा।

हालाँकि यदि हम बन्डूरा के सिद्धांत पर चर्चा करें तो उन्होंने संज्ञानात्मक और व्यवहारवाद, जो एक–दूसरे के विपरीत दिखते हैं तथा एक–दूसरे के आलोचक भी

हैं, को मिलाकर एक अलग अंतर्दृष्टि दी है। इनके सिद्धांत के अनुसार हम समाज में विभिन्न लोगों के जीवन का अनुसरण कर सीखते हैं, जैसे, सबसे पहले हम देखते हैं या नोटिस करते हैं, फिर उसके बारे में सोचते हैं, फिर उसे क्रियान्वित करते हैं और लाभान्वित होते हैं। जैसे कॉलेज में या समाज में जब किसी कार्य को एक व्यक्ति को करना होता है तो वह देखता है कि यह कार्य पहले कैसे किया गया, उस पर अपनी सोच, फिर क्रियान्वित और उसके नतीजे। इसका एक साधारण–सा उदाहरण है, प्रतिदिन बदलता फैशन। जब भी कोई युवा नया फैशन देखता है और पसन्द करता है तो वह भी उसका अनुसरण करता है और नया फैशन अपनाता है तथा दूसरे लोग भी उसे प्रोत्साहित या सराहकर इस प्रक्रिया को सुदृढ़ करते हैं। इसे सामाजिक मॉडलिंग भी कहा जा सकता है।

इसी प्रकार से एक और मनोवैज्ञानिक दृष्टिकोण व्यक्ति के विशेष व्यवहार के लिए उसके गुणों को अहमियत देता है। इस दृष्टिकोण के अनुसार हम सबका अपना–अपना स्वभाव या गुण होता है जिनके तहत हम विशेष व्यवहार करते हैं। यह स्वभाव हमारे वंशानुगत गुण और एक माहौल में भी परवरिश का परिणाम है और यह स्वभाव व गुण विभिन्न प्रकार के व्यवहार के व्यक्तिगत कारण बनते हैं।

अतः उपर्युक्त दृष्टिकोण हमारे व्यवहार और संज्ञानात्मक प्रक्रियाओं में व्यक्तिगत विशेषताओं को विशेष कारण मानते हैं, जैसे, व्यक्ति का बचपन में लालन–पालन, उसके सोचने का तरीका, जैसे–आशावादी या निराशावादी, उसके वातावरण में पुरस्कार और दण्ड की व्यवस्था, उसके वातावरण में सामाजिक मॉडल और उनका व्यवहार, मुनष्य के वंशानुगत गुण और स्वभाव जो उसके व्यवहार को निर्धारित करते हैं और एक विशेष दिशा देते हैं।

हालाँकि मानवतावादी दृष्टिकोण हमारे व्यवहार को किन्हीं कारणों का नतीजा न मानकर हमारा व्यवहार हमारी मर्जी पर निर्भर करना मानता है। यह दृष्टिकोण हमें ये भी अनुमति देता है कि हम जैसा चाहे अपने व्यवहार को दिशा दे सकते हैं तथा यह हमारे अपने हाथ में है। इस पर कुछ मनोवैज्ञानिकों ने सवाल किया कि क्या हम असामान्य व्यवहार चाहते हैं? ये फिर हमें क्यों होता है? इस पर रोजर्स मानवतावादी दृष्टिकोण पर प्रकाश डालते हुए कहते हैं कि ऐसा हमें प्रतिबन्धित वातावरण के कारण होता है। हमने यह सीखा हुआ होता है कि किसी भी कार्य में हमारा क्या योगदान होना चाहिए और कई बार हम उसे वैसे करने में सक्षम नहीं होते जिससे हमारे 'आदर्श स्वयं' और 'वास्तविक स्वयं' में एक अन्तर पैदा हो जाता है जो हमारे कुसमायोजन का कारण बनता है। जैसे एक विद्यार्थी को लगता है कि

उसे तो 90 प्रतिशत अंक ही लाने चाहिए और वह 70 प्रतिशत अंक ही ला पा रहा है। यह अंतर उसमें कुसमायोजन का कारण बन सकता है। यह दृष्टिकोण इस बात पर भी जोर देता है कि आमतौर पर हमें अपनी समस्याओं का समाधान पता होता है, हमें बस एक बेशर्त व हमें समझने वाला वातावरण मिलना चाहिए। इसीलिए रोजर्स ने परामर्शदाता या सलाहकार में कुछ विशेष गुण होने की भी जरूरत पर बल दिया। ये योग्य गुण हैं : (1) अनुरूपता (2) बिना शर्त सकारात्मक समर्थन, और (3) परानुभूति।

परामर्शदाता के ये गुण सलाह चाहने वाले को एक बिना शर्त माहौल में अपनी समस्या का स्वयं समाधान ढूँढ़ने में मदद करते हैं और सलाहकार या परामर्शदाता परामर्शार्थी द्वारा स्वयं ही ढूँढ़े गए समाधानों पर थोड़ा जोर देकर या सराहना कर उसकी मदद करता है और इस तरह से इस बेशर्त वातावरण में परामर्शार्थी अपनी समस्या का हल ढूँढ़ लेता है तथा फिर से अपने जीवन में एक खुशहाल दौर को शुरू करता है।

अगर व्यक्ति के जीवन में समस्या बहुत कठिन नहीं है और अगर यह शर्तों भरे माहौल या स्वयं के व्यवहार के कारण से शुरू हुई है तो यह परामर्श विधि काफी कारगर सिद्ध होती है। विशेष तौर पर जब एक व्यक्ति अपने जीवन की बाधाओं को सुलझाने में सक्षम हो। यह दृष्टिकोण सकारात्मक मनोविज्ञान में एक ऐतिहासिक भूमिका निभाता है, क्योंकि इस दृष्टिकोण में इस बात पर भी जोर दिया गया है कि हम आगे बढ़ने के लिए तत्पर हैं यानी कि आगे बढ़ना हमारा आदतन स्वभाव है जो कुछ रुकावट के कारण कई बार रुकने के लिए बाध्य हो जाता है और जैसे ही वह बाधा हटती है, हम फिर से आगे बढ़ने लगते हैं। यह व्याख्या सकारात्मक मनोविज्ञान में भी मान्य है।

मनोविज्ञान और इसकी विभिन्न शाखाएँ

अमरीकी मनोवैज्ञानिक संगठन में मनोविज्ञान की 54 शाखाएँ रजिस्टर की गई हैं। इनके अतिरिक्त हमारे लिए ''भारतीय मनोविज्ञान'' और इसकी महत्ता को समझना भी उतना ही आवश्यक है, क्योंकि किसी भी व्यवहार को उसके समाज या संस्कृति के संदर्भ में समझना उस माहौल के आयामों के प्रभाव को दर्शाता है। ये विभिन्न शाखाएँ व्यवहार को अपने–अपने विशेष दृष्टिकोण से समझने की कोशिश करती हैं, जैसे, कुछ मनोवैज्ञानिक शाखाएँ व्यवहार को अलग–अलग माहौल में समझने के लिए हैं, जैसे, सामाजिक मनोविज्ञान जिसमें हम व्यक्ति के व्यवहार और

संज्ञानात्मक प्रक्रियाओं को समाज और उसके सम्बन्धित आयामों के संदर्भ में समझते हैं, सांस्कृतिक मनोविज्ञान में इन्हें संस्कृति के संदर्भ में वातावरण मनोविज्ञान में इन्हें वातावरण के संदर्भ में, संगठनात्मक मनोविज्ञान में इन्हें संगठन के संदर्भ में समझते हैं। ऐसे ही और भी मनोविज्ञान की शाखाएँ हैं जिनमें व्यवहार और संज्ञानात्मक प्रक्रियाओं को उसी संदर्भ में अध्ययन किया जाता है।

कुछ मनोवैज्ञानिक शाखाएँ एक विशेष उम्र पर केन्द्रित होती हैं, जैसे– बाल मनोविज्ञान, वयस्क मनोविज्ञान, प्रौढ़ मनोविज्ञान, विकासात्मक मनोविज्ञान, जिनमें मानव–व्यवहार के मनोवैज्ञानिक विकास की चर्चा होती है तथा हम उम्र के अनुसार मनोवैज्ञानिक विकास की चर्चा करते हैं। इसी प्रकार से हम किस प्रकार के व्यवहार तथा उपचार पर अपना ध्यान केन्द्रित करना चाहते हैं, उसके लिए भी अलग–अलग मनोविज्ञान की शाखाएँ हैं, जैसे– असामान्य मनोविज्ञान, परामर्श मनोविज्ञान, नैदानिक मनोविज्ञान या सकारात्मक मनोविज्ञान आदि। अतः व्यवहार को किस विशेष दृष्टिकोण के साथ समझा जा रहा है, उसके अनुसार मनोविज्ञान की बहुत सारी शाखाएँ हैं, जिनमें व्यवहार को उस प्रसंग में सूक्ष्म विवेचना के साथ समझा जाता है।

'भारत में मनोविज्ञान' बनाम 'भारतीय मनोविज्ञान'

आमतौर पर भारत में जिस मनोविज्ञान की हम चर्चा करते हैं, वह मुख्यतः यूरोपियन और पश्चिमी देशों से लिया गया है और उसका मुख्य कारण माना गया है कि मनोवैज्ञानिक, जिन्होंने विभिन्न भारतीय विश्वविद्यालयों के विभागों में मनोविज्ञान को शुरू किया, वे यूरोपियन व पश्चिमी देशों के मनोवैज्ञानिक विशेषज्ञों के छात्र रहे और उनकी पीएच.डी. के शोध के दौरान की ट्रेनिंग उन्हीं के मनोवैज्ञानिक सिद्धांतों पर रही। अतः भारत में मनोविज्ञान की शुरुआत विदेशी सिद्धांतों को इस्तेमाल कर मानव–व्यवहार को समझने से हुई जिसे हम 'भारत में मनोविज्ञान' समझ सकते हैं।

हालाँकि 70 के दशक से कुछ व्यावहारिक मनोविज्ञान पर ध्यान देने वाले भारतीय मनोवैज्ञानिकों ने जोर देना शुरू किया कि हम भारतीय परिवेश को अनदेखा कर व्यवहार को भारतीय संदर्भ में पूरी तरह समझने की प्रक्रिया में अधूरे हैं और हमें इस तरह से सिर्फ पश्चिमी देशों के सिद्धांतों को ग्रहण कर भारतीय परिवेश में व्यवहार समझने की भूल नहीं करनी चाहिए तथा इसके साथ–साथ भारतीय सामाजिक व सांस्कृतिक आयामों के सन्दर्भ में व्यवहार को समझने की तरफदारी की गई।

इसके अलावा 'भारतीय मनोविज्ञान' पर भी कुछ भारतीय मनोवैज्ञानिकों ने और अधिक ध्यान देना शुरू किया और भारतीय दर्शन और धार्मिक व आध्यात्मिक ग्रंथों से उस व्यावहारिक ज्ञान पर ध्यान केन्द्रित किया जो मानव–व्यवहार को समझने में हमारी और अधिक मदद करता है, मानव–व्यवहार को समझने वाला ज्ञान, हमारे पास कुबेर के खजाने की तरह है जिस पर शायद भारतीय मनोवैज्ञानिकों को अपेक्षाकृत ज्यादा ध्यान देना चाहिए था। व्यवहार को समझने की ये दक्षता भारतीय ग्रंथों में भरपूर है, जैसे– व्यक्तित्त्व के प्रकार–सात्विक, राजसिक व तामसिक, विकार जो हमारी खुशहाली में रुकावट बनते हैं, जैसे– काम, क्रोध, मोह, लोभ आदि जिनका लगभग सभी भारतीय धर्मों, जैसे सिख धर्म, जैन धर्म, बुद्ध धर्म, हिन्दू धर्म आदि में उल्लेख मिलता है, अनासक्ति, सत्–चित्–आनन्द, सुख–दुःख, पंच कोश, अष्ट्राँग योग आदि। ये मानव–व्यवहार को समझने के लिए विभिन्न आयाम हैं जो मानव–व्यवहार को ना केवल भारतीय परिवेश में, बल्कि किसी भी स्थिति में व्यवहार की एक विशेष व्याख्यान करते हैं। अतः भारतीय मनोवैज्ञानिकों को मानव–व्यवहार को समझते समय इनको भी महत्त्व देना चाहिए।

सकारात्मक मनोविज्ञान

मानवतावाद दृष्टिकोण की वकालत करते हुए कार्ल रोजर्स और अब्राहम मैसलो ने मानव खुशहाली और मनुष्य की यथाक्रम आगे बढ़ाते रहने की प्रकृति पर अपने सिद्धांतों में खूब महत्त्व दिया और इस कारण से यह दृष्टिकोण सकारात्मक मनोविज्ञान के लिए ऐतिहासिक पृष्ठभूमि के रूप में माना जाता है। हालाँकि यह दृष्टिकोण अनुभवी ज्ञान पर आधारित है और सकारात्मक मनोविज्ञान में मात्रात्मक डाटा और विज्ञान को ज्यादा महत्त्व दिया जाता है।

सकारात्मक मनोविज्ञान की विभिन्न परिभाषाएँ हैं जिनमें सकारात्मक मनोविज्ञान को एक इष्टतम मानव कार्यप्रणाली का अध्ययन माना गया है। मनोविज्ञान की इस शाखा को खुशी या खुशहाली का अध्ययन माना गया है। यह वह मनोविज्ञान है जिसके अध्ययन के तीन मुख्य केन्द्र हैं: सकारात्मक भावनाएँ, इन्सान के सकारात्मक गुण और सकारात्मक संस्थान। यह मनोविज्ञान जब हमारे भूतकाल पर केन्द्रित होता है तो कुशलक्षेप और सन्तुष्टि, वर्तमान में केन्द्रित होता है तो कार्य प्रवाह और खुशी और भविष्यकाल पर केन्द्रित होता है तो उम्मीद और आशावाद को महत्त्व देता है।

यह भी परिभाषित किया गया है कि सकारात्मक मनोविज्ञान उन शक्तियों और गुणों का वैज्ञानिक अध्ययन है जो व्यक्ति और समुदायों को बढ़ने में या उन्नत होने में सक्षम बनाते हैं। यह विषय ये भी विश्वास करता है कि लोग एक भरपूर और अर्थपूर्ण जीवन जीना चाहते हैं, अपने अन्दर सर्वश्रेष्ठ गुणों को पैदा करना चाहते हैं, अपनी दैनिक गतिविधियों में अपने अनुभव को बढ़ाना चाहते हैं।

ये परिभाषाएँ सलीगमैन और उनके सहयोगियों ने सकारात्मक मनोविज्ञान की औपचारिक घोषणा के बाद प्रकाशित की। सकारात्मक मनोविज्ञान की एक अलग विषय के रूप में घोषणा मार्टिन सलीगमैन ने अपने अमरीकी संगठन की अध्यक्षता के दौरान 1998 में की। उन्होंने कहा कि दूसरे विश्वयुद्ध से पहले मनोवैज्ञानिकों के तीन उद्देश्य थेः 1. मानसिक बीमारी को ठीक करना, 2. साधारण जीवन को उन्नत बनाना और 3. प्रतिभा को पहचानना और उसे विकसित करना। परन्तु किन्हीं कारणों से मनौवैज्ञानिकों का ज्यादा ध्यान पहले उद्देश्य पर रहा और अगले दो उद्देश्य कहीं नजरअंदाज हो गए। अतः सकारात्मक मनोविज्ञान की घोषणा के साथ नजरअन्दाज किए इन दो उद्देश्यों पर भी ध्यान दिया जा सकेगा। मार्क होल्डर कहते हैं कि साधारण मनोविज्ञान का केन्द्र होता है कि ''आप में क्या गलत है और उसे कैसे ठीक किया जा सकता है'' मगर सकारात्मक मनोविज्ञान केन्द्रित होता है कि ''आपके साथ क्या सही है, उसे कैसे बढ़ाया जा सकता है''।

इस दौरान किए गए कई अध्ययनों में ये भी पाया गया कि मनोवैज्ञानिक अनुसंधान, व्यक्तित्त्व व मानव–व्यवहार के सकारात्मक पहलुओं की बजाय नकारात्मक पहलुओं पर कई गुणा ज्यादा शोध कर रहे हैं। हालाँकि कुछ शोध पत्रों के विश्लेषण में पाया गया कि मानव–व्यवहार के नकारात्मक पहलू भी समय के साथ बढ़ रहे हैं और हमें उन्हें नजरअंदाज नहीं करना चाहिए। और यह पाया गया कि डिप्रेशन, उदासी, तनाव, चिंता आदि व दूसरे मानसिक विकार पहले की बजाय लोगों में अब ज्यादा बढ़ रहे हैं। मगर मानव–व्यवहार के उन क्षेत्रों के लिए पहले से ही कई मनोवैज्ञानिक शाखाएँ, जैसे– परामर्श मनोविज्ञाान, नैदानिक मनोविज्ञान आदि काम करते रहे हैं। जबकि मानव–व्यवहार के सकारात्मक पहलू पर जोर देने की जरूरत है।

मनोवैज्ञानिक स्वास्थ्य और अस्वास्थ्य मॉडल में फर्क

मनोविज्ञान में अस्वास्थ्य या व्याधि मॉडल स्वास्थ्य के मानसिक रोगों, जैसे– तनाव, गुस्सा, चिंता, अवसाद आदि पर केन्द्रित होता है तथा मानसिक स्वास्थ्य की

कमजोरियों पर ज्यादा केन्द्रित होता है। स्वास्थ्य की कमजोरी दूर करने की कोशिश करता है और तनावरहित होना और कोई बीमारी भी न होना इस मॉडल का उद्देश्य होता है। वहीं पर स्वास्थ्य मॉडल ज्यादातर स्वास्थ्य के सकारात्मक पहलू, जैसे संतुष्टि, खुशी, उल्लास, कुशलता आदि पर ज्यादा केन्द्रित होता है तथा कैसे हमें प्रसन्नता मिले, प्रतिरोधक्षमता बढ़े तथा भावात्मक खुशहाली प्राप्त हो, आदि पर केन्द्रित होता है।

यह मॉडल तनाव बढ़ाने को उपयुक्त मानता है जोकि सकारात्मक है और यह तनाव हमारी आगे बढ़ने की क्षमता बढ़ाता है जिसकी आगे बढ़ने की कोई भी सीमा नहीं होती। कुछ मनोवैज्ञानिक मानते हैं कि कोई भी व्यक्तित्व का गुण या लक्षण –8 से +8 तक हो सकता है अगर ये तटस्थता से नकारात्मकता की तरफ है, तो व्याधि के रूप में होगा और यदि सकारात्मकता की ओर है, तो सकारात्मक लक्षण या गुण होगा। सकारात्मक मनोविज्ञान का सकारात्मक दिशा का अध्ययन करना केन्द्रबिन्दु है कि गुण व लक्षण कितना सकारात्मक है और इसे कैसे बढ़ाया जा सकता है। मुख्यतः सकारात्मक मनोविज्ञान का उद्देश्य मानव–व्यवहार में कमजोरियों का उपचार करना और शक्तियों को और बढ़ाना है।

अगला चरण आता है, सकारात्मक मनोविज्ञान के क्या मुख्य उद्देश्य हैं? जैसा कि हम जानते हैं कि सकारात्मक मनोविज्ञान का उद्देश्य हमारे गुणों और व्यक्तित्त्व के सकारात्मक पहलुओं पर केन्द्रित रह कर मानव–व्यवहार का अध्ययन करना है। इस क्षेत्र के मुख्य उद्देश्य हैंः

1. मानव गुणों और सकारात्मक व्यक्तित्व के आयामों को जानना।
2. उन्हें मापने की अलग–अलग विधि जानना जिससे हम जान पाएँ कि कौन ज्यादा खुश है, कुशल है, आशावाद है आदि तथा किसी भी विशेष कार्यक्रम के कारण खुशी, कुशलता व व्यवहार में आए परिवर्तन को माप सकें या उस कार्यक्रम के प्रभाव का अध्ययन कर सकें।
3. सकारात्मक मनोवैज्ञानिक इस बात पर भी जोर देते रहे हैं कि अगर हम मानव–व्यवहार में शक्तियों और गुणों की एक नियमावली या मैन्युअल बना सकें जिसमें सब सकारात्मक गुणों का वर्णन हो, जैसे मानसिक विकारों के नैदानिक और सांख्यिकी मैन्युअल–5 (डी.एस.एम.–5) जिसमें सभी मानसिक विकारों की विस्तृत सूची दी गई है। पीटरसन और सलीगमैन (2004) ने अपने शुरुआती शोध में 24 चरित्र शक्तियों और गुणों की चर्चा की है और यह कार्य

कई देशों में आगे बढ़ाया गया है। हमने भी अपने अध्ययन में पाया कि भारत में ये सभी 24 चरित्र शक्तियाँ व गुण एक–दूसरे से बहुत अधिक सम्बन्धित हैं। हालाँकि इस क्षेत्र में और काम करने की जरूरत है जिससे हमारे लोकल समुदाय की चरित्र शक्तियाँ व गुण पहचाने जा सकें।

व्यावहारिक सकारात्मक मनोविज्ञान व इसके विभिन्न क्षेत्र

सकारात्मक मनोविज्ञान इन्सान की सम्पन्नता व समृद्धि का अध्ययन माना गया है। ये एक व्यावहारिक विज्ञान है जिसमें खुशहाली व कुशलता बढ़ाने के लिए बहुत सारे मध्यवर्ती कार्यक्रम विकसित किए गए हैं और उनकी प्रभावकारिता भी पाई गई है। ऐसे कार्यक्रम अलग–अलग क्षेत्र के लिए बनाए गए हैं। जैसे– शिक्षा के क्षेत्र में, समुदायों के लिए, संस्थानों में काम करने वाले लोगों के लिए आदि।

शिक्षा के क्षेत्र के लिए : व्यावहारिक सकारात्मक मनोवैज्ञानिक आजकल सकारात्मक शिक्षा की बात कर रहे हैं। यह माना गया है कि स्कूल ऐसी शिक्षा के लिए सर्वोत्तम स्थान है। विकासात्मक मनोवैज्ञानिक भी स्कूल के दौरान दिए गए खुशहाली के लिए मध्यवर्ती कार्यक्रम सबसे कारगर मानते हैं और इस दौरान हम विद्यार्थियों की खुशहाली, भावात्मक बुद्धि, सकारात्मक स्वयं और दूसरे व्यावहारिक सकारात्मक गुण मध्यवर्ती कार्यक्रम के द्वारा बेहतर बना सकते हैं। ये सकारात्मक शिक्षा कार्यक्रम स्कूल का सकारात्मक माहौल और सारे स्कूल में कुशलता कायम रखने की संस्कृति को बढ़ावा देते हैं।

कार्य और संगठन : इसी तरह से कार्यक्षेत्र में कार्य करने की शैली व संगठन में अच्छा बर्ताव, मनोवैज्ञानिक प्रमुख श्रेणी आदि को इस क्षेत्र में कुछ अन्तरराष्ट्रीय कार्यक्रमों के द्वारा बढ़ाया जा सकता है।

स्वास्थ्य का क्षेत्र : इसी तरह से स्वास्थ्य के क्षेत्र में सामाजिक सहारा, आशावाद, स्वावलम्बन, आत्मसम्मान, सक्रिय व डटकर मुकाबला करने का कौशल आदि हमारे शारीरिक व मानसिक स्वास्थ्य को बढ़ावा देते हैं। अतः ऐसे गुण बढ़ाने के लिए कार्यक्रम किए जाते हैं ताकि हम शारीरिक व मानसिक तौर पर स्वस्थ्य रहें। इसके साथ–साथ हमारा सकारात्मक सामाजिक वातावरण भी बनाये जाने के प्रयास किए जाते हैं जिससे लोग और ज्यादा स्वस्थ हो सकें और स्वास्थ्य को बरकरार रख सकें।

ऐसे ही और भी क्षेत्र हो सकते हैं जिनमें सकारात्मक मनोवैज्ञानिक अपने मध्यवर्ती कार्यक्रम के जरिए लोगों का सकारात्मक व्यवहार बढ़ा सकते हैं जिसके

दो जरिए होते हैं। एक तो व्यक्ति के गुण व शक्ति बढ़ा कर और दूसरा, उसके चारों ओर का वातावरण सकारात्मक बना कर, क्योंकि हमारा व्यवहार हमारे और हमारे वातावरण के बीच हुए पारस्परिक प्रभाव का नतीजा होता है और अगर दोनों में सकारात्मक मेल–जोल है तो नतीजा भी सकारात्मक ही होगा। अतः असली दुनिया में कुछ ऐसे वैज्ञानिक मध्यवर्ती कार्यक्रम आने चाहिए जो सिद्धांत व नीतियों के अनुरूप हों।

जब हम व्यावहारिक सकारात्मक मनोवैज्ञानिक क्षेत्रों की बात करते हैं तो मनोवैज्ञानिक विभिन्न क्षेत्रों में, जैसे सकारात्मक थैरेपी (रोगोपचार), सकारात्मक कोचिंग व सकारात्मक काउंसलिंग या परामर्श व्यक्ति के स्तर पर, समूह के स्तर पर या समाज के स्तर पर हो सकते हैं और इनके द्वारा सकारात्मक व्यवहार में बढ़ोतरी करने की कोशिश की जाती है।

इस अध्याय में हमने सीखा कि मनोविज्ञान का क्या अर्थ है, और कैसे इसकी विभिन्न शाखाएँ अपनी–अपनी विशेषता के साथ मानव–व्यवहार का विश्लेषण करती हैं। व्यवहार को कैसे सामान्य और असामान्य, दो मुख्य भागों में बाँटकर भी मनोवैज्ञानिक समझ बनाई जाती है तथा सकारात्मक मनोविज्ञान और इसके क्षेत्र सामान्य और उन्नत व्यवहार को समझने, उसको नापने और उसको और श्रेष्ठ बनाने के लिए कुछ मध्यवर्ती कार्यक्रम प्रस्तुत करने में सक्षम है जिनका विवरण अगले अध्यायों में किया जाएगा।

❑❑❑

अध्याय–2

मनोविज्ञान में शोध पद्धतियाँ

सार

इस अध्याय में मनोविज्ञान में व्यवहार और संज्ञानात्मक प्रक्रियाओं का अध्ययन करने के लिए विभिन्न शोध पद्धतियों पर प्रकाश डाला गया है ताकि अगले अध्यायों में अगर किसी भी पद्धति का उल्लेख हो तो पाठक समझ सकें कि यह शोध किस तरह से क्रियान्वित किया गया है। ये शोध पद्धतियाँ मुख्यतः मानव–व्यवहार के वर्णन, व्याख्या, पूर्वानुमान और बदलाव का मापन करने के लिए इस्तेमाल की जाती हैं। इन शोध पद्धतियों की अपनी–अपनी विशेषताएँ और त्रुटियाँ हैं। अतः शोध प्रश्न के अनुसार सबसे उपयुक्त पद्धति का चयन करना चाहिए और अगर सम्भव हो, तो मिश्रित शोध पद्धतियाँ इस्तेमाल करनी चाहिए।

परिचय

व्यावहारिक सकारात्मक मनोवैज्ञानिक में किए गए शोध जानने और समझने से पहले हमें यह भी समझना चाहिए कि मुख्यतः मनोविज्ञान में शोध कैसे किए जाते हैं और इनके लिए कौन–कौन सी पद्धति इस्तेमाल की जाती है? मनोविज्ञान में जो भी सिद्धांत या शोध में आँकड़े या नतीजे दिए जाते हैं, वे प्रयोग के आधार पर होते हैं। इसके लिए शोध पद्धति की सूची में से कुछ पद्धति चुनकर प्रयोग या अवलोकन आदि को इस्तेमाल कर नतीजे निकाले जाते हैं। वैज्ञानिक मनोविज्ञान के मुख्यतः चार उद्देश्य होते हैं– व्यवहार या/और मानसिक प्रक्रियाओं का वर्णन करना, व्याख्या करना, पूर्वानुमान लगाना और व्यवहार या/और मानसिक प्रक्रियाओं के बदलाव का मापन करना।

शोध विभिन्न प्रकार के हो सकते हैं, जैसे, अगर हम उपयोग के आधार पर बाँटें तो शुद्ध शोध, जिसका उद्देश्य तथ्यों और आँकड़ों के आधार पर सिद्धांत बनाना होता है या व्यावहारिक शोध जिनका उद्देश्य समाज या समुदाय में उस संदेश को पहुँचना और उसके असर का अध्ययन करना होता है। हालाँकि अगर शोध को हम उद्देश्य के आधार पर बाँटें तो शोध का उद्देश्य लिए गए सैम्पल पर अपनी समझ बनाना या वर्णन करना हो सकता है या अन्वेषणात्मक हो सकता है जिसमें हम शोध की पद्धति

इस्तेमाल कर सैम्पल पर किए गए शोध को उसकी कुल जनसंख्या पर उसका सामान्यीकरण कर देते हैं। जैसे, अगर देश के अलग–अलग भागों से हम सैम्पल ले अध्ययन करें और नतीजों को भारतीय नतीजों के रूप में प्रस्तुत करें न कि केवल सैम्पल पर, तो उसे अन्वेषणात्मक शोध कहेंगे। शोध की तरह का एक और विभाजन हो सकता है। पहला गुणात्मक, जैसे– व्यक्तिगत अध्ययन और दूसरा परिमाणात्मक, जिसमें आँकड़े ज्यादा लिए जाते हैं, जैसे– प्रयोगात्मक पद्धति। हालाँकि ये सब शोध की विधियाँ अपनी–अपनी गुणवत्ता और कमियाँ रखती हैं और हमारे पास कोई ऐसी शोध पद्धति नहीं है जो पूरी तरह से अपनी कमियों से मुक्त हो। इसलिए आधुनिक मनोविज्ञान में मिश्रित पद्धति इस्तेमाल करने की सलाह देते हैं ताकि हम नतीजों को विभिन्न पद्धति से पाने के कारण ज्यादा भरोसेमंद व वैध मान सकें। जितनी सशक्त हमारी शोध के लिए इस्तेमाल की गई पद्धति होगी, उतने ही शोध में आए नतीजों पर हम विश्वास कर सकते हैं।

जब हम कोई भी मनोवैज्ञानिक शोध करते हैं तो हम शोध को एक क्रम से क्रियान्वित करते हैं, जैसे सबसे पहले हमारे शोध के लिए समस्या या उद्देश्य का वर्णन करना, फिर उस विषय पर किए गए पिछले सभी शोधों का तथा उस विषय पर सिद्धांतों का विस्तृत विवरण करना ताकि हम उस विषय पर अपनी पूरी समझ बना पाएँ और उस विषय पर शोध करने का क्या औचित्य है, यह समझ पाएं। उसके बाद उस विषय पर पहले से किए गए शोध और हमारी अपनी सूझबूझ से हम अपने शोध के लिए परिकल्पना बनाते हैं। उसके बाद शोध को डिजाइन करते हैं, सैम्पल क्या होगा, यह निर्णय लेते हैं। फिर उस सैम्पल पर डाटा लिया जाता है और डाटा के विश्लेषण के बाद हमें पता लगाना होता है कि हमारी इस अध्ययन के लिए बनाई गई परिकल्पना सिद्ध हुई या नहीं हुई। इसी श्रृंखला को ध्यान में रखते हुए हम उस शोध पर अपनी रिपोर्ट तैयार करते हैं।

मुख्यतः हम सिद्धांत को सिद्ध करने के लिए शोध करते हैं और कई बार नए सिद्धांत को पहली बार प्रमाणित करने के लिए जिसमें हम अपेक्षाकृत अपनी परिकल्पनाओं के प्रति कम निश्चित होते हैं। आओ जानें, मनोवैज्ञानिक मुख्यतः किन पद्धतियों को इस्तेमाल कर शोध करते हैं?

1. **प्रयोगिक पद्धति** : यह पद्धति मनोवैज्ञानिक प्रयोगशाला में इस्तेमाल होती है। पहली मनोवैज्ञानिक प्रयोगशाला जर्मनी में 1879 में विलियम वुण्ट ने स्थापित की थी और आजकल आमतौर पर हर मनोविज्ञान विभाग में प्रयोगशाला होती है जिसमें अलग–अलग प्रयोग डिजाईन कर मानव–व्यवहार

और मानसिक प्रक्रियाओं का अध्ययन किया जाता है। मनोविज्ञान में प्रायोगिक पद्धति सबसे ज्यादा वैज्ञानिक व वस्तुनिष्ठ होती है जिसमें स्वतंत्र चर का आश्रित चर पर असर प्रयोग के द्वारा देखा जाता है। इस प्रक्रिया में बाकी सारे चरों को, जो प्रयोग पर असर डाल सकते हैं, उन्हें प्रयोगकर्ता के द्वारा नियंत्रित किया जाता है ताकि प्राप्त किए गए नतीजे सिर्फ स्वतंत्र चर का प्रभाव हो। ऐसे अध्ययन को "कारण और प्रभाव" के रूप में समझा जाता है। मनोविज्ञान में ये सबसे ज्यादा वैज्ञानिक विधि मानी जाती है। इसमें प्रयोगकर्ता मनचाहे तरीके से शोध की माँग के अनुसार शोध को डिजाईन कर सकता है। इसमें बाहरी कारकों का कम से कम हस्तक्षेप होता है। इस पद्धति से प्राप्त किए गए नतीजे सबसे ज्यादा विश्वसनीय, वस्तुनिष्ठ, प्रामाणिक व वैज्ञानिक होते हैं। मगर इस पद्धति की भी एक त्रुटि है कि इस प्रक्रिया में प्रयोगशाला में एक नियंत्रित स्थिति में प्रयोग होता है और इसके नतीजे हम आमतौर पर वास्तविक स्थिति में लागू कर देते हैं जिसके कारण बाहरी विश्वसनीयता पर प्रश्न किया जा सकता है।

2. **क्षेत्र प्रयोग** : प्रयोगशाला में किए गए प्रयोग की कृत्रिमता कम करने के लिए मनोवैज्ञानिक वास्तविक स्थिति में भी प्रयोग करते रहे हैं, जैसे– कक्षा में, समुदाय में, संगठन में या किसी भी समूह पर अध्ययन कर लेना। इस तरह के प्रयोग में वास्तविक स्थिति में स्वतंत्र चर को प्रस्तुत कर उसका असर आश्रित चर पर देखना। इस अवस्था में हमारा प्रयोग वास्तविक स्थिति में हुआ होता है और हम नतीजों का सामान्यीकरण भी वास्तविक स्थिति के लिए ही करते हैं। अतः हम नतीजों पर ज्यादा भरोसा कर सकते हैं। मगर यहाँ प्रयोग के दौरान वास्तविक स्थिति होने के कारण प्रयोगकर्ता का नियंत्रण अपेक्षाकृत कम हो जाता है।

3. **अवलोकन** : इस पद्धति में मनोवैज्ञानिक अपने शोध प्रश्न के अनुसार हालातों का सिर्फ अवलोकन ही करते हैं और अपने प्रश्न का उत्तर ढूँढ़ने की कोशिश करते हैं। इस पद्धति में न तो शोध के दौरान स्थिति पर ज्यादा नियंत्रण रहता है और न ही प्रयोगकर्ता कोई स्वतंत्र चर अध्ययन के लिए प्रस्तुत करता है। बस स्थिति में जैसा भी हो रहा होता है, उसकी समीक्षा कर शोध प्रश्न के हल को जानने की कोशिश की जाती है। यह पद्धति किसी भी क्षेत्र में शोध शुरू करने के लिए शुरुआती अनुमान देने के लिए अच्छी है या फिर अगर आपका शोध प्रश्न इसी पद्धति के लिए सबसे ज्यादा अनुकूल हो।

शोध में विभिन्न चरों में सह–सम्बन्ध जानने के लिए यह पद्धति अच्छी है, हालाँकि इसमें चरों पर नियंत्रण न के बराबर होता है।

4. **सर्वे पद्धति** : इस पद्धति में शोध प्रश्न के अनुसार कुछ प्रश्न बनाए जाते हैं और उन पर सहभागियों के उत्तर लिए जाते हैं और उनका विश्लेषण कर शोध में नतीजे पाए जाते हैं। आपने अखबारों में ऐसे बहुत से सर्वेक्षण देखे होंगे, जैसे– भारत में राजनीतिज्ञ पार्टियों के लिए लोगों का क्या रुझान है, वे किस पार्टी को अपना वोट देने के लिए अग्रसर हैं, आदि–आदि। इसके साथ–साथ ये भी देखा होगा कि कभी–कभी ये नतीजे आने वाले नतीजों के वही रूप या आँकड़े नहीं दिखाते, जिनके दो मुख्य कारण हैं– सहभागियों के वोट में बदलाव या इस तकनीक को सही से इस्तेमाल ना करने की खामियाँ। जैसे– यदि जो लोग इस सर्वे में भागीदार बने हैं, वे वहाँ की जनसंख्या का सही प्रतिनिधित्व नहीं करते तो नतीजे विषम जनसांख्यिकी कारणों के कारण सर्वे के अलग और असल में अलग होने के कारण शोध में सही प्रतिनिधित्त्व नहीं करते हैं। जैसे– जनता ज्यादा गाँव में है और आपके सर्वे में ज्यादा सहभागी शहर से है या आपके सर्वे में ज्यादा पुरुष लिए गए हैं और औरतों की संख्या वोट डालने के लिए ज्यादा है। कहने का तात्पर्य यह है कि यदि सर्वे में लिए गए सहभागी उस जनसंख्या को जनसांख्यिकी कारणों के आधार पर प्रतिनिधित्व सही से नहीं करते हैं तो सर्वे के नतीजे हमें भ्रमित कर सकते हैं और कुछ समय के लिए असलियत से भटका सकते हैं।

5. **साक्षात्कार पद्धति** : इस पद्धति में शोधकर्ता सहभागियों से साक्षात्कार के दौरान अपने शोध–प्रश्न के अनुसार प्रश्न पूछते हैं और उत्तरों का विश्लेषण कर किन्हीं खास नतीजों पर पहुँचते हैं। साक्षात्कार कई तरह के हो सकते हैं। जैसे कि संरचनात्मक एवं संगठित साक्षात्कार, जिसमें प्रश्न बिल्कुल एक फिक्स डिजाइन या नमूने के होते हैं और साक्षात्कार को उन्हें बदलने की इजाजत नहीं होती। इसके विपरीत असंगठित साक्षात्कार, जिसमें साक्षात्कार को बदलने की खुली छूट होती है मगर इसमें यह समस्या रहती है कि अलग–अलग प्रतिभागी से अलग–अलग प्रश्न हो सकते हैं, जिसके कारण नतीजों के विश्लेषण के दौरान कुछ जरूरी सूचना में अभाव के कारण समस्या का सामना करना पड़ सकता है। दोनों ही स्थिति चरम सीमा पर होने के कारण त्रुटिपूर्ण हो सकती है, इसलिए इन दोनों के बीच की स्थिति नमूना साक्षात्कार, इन दोनों से बेहतर माना गया है जिसमें हम एक नमूना

साक्षात्कार के लिए इस्तेमाल करते हैं जिससे ना ही तो हमारे साक्षात्कार के दौरान प्रश्नों में जड़ता होती है और ना ही अवांछित लचीलापन तथा बीच की स्थिति हमें बेहतर नतीजे देती है।

6. **भागीदारी कार्रवाई अनुसंधान** : यह एक और मनोविज्ञान व दूसरे समाज विज्ञानों में प्रचलित पद्धति है जिसे आमतौर पर एक समूह की कोई समस्या सुलझाने के लिए उपयोग में लाया जाता है। इस पद्धति में यह माना जाता है कि प्रतिभागी अपनी समस्या और उनके समाधान को शोधकर्ता से ज्यादा जानते हैं। अतः प्रतिभागी इस पद्धति में सक्रिय रूप से भागीदारी निभाते हैं। वे सबसे पहले शोधकर्ता की मदद से समस्या को चुनते हैं, फिर उस समस्या के क्या–क्या समाधान हो सकते हैं, उन्हें समझते हैं और फिर समाधान पर काम करने के लिए कार्रवाई करते हैं। इस पूरी प्रक्रिया में शोधकर्ता का कार्य प्रशिक्षक का होता है और इस योजना को आगे बढ़ाना होता है। जैसे– समाज या समूह में कोई समस्या सुलझाने के लिए शोधकर्ता उस समूह, समाज या समुदाय में भागीदारियों का एक समूह बनाता है और उनसे पहले शोध में भागीदारी की सहमति लेता है, फिर अपने शोध के अनुसार विशेष समस्या को समझने के लिए भागीदारियों का सक्रिय सहभागिता रखते हुए उस समस्या को क्रमबद्ध तरीके से समझ उसके समाधान पर भी सहभागियों की सक्रियता के साथ काम करता है, जैसे– गाँव में सफाई सम्बन्धित पहले समस्याओं को जानने और फिर समाधान ढूँढ़ने के लिए सहभागियों के साथ कार्य करते हुए अपना शोध करना।

7. **व्यक्ति अध्ययन** : कई बार अगर व्यक्तिगत केस बहुत अनोखा और असामान्य या विरला हो तो मनोवैज्ञानिक सिर्फ उसी केस पर ध्यान केन्द्रित कर उसे समझने की पूरी कोशिश करते हैं जिसमें उस केस को समझने के लिए सूचनाएँ चारों तरफ से इकट्ठी की जाती हैं, जैसे– व्यक्ति के जीवन के रिकॉर्ड से, मनोवैज्ञानिक परीक्षण इस्तेमाल कर, व्यक्ति का साक्षात्कार कर, उसके बारे में इस व्यक्ति के नजदीकी दोस्तों और रिश्तेदारों से सूचना लेकर या और कोई भी सूचना इकट्ठी करने की तकनीक जो फायदेमंद लगती हैं तो वे सब इस्तेमाल कर जानकारी इकट्ठी करते हैं। यह करने के बाद उस विशेष व्यक्ति या केस को समझने के लिए सारे सूत्रों से इकट्ठी की गई सूचना का विश्लेषण किया जाता है। असाधारण व्यवहार को समझने या विशेष व्यक्ति के व्यवहार की समझ बनाने के लिए इस पद्धति का विशेष तौर

पर इस्तेमाल किया जाता है, हालाँकि विशेष केस होने के कारण इन नतीजों का सामान्यीकरण नहीं किया जा सकता।

8. **मुद्दे पर समूह चर्चा** : इस प्रणाली में शोधकर्ता समूह में एक विशेष विषय पर अपने शोध–प्रश्न के अनुसार चर्चा करता है और अध्ययन करता है कि समूह में सहभागियों के जवाब, उनका व्यवहार, उनके आपसी सम्बन्ध कैसे रहे। यह दोतरफा प्रक्रिया रहती है जिसमें सहभागी प्रश्न भी पूछते रहते हैं और जवाब भी चयनित मुद्दे पर देते रहते हैं और शोधकर्ता विषय पर गहन और विभिन्न प्रतिक्रिया प्राप्त कर सकता है तथा आसानी से अग्रसर हो, जाँच करके मुद्दे पर स्पष्टता और शुद्धता कायम कर सकता है।

9. **मनोवैज्ञानिक परीक्षण :** साधारण सर्वे और प्रश्नावली के अलावा मनोवैज्ञानिक विशेष विषय और उसके मुख्य कारकों पर लोगों का क्या स्तर है, यह जानने के लिए विशेष तौर पर मनोवैज्ञानिक परीक्षण बनाते हैं। यह मनोवैज्ञानिक परीक्षण साधारण सर्वे और प्रश्नावली से उच्चतम स्तर के होते हैं, क्योंकि इनमें जाँच करने से पहले हर प्रश्न का विश्लेषण किया जाता है और प्रत्येक प्रश्न कितना विश्वसनीय और वैध है, ये सांख्यिकी प्रणाली से मूल्यांकन किया जाता है।

मनोवैज्ञानिक परीक्षण बनाते समय मनोवैज्ञानिक अपने तय नम्बर से 3–4 गुणा प्रश्न अपने विषय पर बनाते हैं, उन्हें कई तरह से जाँचते हैं और बीच में बहुत सारे प्रश्न, जो सांख्यिकी प्रणाली के अनुसार उपयुक्त नहीं हैं, उन्हें छोड़ते जाते हैं तथा आखिर में शोध के द्वारा केवल उपयुक्त पाए गए प्रश्नों को ही अपने परीक्षण में शामिल करते हैं। यह परीक्षण हर प्रश्न के रूप में और सम्पूर्ण परीक्षण के रूप में पूरी तरह से विश्वसनीय व वैध होता है जिसकी पूरी प्रक्रिया शोध के रूप में प्रस्तुत की जाती है।

मनोवैज्ञानिक परीक्षणों से सम्बन्धित मनोविज्ञान में शोध–पत्रों की एक श्रृंखला पाई जाती है जिसमें एक परीक्षण के बनने की प्रक्रिया, तय किए गए कारकों का प्रमाणीकरण, अन्य संस्कृति में अनुकूलता, यदि दूसरी भाषा में परीक्षण अनुवाद किया गया है तो उसके बाद उस परिस्थिति में डाटा इकट्ठा कर और फिर सांख्यिकी का इस्तेमाल कर विश्लेषण के द्वारा उस परीक्षण की विश्वसनीयता व वैधता फिर से स्थापित की जाती है। इस तरह से हम व्यवहार में किसी भी आयाम को जाँचने के लिए मनोवैज्ञानिक परीक्षणों को बनाते हैं और समय–समय पर शोध के द्वारा जाँच करते रहते हैं कि यह परीक्षण इस्तेमाल करने के लिए विश्वसनीय और

वैध है। अतः इनके द्वारा प्राप्त किए गए नतीजों पर ज्यादा भरोसा किया जा सकता है। ऐसे बहुत सारे उदाहरण हो सकते हैं, जैसे– खुशी, आशावाद, जीवन में सन्तुष्टि या मानव व्यवहार के नकारात्मक पहलू, जैसे तनाव, चिंता, अवसाद आदि को मापने के मनोवैज्ञानिक परीक्षण। इन परीक्षणों में मानक भी बनाए होते हैं जिनमें मनोवैज्ञानिक दूसरे लोगों की तुलना में या दूसरे मापदण्डों के अनुसार आप इन मनोवैज्ञानिक विषयों पर कहाँ स्थित हैं। इन्हीं के अनुसार मनोवैज्ञानिक आपको बता सकते हैं कि आपके तनाव का स्तर क्या है? आपके जीवन में संतुष्टि का स्तर क्या है, आदि। यह प्रणाली मनोविज्ञान में काफी इस्तेमाल होती है और इसे इस्तेमाल कर हम व्यक्तियों के व्यवहार में मनोवैज्ञानिक स्तर पर भिन्नता जान सकते हैं। जैसे विश्व खुशहाली की रिपोर्ट, जिसमें खुशी और उससे सम्बन्धित कारकों पर लगभग सभी देशों से एक सैम्पल या नमूने के तौर पर सहभागी ले शोध में परीक्षण के प्रश्नों के उत्तरों का विश्लेषण कर खुशहाली पर लगभग हर साल रिपोर्ट बनाई जाती है कि किस देश का खुशी के आधार पर क्या स्तर है? ऐसे ही विश्व बैंक के कुछ शोध उदासी, तनाव, चिंता आदि पर रिपोर्ट तैयार करते रहे हैं जो किसी देश या समुदाय पर भी आधारित होती है। ऐसे ही हमने झारखण्ड की ग्रामीण महिलाओं पर बनाई गई विश्व बैंक रिपोर्ट में कार्य किया था। भारत से और भी कई मनोवैज्ञानिक कारकों पर आँकड़ों की चर्चा करती विश्व बैंक की कई रिपोर्ट उपलब्ध हैं। ऐसे अध्ययनों में जहाँ काफी बड़ा डाटा चाहिए, मनोवैज्ञानिक परीक्षण काफी कारगर सिद्ध होते हैं और मनोविज्ञान में भी मुख्यत शोध–पत्रों में इन्हें अधिकतर उपयोग किया जाता है।

10. **प्रोजेक्टिव तकनीक** : मनोवैज्ञानिक परीक्षण में सीधे प्रश्न पूछे जाते हैं तथा अगर व्यक्ति चाहे तो अपने जवाब एक विशेष तरह से देकर मनचाही दिशा में आसानी से घुमा सकता है और व्यक्तित्त्व के नकारात्मक पहलू, जो वह छुपाना चाहता है, उन्हें छुपा सकता है। मनोविश्लेषक इसके अलावा एक और तकनीक पर विशेष जोर देते हैं। इनके अनुसार जब हम अपने नकारात्मक पहलुओं को बतलाते हैं तो हमारे अहम् को कष्ट होता है और हम आमतौर पर मनोवैज्ञनिक स्तर पर सुरक्षा तंत्र का इस्तेमाल करने लगते हैं और असली जवाब को विकृत कर देते हैं। ऐसे हालात से बचने के लिए और व्यक्तित्त्व के हर पहलू को जानने के लिए आमतौर पर कोई तस्वीर या अस्पष्ट आकृति दिखा उसका विस्तृत वर्णन करने को सहभागी को बोला जाता है। और इस तकनीक के जरिए व्यक्ति का भूत, वर्तमान व भविष्यत् काल के लिए व्यक्ति का रवैया, उसके जीवन की मुख्य घटनाएँ, द्वन्द्व व दूसरे आयामों का अध्ययन

किया जाता है। हालाँकि इस पद्धति की विशेषता के साथ अपनी कुछ त्रुटियाँ, जैसे– स्कोरिंग में व्यक्तिगत राय आने का अंदेशा, मुश्किल तरीका, नतीजों पर विशेषज्ञों की अलग–अलग राय आदि भी होती है।

इस तरह से मनोविज्ञान में बहुत सारी पद्धतियाँ हैं जिनके द्वारा हम व्यक्तियों के व्यवहार को समझ सकते हैं और उसकी व्याख्या कर सकते हैं, क्योंकि इन सब पद्धतियों के अपने गुण व अवगुण हैं। अतः आमतौर पर कई पद्धतियों को इस्तेमाल कर नतीजों को सुदृढ़ बनाने का और शोध–प्रश्न के अनुसार सर्वश्रेष्ठ पद्धति का चयन करने की जरूरत पर जोर दिया जाता रहा है।

इसके अलावा उपरोक्त पद्धतियों का प्रयोग मिश्रित रूप से भी होता है, जैसे एक ही शोध में गुणात्मक और मात्रात्मक पद्धतियों का इस्तेमाल एक साथ भी किया जा रहा है और शोध में कई शोध–प्रश्नों को समझने के लिए गुणात्मक और दूसरों के लिए मात्रात्मक पद्धतियों का इस्तेमाल कर मिश्रित रूप का प्रयोग किया जाता है। इस रूप में पद्धति के अपने अवगुण दूसरी पद्धति से समान नतीजे पाने पर नकारे जा सकते हैं और नतीजों को अधिक सत्यापित और वैध माना जाता है। जैसे प्रयोग द्वारा पाए गए नतीजे यदि क्षेत्र में किए गए शोध में भी पाये जाते हैं, तो प्रयोग की कृत्रिम व्यवस्था का अवगुण इस शोध में गौण पाया गया और नतीजे और अधिक सत्यापित तथा वैध माने जाएँगे। इसी प्रकार मनोवैज्ञानिक परीक्षण मात्रात्मक गुण या कारक का स्तर जानने के लिए कारगर माने जाते रहे हैं। मगर इनके इस्तेमाल में कमी यह है कि हमें प्रतिक्रिया का गुणात्मक डाटा नहीं मिलता और हम मनोवैज्ञानिक नहीं जान पाते कि इस प्रतिक्रिया का गुणात्मक पहलू क्या था? यह मनोवैज्ञानिक परीक्षणों के इस्तेमाल का एक अवगुण रहा है। मगर आधुनिक समय में मनोवैज्ञानिक अगर उनके लिए गुणात्मक प्रतिक्रियाएँ भी, शोध–प्रश्न के अनुसार महत्त्वपूर्ण हैं जैसे सांस्कृतिक या विविध सांस्कृतिक अध्ययनों में, तो शोधकर्ता परीक्षण में दिया प्रश्न उसके जवावों के अनुसार और फिर उस प्रतिक्रिया पर विवरण ले गुणात्मक और मात्रात्मक दोनों ही तरह का डाटा ले सकते हैं। जैसे परीक्षण का मुख्य प्रश्न हुआ–आप अपने जीवन के विभिन्न पहलुओं को देखते हुए 0–10 खुशी के स्केल पर क्या स्कोर देंगे? उसके बाद एक खाली लिखने की जगह देकर सहभागी से पूछा जाता है कि इस प्रतिक्रिया या जवाब का क्या कारण है? जिसमें सहभागी अपने खुश होने के विशेष स्कोर का कारण बताता या लिखता है और सहभागी के विस्तार से लिखे जवाब को सांस्कृतिक और सांस्कृतिक तुलना वाले शोध में उनके विशेष जवाबों का गुणात्मक अध्ययन किया जा सकता है।

अगले अध्यायों में हमारे ग्रामीण महिलाओं पर किए गए शोध की चर्चा की जाएगी जिनमें खुशी या नाखुशी का कारण इस सांस्कृतिक शोध में परिवार और परिवार के सदस्यों की खुशी से सम्बन्धित सहभागियों की खुशी पायी गई जो शायद शहरी, युवा वर्ग या दूसरी संस्कृतियों से भिन्न गुणात्मक प्रतिक्रियाएँ हों।

जैसा कि पहले से भी जोर दिया जाता रहा है कि मनोविज्ञान में एक विज्ञान की तरह से शोध करते हैं मगर यहाँ सहभागी व्यक्ति होने के कारण नतीजे दूसरे वैज्ञानिक विषयों, जैसे–भौतिकी, रसायन या दूसरी जैव–विज्ञानों की तरह शत–प्रतिशत एक जैसे नहीं होते, क्योंकि मनोविज्ञान में हम बाहरी कारकों को प्रयोग करते समय नियंत्रित कर सकते हैं। मगर सहभागी के अन्दर के कारकों को पूरी तरह से नियंत्रित करना प्रयोगकर्ता के नियंत्रण से बाहर है, हालाँकि वह उसके लिए हर मुमकिन कोशिश करता है। इसलिए नतीजों का महत्त्व .05 और .01 स्तर पर भी सत्यापित माना जाता है और हम मानते हैं कि 5 प्रतिशत या 1 प्रतिशत अभी भी निर्णय लेने या नतीजे मानने में गलती की गुंजाइश हो सकती है।

दूसरा, हालातों के अनुसार कई बार हम पूरी तरह से विज्ञान में बताए गए नियमों का पालन नहीं कर पाते। अतः मनोविज्ञान में दो महत्त्वपूर्ण चरण हैं, एक अधिक से अधिक वैज्ञानिक तरीके से अध्ययन करना चाहिए और दूसरा जो भी हालात हों, छोटी–छोटी घटना को भी क्रमबद्ध तरीके से शोध में दर्ज करना चाहिए ताकि पाठक शोध के क्रम और विशेषताओं को जानकर ही नतीजों के लिए अपनी समझ बना सकें। कई बार बहुत छोटे से दिखने वाले कारण भी महत्त्वपूर्ण भूमिका निभा देते हैं। जैसे– प्रयोगकर्ता का प्रयोग के समय उपस्थित या अनुपस्थित होना, प्रयोग करने का समय सुबह या शाम होना, छात्रों पर उनकी परीक्षा से पहले और बाद में किए गए परीक्षण, सहभागी प्रयोग के दौरान अकेला या समूह में होना आदि–आदि। अतः नतीजों को जानते समय प्रयोग के दौरान के हालात पता होने से पाठक आसानी से नतीजों की विशेषता जान सकता है और नया शोधकर्ता उन कारकों को अध्ययन में महत्त्व दे और प्रयोग व निरीक्षण कर सकता है।

व्यावहारिक मनोविज्ञान में एक और तकनीक किसी कार्यक्रम की प्रभावशीलता देखने के लिए की जाती है। हमें अगले अध्यायों की आसान समझ बनाने के लिए उस तकनीक पर भी समझ बना लेनी चाहिए। व्यावहारिक मनोविज्ञान में विशेष तौर पर किसी विशेष कार्यक्रम का, थैरेपी का, सलाहकार की सलाह का क्या विशेष प्रभाव रहा, का अध्ययन किया जाता है। और इस प्रभावशीलता का अध्ययन करने के लिए एक विशेष पद्धति इस्तेमाल होती है। इसमें सबसे साधारण प्रयोगात्मक डिजाईन होता है, एक समूह डिजाईन।

एक समूह डिजाईन

पूर्वडाटा/पूर्व परीक्षण	→	थैरेपी/सलाह/ विशेष कार्यक्रम	→	पश्चडाटा/ पश्च परीक्षण

इस तरह के शोध में एक ही समूह होता है जिस पर थैरेपी या सलाह या विशेष कार्यक्रम के पहले और बाद में परीक्षण किए जाते हैं और ये दोनों डाटा सेट्स में महत्त्वपूर्ण अन्तर आता है, जो उसे इस थैरेपी/सलाह/विशेष कार्यक्रम का असर माना जाता है। इस प्रयोग डिजाईन की त्रुटि यह है कि हमें नहीं पता, अगर इस दौरान ये कार्यक्रम बीच में नहीं होता तो कैसे नतीजे रहते। अतः एक और प्रायोगिक डिजाईन भी इस तरह के शोध के लिए इस्तेमाल में लाया जाता है। जैसेः–

प्रायोगिक समूह के लिएः

पूर्व डाटा/पूर्व परीक्षण	→	थैरेपी/सलाह/ विशेष कार्यक्रम	→	पश्च डाटा/पश्चपरीक्षण

नियंत्रित समूह के लिएः

पूर्व डाटा/पूर्व परीक्षण	→	कोई कार्यक्रम नहीं	→	पश्च डाटा/ पश्चपरीक्षण

इन दोनों समूहों की तुलना से हमें और अधिक समझ मिलती है, क्योंकि नियंत्रित समूह के लिए कोई कार्यक्रम नहीं है। अतः परिकल्पना के रूप में यदि हम कार्यक्रम को प्रभावशाली मानते हैं तो प्रायोगिक समूह में दोनों परीक्षणों में अन्तर आना चाहिए मगर नियंत्रित समूह में नहीं। यहाँ पर एक और दुविधा है कि यह प्रायोगिक समूह में अन्तर मनोवैज्ञानिक प्रभाव से है या कार्यक्रम के असली प्रभाव से, उसे कैसे जान सकते हैं? ऐसे शोध में एक समूह को और बढ़ा दिया जाता है। ऊपर लिखित दो समूहों के साथ एक और समूह 'प्रायोगिक औषध' को भी प्रयोग में शामिल किया जाता है। जैसेः–

प्रायोगिक औषध समूह :

पूर्व डाटा/ पूर्व परीक्षण	→	पलसबो गतिविधियाँ/ तटस्थ क्रियाकलाप	→	पश्च डाटा/ पश्चपरीक्षण

जब हम तीनों समूहों का निरीक्षण करते हैं और पाते हैं कि प्रायोगिक समूह में नतीजे बेहतर हैं लेकिन प्रयोगिक औषध या नियंत्रित समूह में नहीं, तो कार्यक्रम निश्चित तौर पर ही प्रभावशाली है। मगर यदि प्रायोगिक समूह और प्रायोगिक औषध दोनों में ही नतीजे अच्छे हैं तो यह प्रभाव कार्यक्रम का न होकर मनोवैज्ञानिक प्रभाव है। इस तरह से प्रभाव का विश्लेषण किया जाता है। प्रयोग को और अधिक वस्तुनिष्ठ और वैज्ञानिक बनाने के लिए प्रयोग डिजाईन के अनुसार कई बार प्रायोगिक विधि में प्रयोगकर्ता और सहभागी नहीं जानते कि सहभागी किस समूह में है– प्रयोग औषध या प्रयोगिक समूह में। इस प्रक्रिया से प्रयोगकर्ता और सहभागियों में मनोवैज्ञानिक प्रभाव को नियंत्रित किया जाता है।

ये कुछ सर्वश्रेष्ठ तकनीक या तरीके हैं जिनको इस्तेमाल कर मनोवैज्ञानिक अपना वैज्ञानिक प्रयोग और शोध कुछ विशेष कार्यक्रमों की प्रभावशीलता का अध्ययन करने के लिए करते हैं। अगले अध्यायों में व्यावहारिक सकारात्मक मनोविज्ञान में किए गए ऐसे बहुत सारे अध्ययनों की चर्चा की जाएगी।

इसके अलावा एक और तकनीक भी सकारात्मक मनोविज्ञान के क्षेत्र में बहुत लाभदायक हो सकती है और एक महत्त्वपूर्ण योगदान दे सकती है, वह है 'एप्रीशियेटिव इंक्वायरी' जिसका अर्थ हुआ 'प्रशंसात्मक पूछताछ'। इस तकनीक में सहभागियों से पूछताछ प्रशंसात्मक रूप में की जाती है जो आजकल काफी प्रचलित है और सरकारी और गैर–सरकारी संगठन सौ से भी अधिक देशों में इस सकारात्मक तकनीक को इस्तेमाल कर रहे हैं। इस तकनीक में व्यक्ति, समूह, संगठन या समुदायों में सकारात्मक बदलाव लाने के लिए प्रक्रिया की जाती है। यह पाँच सिद्धांतों, संविधानवादी, काव्यात्मक, समकालीनता, सकारात्मक और पूर्वानुमान के साथ स्थापित है जिसमें यह माना जाता है कि व्यक्तिगत या संगठन में सकारात्मक बदलाव लाने के लिए सफलता, उम्मीद, मूल्यों, समृद्धि आदि से सम्बन्धित प्रश्नों और कथनों पर विवरण स्थापित होना चाहिए। अगर हम केन्द्रित रहते हैं कि सर्वश्रेष्ठ क्या है और हम इससे कैसे सीख सकते हैं तो हम अपनी सफलता का विस्तार बढ़ा सकते हैं। ये संगठन की ताकत पर या सकारात्मक विशेषताओं पर केन्द्रित हो संगठन के भविष्य को नई आकृति देने की तकनीक है।

इस तकनीक में सबसे पहले योजना बनाते हैं, फिर 'सपने' या योजना में क्या होना चाहिए? तरक्की या सकारात्मक नतीजों के लिए 'डिजाईन' इसका क्या डिजाईन होना चाहिए? उसे क्रियान्वित करने के लिए, 'डेस्टीनी' जिसका अर्थ है कैसे सशक्त, सीख और सामंजस्य स्थापित हो, जो प्रशंसात्मक बदलाव लाएगा और

भविष्य के पथ को सुदृढ़ बनायेगा। इसमें आपसी सकारात्मक सम्बन्ध और समझ को महत्त्व दिया जाता है। यह तकनीक सकारात्मक मनोविज्ञान के उद्देश्यों से काफी मेल खाती है और बेशक, इस क्षेत्र में एक महत्त्वपूर्ण स्थान बनाती जा रही है। इस तकनीक को समाज के किसी भी समूह के साथ प्रयोग कर एक प्रशंसात्मक तरीके से व्यवहार के सकारात्मक रूप को समझा या बढ़ाया जा सकता है, जैसे– व्यवसाय, शिक्षा, राजनीति, परामर्श, धर्म या कोई और समूह। इस तकनीक को सकारात्मक मनोविज्ञान के शोध–पत्रों में और अधिक महत्त्व मिलना चाहिए।

इन सब शोध पद्धतियों को इस्तेमाल कर मानव–व्यवहार के वर्णन, व्याख्या, पूर्वानुमान और बदलाव का मापन कर मानव–व्यवहार को समझने के लिए इस क्षेत्र में शोध किए जाते हैं।

❑❑❑

अध्याय–3

सद्‌गुण व विशिष्ट गुण

सार

इस अध्याय में सकारात्मक मनोविज्ञान के पहले उद्देश्य जिसमें उन सब सद्‌गुणों और विशिष्ट गुणों को जानना है जो हमारी कुशलता, जीवन जीने का स्तर और जीवन में संतुष्टि को और उन्नत करें। अतः विशेष गुणों में से कुछ मुख्य गुणों को परिभाषित और परिचित करवाया गया है, जैसे– प्रतिरोधक्षमता, प्रवाह या काम में तल्लीन, सचेतन, सकारात्मक भावनाएँ और भावात्मक बुद्धि, सकारात्मक स्वयं, आत्म–प्रभावकारिता, खुशी या सुख और कुछ भारतीय सम्प्रत्यय, जो भारतीय धार्मिक और आध्यात्मिक साहित्य से लिए गए हैं तथा मानव–व्यवहार को समझने और परिभाषित करने में अपनी एक अहम् भूमिका निभाते हैं। ये अध्याय हमें सकारात्मक मनोविज्ञान की मुख्य विषयवस्तु जानने में मदद करेगा।

परिचय

अगर हम मनोविज्ञान में मानव–व्यवहार के विभिन्न विशेषताएँ जैसे सकारात्मक व नकारात्मक की बात करें तो पाएंगे कि व्यवहार के नकारात्मक आयामों पर ज्यादा ध्यान दिया गया है और उनका वर्गीकरण ज्यादा बार किया गया है। जैसे– मानसिक विकारों के नैदानिक और सख्यिकी का मैन्युअल, (डी.एस.एम.–5) का पाँचवां संस्करण प्रकाशित हो चुका है, हालाँकि मनुष्य व्यवहार के सद्‌गुण व विशिष्ट गुणों पर हमें ऐसा कोई मैन्युअल नहीं मिलता। हालाँकि पीटरसन् और सलीगमैन (2004) ने ऐसे मैन्युअल, जिनमें सद्‌गुण और विशिष्ट गुणों का विवरण हो, बनाने की वकालत की है। सकारात्मक मनोविज्ञान में ऐसे सकारात्मक गुणों की परिभाषा, विशेषताओं, उनकी महत्त्वता पर काफी चर्चा हुई है। इस अध्याय में उन सभी सकारात्मक गुणों पर प्रकाश डालने की कोशिश की जायेगी। इसके मुख्यतः दो फायदे होंगे, एक, हमें समझ आएगा कि हमारे सकारात्मक गुणों की क्या परिभाषा और विशेषताएँ हैं और दूसरा, पता लगेगा कि ये कैसे हमारी खुशहाली, सन्तुष्टि व जीवन को बेहतर बनाए रखने में मददगार है और कैसे बढ़ाए जा सकते हैं।

मनुष्य का व्यवहार मुख्यतः उसके गुणों और वातावरण के बीच हुए तालमेल या परस्पर प्रभाव का नतीजा होता है। मुख्यतः हम मनुष्य के व्यवहार में गुण, विशेषताएँ या लक्षणों को तीन भागों में बाँट सकते हैं, सकारात्मक, नकारात्मक या तटस्थ। व्यवहार के नकारात्मक लक्षण हो सकते हैं, जैसे– उदासी, चिंता, तनाव या दूसरे मानसिक विकार, तटस्थ हो सकते हैं जो हमारे व्यवहार में बहुत अधिक दिशात्मक प्रभाव नहीं डालते, जैसे आपके व्यक्तित्त्व का स्वभाव और सकारात्मक लक्षण या गुण आमतौर पर हमारे व्यवहार में सकारात्मक प्रभाव डालते हैं, जैसे आशावाद, भावात्मक स्थिरता, संतुष्टि, आत्मसम्मान, आत्म–प्रभावकारिता आदि।

जैसा कि पहले भी बताया गया है, व्यवहार के नकारात्मक लक्षणों पर बहुत ज्यादा पहले ही अध्ययन हो चुके हैं, हालाँकि फिर भी समाज में लोगों का व्यवहार नकारात्मक रूप से बढ़ता जा रहा हैं और इस पर भी विशेष ध्यान देने की जरूरत है। लेकिन मनोविज्ञान की कई शाखाएँ मानसिक विकार व नकारात्मक व्यवहार के लिए ही पूरी तरह से केन्द्रित हैं, हालाँकि सकारात्मक व्यवहार के गुणों और लक्षणों को आधुनिक समय में ही ज्यादा ध्यान केन्द्रित किया गया है। अधिकतर यह ज्ञान और विज्ञान साइंस या शैक्षणिक जगत में ही उपलब्ध है, हालाँकि एक आम आदमी इस समझ का बहुत अधिक फायदा उठा सकता है। इसी विशेषता को या जरूरत को ध्यान में रखते हुए इस अध्याय में उन सब गुणों व सकारात्मक लक्षणों का विवरण किया जायेगा जो हमारे व्यवहार को सकारात्मक दिशा दे सकते हैं। इसके साथ–साथ उन विषयों को और ज्यादा समझा जा सके ताकि जब अगले अध्याय में उन आयामों मे वृद्धि करने की तकनीक की चर्चा हो तो पाठक समझ सकें कि असल में कौन से गुणों और उनके कारकों को बढ़ाने की बात हो रही है। इस शृंखला में सकारात्मक मनोविज्ञान के विभिन्न विषय, जो सकारात्मक गुण माने गए हैं, की चर्चा एक क्रम में की जाएगी।

i) प्रतिरोधक्षमता या रिजिलियंस

प्रतिरोधक्षमता या रिजिलियंस का अर्थ हुआ तनाव का असर कम होना या तनावपूर्ण स्थिति से जल्दी से जल्दी उबर पाना। मुसीबत के समय के बाद या जीवन में कोई दुर्घटना से जल्दी ही उभर जाना। यह किसी दुर्घटना या मुसीबत से सकारात्मक रूपांतरण कर लेने की क्षमता है। यह वह रास्ता है जिसे मुश्किल समय के बाद कोई व्यक्ति या परिवार कितनी जल्दी से उस असफलता या बाधा या तनाव से उभर सकता है। जितना जल्दी उबरेगा, उसमें उतनी ही प्रतिरोधक्षमता मानी

जाएगी। यह स्वयं में जीवन की चुनौतियों से उबरने की क्षमता है। कितनी जल्दी हम अपने जीवन में वापस अपने सामान्य जीवन की प्रक्रिया में आ सकते हैं। प्रतिरोधक्षमता या रिजिलियंस का अर्थ ये भी है कि हम अपने को उत्तम बनाने के लिए कब, कैसे और कहाँ अपनी ऊर्जा का इस्तेमाल कर सकते हैं और कैसे हम इस प्रक्रिया में दूसरों से मदद ले सकते हैं।

रिजिलियंस के अगर हम हिन्दी अनुवाद को देखें तो विभिन्न शब्द इसके अनुवाद के रूप में दिए गए हैं। जैसे– लचीलापन, पलटाव, लौटाव, प्रतिरोधक्षमता आदि। हालाँकि ये अनुवादित शब्द हमारी रिजिलियंस की परिभाषा के एकदम अनुरूप न होकर मिलते–जुलते शब्द हैं। इन सबमें से प्रतिरोधक्षमता शब्द ज्यादा उपयुक्त समझा गया है और इस अध्याय में प्रयोग किया गया है।

यह भी माना गया है कि प्रतिरोधक्षमता हमारी उम्र के साथ–साथ विकसित होता है। अतः विकासात्मक मनोवैज्ञानिकों का इस विषय पर विशेष ध्यान रहा है। मनोवैज्ञानिक मानते हैं कि बच्चे के विकास के समय उसे किस तरह का परिवार, समाज व समुदाय मिला और ये परिवेश उसमें एक सकारात्मक व्यक्तित्व विकसित करने में लाभदायक थे या अड़चन, इन आयामों का बहुत अधिक व्यक्तित्त्व पर प्रभाव रहेगा।

ये कारक या फैक्टर कई प्रकार के हो सकते हैं जो प्रतिरोधक्षमता में लाभदायक या अड़चन पैदा करेंगे। जैसे– जोखिम भरे फैक्टर, ये वे कारक हैं जो हमारे विकास में एक अड़चन पैदा कर सकते हैं और भविष्य में इनके कारण हमें नकारात्मक नतीजे मिलेंगे। जैसे– जीवन में तनाव देने वाले हालात। जीवन में बार–बार तनाव आने के कारण हमारी जोखिम से लड़ने की क्षमता कमजोर हो जाती है और हमारी प्रतिरोधक्षमता घट जाती है। दूसरे हो सकते हैं कि हमारे गुण या सम्पत्तियाँ एक असेट्स के रूप में। इसमें हमारे गुणों के रूप में या हमारे चारों तरफ के वातावरण से हमारे पास प्रतिरोधक्षमता के समय कुछ सहायक आयाम होते हैं जो मुश्किल के समय हमारी मदद करते हैं और उनके कारण हम आसानी से उबर पाते हैं। साधन, जैसे– मनुष्य के गुण, सामाजिक कारक या वस्तु–सामग्री, जिन्हें हम अनुकूल होते समय इस्तेमाल कर सकते हैं। इसके अलावा कुछ आयाम हमें सुरक्षा की जरूरत पड़ने पर काम आते हैं। ये सिर्फ मुश्किल पड़ने पर ही हमारे बचाव में पेश आते हैं, जैसे दुर्घटना के समय कार में एयरबैग्स का खुलकर हमें सुरक्षित कर देना तथा दुर्घटना के नुकसान को कम कर हमें बचा लेना। ये सहायक आयाम असेट्स की तरह ही हैं मगर सिर्फ दुर्घटना के समय बचाव के लिए। ये

हमारे वातावरण में भी विद्यमान रहते हैं और हमारे अन्दर भी जो हमारे गुणों के रूप मे मौजूद हो सकते हैं, जैसे मुश्किल से उबारने के लिए हमारे अपने गुण–सामर्थ्य, योग्यता, क्षमता, गुणकारिता आदि।

बच्चों में प्रतिरोधक्षमता के विकास के समय जोखिम भरे आयाम हो सकते हैं, जैसे– समस्या सुलझाने की कम समझ, दूसरों को कम समझने की योग्यता, स्कूल जल्दी छोड़ देना, खुद का कम आदर, स्वयं का मुश्किल भरा स्वभाव या मिजाज आदि। ऐसे ही परिवार से सम्बन्धित आयाम हो सकते हैं, जैसे– परिवार में झगड़े, सही परवरिश ना मिलना, दण्ड मिलते रहना या सही सलाह ना मिलना, सुरक्षा और प्यार ना मिलना तथा उपेक्षित महसूस करना आदि। अगर हम स्कूल के संदर्भ में देखें तो स्कूल में फेल होना, दूसरे बच्चों की धौंस का शिकार होना, दोस्तों से रूखा व्यवहार मिलना, स्कूल से लगाव न रहना, पथभ्रष्ट दोस्तों का साथ आदि। कुछ और जीवन के नकारात्मक अनुभव हो सकते हैं, जैसे परिवार में तलाक या बिखराव, या किसी परिवारजन की मौत होना। इसी तरह से संस्कृति या समुदाय से आयाम हो सकते हैं, जैसे– पड़ोस में दंगा–फसाद, कोई सहारा ना मिलना, भेदभाव महसूस करना और समुदाय में दंगे आदि। लेकिन कुछ आयाम हमारी सुरक्षा के लिए महत्त्वपूर्ण हो सकते हैं, जैसे– हमारे स्वयं के गुण, जैसेः– i) स्वभाव व मिजाज, भावनाएँ, बुद्धि, वंशागत और शारीरिक गुण, ii) स्नेह व लगाव जैसे दूसरों के साथ अच्छे सम्बन्ध बनाना, देखभाल व करुणामय होना आदि। iii) अपने वातावरण को एक दिशा दे पाने की क्षमता, सामाजिक दक्षता और दूसरे सकारात्मक गुण आदि।

जब हम ऐसे गुणों की बच्चों में उम्मीद करते हैं तो जैसे बच्चों का आशावादी होना, परिवार में लगाव, समस्या सुलझाने की क्षमता, सामाजिक सामर्थ्य, स्कूल में सफलता, संवेदना, सम्भलने की क्षमता आदि गुण महत्त्वपूर्ण हैं। जब हम पारिवारिक आयामों की चर्चा करते हैं तो सहयोग व देखभाल करने वाले माता–पिता, परिवार में आपसी सामंजस्य, सुरक्षित और सुव्यवस्थित प्रतिरोधक्षमता रूपी परिवार आदि। इसके साथ–साथ परिवार के गुण भी जाने गए हैं। जैसे– आपस में अडिग, साफ व सही संदेश रखना, अपनी भावनाओं को खुलकर व्यक्त करना और मिलकर समस्या सुलझाने वाला परिवार। इसी विषय पर आगे बढ़ते हुए ऐसे परिवारों के 8 गुण माने गए हैं, वचनबद्धता, इकट्ठे समय बिताना, आदर, आध्यात्मिकता, सहसम्बन्ध, अनुकूलनशीलता, आपसी सम्पर्क और एकजुटता।

इसके अतिरिक्त स्कूल के वातावरण में स्कूल का सकारात्मक माहौल एक–दूसरे की मदद करने वाला मित्र या समूह, आपसी अच्छे सम्बन्ध, स्कूल में सफलता

और उपलब्धि के मौके आदि और जब जीवन में ऐसे मौकों की बात करें, तो विद्वान और विशिष्ट लोगों से मिलना, जीवन में अच्छे अवसर मिलना आदि। इसके अलावा समुदाय और संस्कृति आयाम भी हो सकते हैं, जैसे कि सहायक सर्विस मिलना, आपसी अच्छे सम्बन्ध, समुदाय में लगाव और भागीदारी होना, अपनी समुदाय व संस्कृति में एक अच्छी पहचान होना आदि।

अगर हम इन सभी स्वयं के गुणों और बाहरी आयामों को मिलाकर प्रतिरोधक्षमता का एक विस्तृत मॉडल बनाएं जिसमें गुण जैसे सकारात्मक कुशलक्षेमता और बाहरी आयाम, जैसे स्कूल, शिक्षा और कार्य सम्बन्धी माहौल में एक अच्छी सामंजस्यता महत्त्वपूर्ण होगी जिसमें मुख्यतः व्यक्ति के स्वयं के गुण और उसके वातावरण के बीच पारस्परिक एक सम्बन्ध होता है। मनोवैज्ञानिक इन सम्बन्धों को व्यक्ति और उसके वातावरण के आयामों में तलाश करते हैं। यह जानने के लिए कि बुरे वक्त के समय इन वातावरण से सम्बन्धित सहारा देने वाले आयामों की क्या भूमिका है?

अतः जब हमें कोई तकलीफ देने वाली स्थिति आती है तो उसका हम पर क्या असर पड़ता है? यह इस बात पर निर्भर करता है कि बीच में कौन–कौन से आयाम हैं और ये आयाम जोखिम भरे हैं, सहायक हैं, सुरक्षा देने वाले हैं या असेट्स या इन सबका मिश्रण जो वस्तुतः अपना एक विशेष प्रभाव रखते हैं जो व्यक्ति की प्रतिक्रिया में विशेष योगदान देंगे।

अगर हम प्रतिरोधक्षमता के क्रम की बात करें, तो जब हम सामान्य स्थिति में होते हैं तो अकस्मात कोई भी प्रतिकूल, हानिकारक या विपरीत स्थिति हमारे सामने आ सकती है, जिसके कारण एक बार के लिए हमारी सामान्य स्थिति डगमगा जाती है और हम दुष्क्रियाशील हो जाते हैं। जैसे ही ऐसी प्रतिकूल स्थिति थोड़ा कमजोर पड़ती है, हम अतिजीवन या अवशेष स्थिति में आते हैं, फिर थोड़ा सम्भलने में कामयाब होते हैं। यह प्रक्रिया सबकी अलग–अलग होती है। जैसे पहले विवरण दिया गया है जोकि हमारे अपने गुणों पर तथा हमारे चारों ओर के वातावरण की विशेषताओं पर निर्भर करती है। कुछ लोग बड़ी तेजी से इस बुरे वक्त या प्रतिकूल स्थिति से उबरते हैं, कुछ दूसरे धीरे–धीरे और कुछ लोग सालों नहीं उबर पाते और ये लोग न सम्भल पाने के कारण शारीरिक या मानसिक बीमारी के शिकार भी हो सकते हैं। जैसे कि हम जानते हैं कि हमें प्रतिकूल परिस्थितियों का सामना ना करना पड़े, ऐसा कम ही सम्भव है। अतः हमारे अपने गुण और हमारे वातावरण में सहारा देने वाले आयामों का होना बहुत ही जरूरी है।

जो बच्चे ज्यादा प्रतिरोधक्षमता वाले होते हैं, उनमें कुछ विशेष गुण होते हैं, जैसे उनमें अपने दोस्तों और बड़े लोगों के साथ सकारात्मक सम्बन्ध, भावात्मक स्थिरता, सकारात्मक स्वयं के लिए रवैया, स्वयं को शक्तिशाली समझना और नियंत्रण महसूस करना आदि।

ऐसे ही भावानात्मक प्रतिरोधक्षमता के लिए भी कुछ विशेष गुण माने गए हैं, जैसे ऐसे लोग जानते हैं कि बुरा वक्त हमेशा के लिए नहीं है, वे अच्छी संगत में रहते हैं, वे स्वयं जानकारी बढ़ाते हैं, वे अपने भावों को स्वीकार कर लेते हैं। वे जानते हैं कि तनावपूर्ण स्थिति में तनाव होगा और दर्दनाक स्थिति में दर्द और इन्हें ठीक होने में समय भी लगेगा, वे सचेत हो एकांत में बैठते हैं ताकि स्थिति से सम्बन्धित और अधिक समझ बना सके। वे जानते हैं कि हर प्रश्न का उत्तर हो, ये जरूरी तो नहीं। अतः वे इसे समय पर छोड़ देते हैं। वे खुद का ध्यान रखने वाली आदतें जानते हैं और इस्तेमाल करते हैं। वे जानते हैं कि वे किन लोगों से मदद ले सकते हैं। वे अपनी संभावनाओं को महत्त्व देते हैं और आसानी से जान लेते हैं कि उनके जीवन की कहानी का कौन सा हिस्सा स्थाई है और कौन सा अस्थाई। और वे यह भी जानते हैं कि इन हालातों की जो व्याख्या वह अब दे रहे हैं, इनके गुजर जाने के बाद और उनके अपने जीवन में आगे बढ़ जाने के बाद तथा और अधिक परिपक्व होने के बाद, और व्याख्या बदल सकती हैं। वे जानते हैं कि ऐसे तनाव अपने घनिष्ठ मित्र से बाँटने और कागज पर उतारने से कम हो सकते हैं। इसलिए अपनी कहानी दूसरे लोगों से बाँटना या डायरी लिखना अच्छा माना गया है।

प्रतिरोधक्षमता वाले व्यक्ति जानते होते हैं कि उन्हें अपनी समस्या सुलझाने के लिए कब समस्या और कब अपनी भावनाओं पर ध्यान केन्द्रित कर उनसे छुटकारा पाना है। ये समस्याओं का हर समाधान तलाशते हैं, उसमें से सबसे अच्छे को चुनते हैं और अपने परिणाम उसके अनुसार बदल लेते हैं जो एक सार्थक तरकीब की तरफ संकेत करता है।

आपको जानकर खुशी होगी कि ऐसा नायाब गुण हम सीख सकते हैं और व्यावहारिक मनोवैज्ञानिक इस विषय का सालों से प्रयोग करते रहे हैं जिनमें उन्होंने पाया है कि स्कूल में बच्चों के विकास के समय कैसे प्रतिरोधक्षमता सिखाया जा सकता है जिसके बारे में अगले अध्यायों में जानकारी दी जाएगी।

ii) प्रवाह : काम में तल्लीन

सकारात्मक मनोविज्ञान की अमेरिका में एक अन्तरराष्ट्रीय सम्मेलन में प्रो. चीकसेन्टमीहाई का परिचय कुछ इस तरह से किया गया कि इनके तीन पुत्र हैं।

दो पुत्र और तीसरा 'फ्लो', यानी कि उम्रभर ये सामाजिक वैज्ञानिक इस विषय पर काम करते रहे हैं। आइये, जानें कि यह संप्रत्यय है क्या और सकारात्मक मनोवैज्ञानिक इस विषय पर इतना विशेष ध्यान क्यों दे रहे हैं?

फ्लो का मतलब हुआ कि जब हम धारा प्रवाह हो किसी काम में पूरी तरह तल्लीन हो जाते हैं। काम करते समय इस सकारात्मक मनोदशा के बहुत सारे गुण हैं जो नीचे सूचित किए गए हैं:–

1. व्यक्ति कार्य करते समय पूरी तरह से इसी काम में वर्तमान स्थिति में डूबा होता है।
2. वह इस दौरान सर्वश्रेष्ठ व विकास अनुभव या महसूस करता है।
3. वह पूरी तरह से काम में तल्लीन होता है जिसकी वजह से खाना, पीना, सोना व थकान की भी प्रवाह नहीं करता।
4. वह इस काम में अपनी स्वयं की मर्जी से तल्लीन होता है। अतः स्वयं ही यह कार्य उसके लिए प्रेरणादायक होता है। उसका व्यक्तित्व भी आन्तरिक प्रेरणा को महत्त्व देता है।
5. उसके सामने चुनौतियाँ और उसके स्वयं की क्षमता के बीच एक अच्छा तालमेल होता है। उदाहरणतया– खेल में, नाचने में, गाने में, लिखने में या किसी और काम में पूरी तरह लीन हो जाना।

काम में प्रवाह या तल्लीनता के समय हमारी मनःस्थिति के विभिन्न लक्षण होते हैं, जैसे कि कार्य में लक्ष्य स्पष्ट होना और फीडबैक या कार्य की प्रगति की जानकारी मिलते रहना, उसी कार्य को करते हुए उसी पल में पूर्ण ध्यान केन्द्रित और एक समझ कि मैं अपने कार्य को नियंत्रित कर सकता हूँ। समय का ध्यान न रहना और इसके कारण कभी लगता है कि हमने बड़ा लम्बा समय बिताया है और कभी लगता है कि अभी तो बस कार्य शुरू हुआ ही था, दोनों ही स्थिति में हमें समय का सही अंदाजा नहीं रहा। इस दौरान व्यक्ति पूर्ण संतुलन के साथ कार्य में पूरे सामर्थ्य के साथ लीन होता है। इस दौरान उसे कार्य करना ही अपने आप में एक ईनाम लगता है, क्योंकि वह इस कार्य को करते समय दिल से आनन्द ले रहा होता है। इस समय उसका कार्य और उसकी जागरूकता एक–दूसरे में मिल जाते हैं।

अन्ततः मनोवैज्ञानिक परीक्षणों में प्रवाह या काम में तल्लीनता के निम्नलिखित आयाम माने गए हैं : जैसे कार्य और जागरूकता में मिलन, चुनौती और क्षमता में

मिलन, स्पष्ट लक्ष्य, काम में पूरा ध्यान, स्पष्ट फीडबैक, कार्य में स्वयं को खो देना, समय का ध्यान न रहना, खुद में ही प्रेरणादायी अनुभव आदि। ऐसा व्यक्ति के स्वयं के और चारों ओर के माहौल के आयामों के परस्पर प्रभाव से सम्भव हो पाता है।

अगर हम कार्य की चुनौतियों और अपनी क्षमता के तालमेल को किसी कार्य के लिए देखें तो चुनौती और क्षमता से चार विकल्प बनेंगे। पहला, कार्य की चुनौती ज्यादा और क्षमता कम–इस स्थिति में हमें चिंता या तनाव ज्यादा होगा, क्योंकि कार्य की माँग हमारी क्षमता से ज्यादा की है। दूसरा, अगर क्षमता ज्यादा और चुनौती कम, तो हम बोरिंग महसूस करेंगे, क्योंकि कार्य हमारे लिए बहुत आसान है ठीक वैसा ही दोनों ही माँग कम होने पर होगा, क्योंकि न तो हमारे पास वैसी क्षमता है और न ही कार्य की माँग। मगर इसके एकदम विपरीत जब हमारा कौशल व क्षमता काफी ऊँचा होता है और ठीक वैसी ही कार्य की माँग, उस दौरान हम फ्लो, प्रवाह और कार्य में पूरी तरह से तल्लीन महसूस करते हैं। दूसरे शब्दों में, ऐसा भी माना जाता है कि अगर आपकी क्षमता से कम स्तर का कार्य है तो हम बोरिंग या उबाऊ महसूस करते हैं और अगर आपकी क्षमता से अत्यधिक ज्यादा स्तर का कार्य है, तो तनावमय। अतः जरूरत से ज्यादा प्रेरणामय महसूस करने से हम तनाव के कारण बाधित महसूस कर सकते हैं जिसके कारण हमारी उपलब्धि या उस समय का कार्य करने की क्षमता हमारे औसत स्तर से भी कम हो सकती है। अतः कार्य की चुनौती और हमारी क्षमता में तालमेल सही होना बहुत जरूरी है।

चुनौती और क्षमता के सामंजस्य पर एक और विवेचना भी हो सकती है। अगर दोनों का तालमेल अच्छा है तो एक आरामदायक स्तर, अगर चुनौती थोड़ी सी बड़ी है तो व्यक्ति अपनी क्षमता को थोड़ा और खींच या बढ़ा सकता है। लेकिन अगर यह उसके आपे से बाहर का स्तर है, तो उसके लिए यह चुनौती पीड़ादायक रहेगी।

प्रवाह को कई तरीके से नापा जा सकता है। विभिन्न प्रकार के साक्षात्कार इस्तेमाल कर, हमारे अनुभवों के सैम्पल लेकर या मनोवैज्ञानिकों द्वारा तैयार किए गए परीक्षण, जो ऐसी विशेष स्थिति या गुण के रूप में प्रवाह को नाप सकते हैं और व्यक्तियों में किस स्तर का अलग–अलग प्रवाह है, की जाँच कर सकते हैं। चीकसेन्टमीहाई और दूसरे मनोवैज्ञानिकों ने अपने अध्ययनों के द्वारा ये सिद्ध किया है कि जो व्यक्ति अपने कार्यों में प्रवाह में और तल्लीन रहते हैं, वे लोग ज्यादा खुश रहते हैं।

iii) सचेतन (माइंडफुलनैस)

सचेतन या माइंडफुलनैस को पिछले दो दशकों में बहुत अधिक प्रसिद्धी मिली है और बहुत सारे अध्ययनों में इस प्रक्रिया का शरीर, मानसिक और दिमाग की प्रक्रिया पर भी वैज्ञानिक अध्ययनों में असर पाया गया है। हालाँकि सचेतन बहुत पुरानी प्रक्रिया है जिसे पाली में सती के नाम से बौद्ध सन्त जानते रहे हैं। बौद्ध धर्म में आठ उचित रास्ते माने गए हैं। उचित समझ, उचित विचार, उचित वाणी, उचित कार्य, उचित आजीविका, उचित प्रयास, उचित सचेतन और उचित ध्यान या समाधि। सती का संस्कृत में मतलब स्मृति मिलता है। हालाँकि ध्यान, धारणा, सूझबूझ अंतःकरण आदि भी इससे सम्बन्धित हैं। आमतौर पर सती या सचेतन प्रक्रिया बौद्ध धर्म में काफी सकारात्मक असर के साथ प्रचलित रही है। हालाँकि आजकल इस प्रक्रिया को मनौवैज्ञानिक और मनोचिकित्सक अपनी थैरेपी में और दूसरे वैज्ञानिक अपने अध्ययनों में इस प्रक्रिया का असर विज्ञान में दर्ज कर रहे हैं। आधुनिक मनोविज्ञान में इस प्रक्रिया पर आधारित बहुत सारे मध्यस्थता करते हुए कार्यक्रम तैयार किए गए हैं जो हमारी खुशहाली, सकारात्मक भावनाएँ और कई और सकारात्मक बदलाव लाने में महत्त्वपूर्ण सिद्ध हुए हैं।

हमारी खुशी और नाराजगी (नाखुशी) के लिए मुख्य भूमिका हमारे प्रस्तुत घटना के मूल्यांकन की होती है कि हमने उस घटना का सकारात्मक या नकारात्मक मूल्यांकन किया। सचेतन हमारे मन की एक स्थिति है जो उस समय की माँग के अनुरूप ढल जाती है, नए अनुभव के लिए खुली और नए प्रक्रिया या प्रगति की विभिन्नता के लिए सचेत रहना है। जब हम सचेत होते हैं तो अपने परिवेश और दृष्टिकोण के लिए भी सचेत होते हैं। जब हम पूरी तरह से वर्तमान में होते हैं तो नियम और अधिनियम हमें मार्गदर्शन करते हैं, हमारा संचालन नहीं करते हैं। जब हम सचेत होते हैं तो हालात या समय के साथ–साथ अपने परिवेश की तब्दीली के लिए अवगत होते हैं और जानते हैं कि क्षण–दर–क्षण क्या घटित होता रहा है।

इसके ठीक विपरीत जब हम सचेत नहीं होते और ऊपर दिए गए अंदाज में नहीं होते तो उस स्थिति को माइंडलैसनैस कहते हैं, जिसमें हमारी मनोदशा बिना सोचे–समझे या परवाह न करने वाले अंदाज में होती है। इस मनोदशा में हम ज्यादा परिवेश और दृष्टिकोण का ध्यान नहीं रखते तथा नियम और अधिनियम बिना ज्यादा ध्यान दिए हमें संचालित करते हैं। हम एक ही या सीमित विवरण पर बिना सोचे–समझे विश्वास कर लेते हैं, जिनमें हमारी आदतन प्रक्रियाएँ भी सम्मलित

होती हैं। इस दौरान हम कम प्रेरणामय होने के कारण एक ही तरह की प्रक्रियाएँ एक जैसे विवरण के साथ बिना संदर्भ बदलने की नोटिस किए आदतन प्रतिक्रिया देते रहते हैं। हमारा ध्यान कहीं और होता है और हम कहीं और। आमतौर पर ध्यान दूसरे मुद्दों में, सपनों में, चिंताओं आदि में लगा होता है और हम बिना उस कार्य में ज्यादा ध्यान दिए और कार्य के प्रति बिना जागरूक हुए उसे करते रहते हैं।

बिना सोचे–समझे या माइंडलैसनैस की इस प्रक्रिया के कारण हमारे व्यवहार में बहुत सारी त्रुटियां आ सकती हैं, जैसे हम आदतन कुछ गलतियाँ करते हैं और अपना गलत व्यवहार हालातों के कारण और दूसरों का गलत व्यवहार, उनकी गलती के कारण मानते हैं। हमें लगता है कि हमारी उपलब्धियाँ हमारे कारण और फेल होना या सक्षम न हो पाना आदि दूसरों के या हालातों के कारण हुआ, हमें लगता है कि हर कोई हमारी बात को मानेगा, ऐसी ही और व्यावहारिक त्रुटि करते रहते हैं। कई बार विशेषतया इन दो प्रक्रियाओं को 'होश में' या 'बेहोशी में' होना भी मानते हैं।

सचेतन होने में और भी बहुत सारी विशेषताएँ बतायी गई हैं। जैसे, क्षण–क्षण की जगरूकता हमारे विचारों, संवेदना और भावात्मक स्थिति में होना, वर्तमान में पूरा ध्यान व जागरूकता होना, बिना निर्णायक मोड़ पर आए अपने मन, शरीर और आसपास के बारे में वर्तमान में रहना। बौद्धिक समुदाय में सचेतन के लिए वर्तमान में रहना और अपने विचारों के प्रति अनिर्णायक होना, ये दो मुख्य लक्षण हैं, जो मनोचिकित्सक व मनोवैज्ञानिक अपनी थैरेपी (चिकित्सा) के उपयोग में लाते रहे हैं।

कई बार सचेतन प्रक्रिया में एक विशेष ढंग से ध्यान लगाना भी शामिल होता है, जिसमें वर्तमान पल में बिना निर्णायक बने ध्यान लगाने की प्रक्रिया होती है। इस प्रक्रिया में बिल्कुल स्पष्ट होता है कि क्षण–क्षण भर हमारे साथ क्या हो रहा है, पूरी तरह से चेतना वर्तमान में होती है और वर्तमान अनुभव को हम स्वीकार कर रहे होते हैं। इस प्रक्रिया में तीन मुख्य आयाम हैं– ध्यान, रवैया और इरादा, जैसे एक विशेष तरह से ध्यान लगाना, एक विशेष इरादे से और बिना निर्णायक बनने के इरादे से।

जब हम सचेतन और बिना सोचे–समझे अवस्था की तुलना करते हैं, तो कई उदाहरण इस फर्क को समझा सकते हैं। जैसे, एक बार एक भगत अपने गुरु के पास गए और उनको बताया कि उन्हें भगवद् गीता कंठस्थ याद है। गुरु ने पूछा, वह तो श्रीकृष्ण और अर्जुन की गीता है। तुम्हारी गीता क्या है? अतः तुमने उस ज्ञान को आत्मसात कैसे किया? ठीक वैसे ही किसी भी नियम, सिद्धांत, अधिनियम, ज्ञान

व बाहरी जानकारी को आत्मसात करने के लिए सचेतन प्रक्रिया होना जरूरी है। इस प्रक्रिया में हम जिद्दी न बन कर समय और परिपेक्ष के अनुसार निर्णय लेने में सक्षम होते हैं। जैसे– एक बर्तन में पानी धीरे–धीरे गर्म हो रहा था जिसमें दो मेंढ़क थे। एक धीरे–धीरे इसके अनुरूप ढलता गया और एक दिन मर गया। दूसरे ने जैसे ही पानी का धीरे–धीरे गर्म होना और गर्माहट बढ़ना महसूस किया, तो एकदम से बाहर कूद गया और मरने से बच गया। अतः अगर हम बिना किसी भ्रम के, वर्तमान परिवेश व समय को देखकर निर्णय लेते हैं तो कभी हमें यह एहसास भी होता है कि हर रोज अनुरूप ढलने और एक दिन दम घुटने से, इस स्थिति से बाहर निकलना बेहतर है। हालाँकि अनुरूपता आमतौर पर सराही जाती रही है, मगर यह हालात–हालात पर निर्भर करता है जिसकी हम सचेतन प्रक्रिया के साथ ज्यादा समझ बना सकते हैं। वैसे भी हमें बहुत सारे विपरीत विचार भी मिलते हैं। जैसे "कपड़े ही एक आदमी को बनाते हैं" (उसका रुतबा) और "तुम किसी किताब को उसके कवर से नहीं जाँच सकते" ऐसे बहुत सारे द्वन्द्व हालात हमारे जीवन में आते हैं, जिन्हें हम सचेतन प्रक्रिया के साथ ही सही से समझ सकते हैं और स्थिति के अनुसार निर्णय ले सकते हैं।

यह भी माना जाता है कि अगर हम अपने जीवन में सचेत रहते हैं तो खेद करने का, दोष देने का, माफ करने की कोई वजह या कारण ही नहीं होता। विभिन्न शोधों में पाया गया है कि सचेतन प्रक्रिया के साथ व्यक्ति ज्यादा सक्षम, ज्यादा सेहतमन्द व दीर्घायु, सकारात्मक भावनाएँ, कम परेशान होते हैं, वे शीघ्र और निर्णायक फैसले लेने में सक्षम होते हैं। वे ज्यादा प्रवाह व कार्य में तल्लीन होते हैं। उनका सकारात्मक रवैया बेसोच–समझ अवस्था के नकारात्मक रवैये से अच्छा होता है।

सचेतन अवस्था को मापने के लिए और व्यक्तियों में इस अवस्था के अंतर को मापने के लिए बहुत सारे मनोवैज्ञानिकों ने परीक्षण भी किए हैं, जिनमें सचेतन के विभिन्न कारकों के आधार पर व्यक्तियों के सचेतन के स्तर पर विभिन्नता का अध्ययन किया जाता है।

iv) सकारात्मक भावनाएँ और भावानात्मक बुद्धि

हमारी खुशी के लिए सकारात्मक भावनाओं का विशेष महत्त्व है। लगभग सभी खुशी सम्बन्धित मॉडलों में सकारात्मक भावनाओं पर खुश रहने के लिए विशेष जोर दिया गया है, जैसे जीवन में सन्तुष्टि और सकारात्मक भावनाओं का होना हमारी

खुशी का द्योतक है। आमतौर पर भावानात्मक प्रभावकारिता वंशानुगत भी मानी जाती है। इसलिए एक जैसे माहौल में ही हम लोगों का खुशी का स्तर अलग–अलग देख सकते हैं। ये अलग–अलग स्तर बच्चों में जन्म के समय भी देखे जाते हैं। अतः उनके इमोशन्स या भावनाएँ अलग–अलग तरह से प्रकट होती हैं। कुछ बच्चे आमतौर पर दूसरों की बजाय ज्यादा रोते हैं। हालाँकि सांस्कृतिक परिवेश भी धीरे–धीरे हमारी भावनाओं को एक विशेष दिशा देने में सहयोग देता है।

भावनाओं को समझने के लिए हम हमारे दिमाग में हुए कैमिकल (रसायन) बदलाव या उनकी गुणवत्ता को नजरअन्दाज नहीं कर सकते। दिमाग में कैमिकल्स की उपस्थिति या पैदावार हमारी भावनाओं को एक मोड़ देने में, उन्हें एक दिशा देने में तथा सकारात्मक व नकारात्मक भावनाएँ महसूस होने में एक महत्त्वपूर्ण भूमिका निभाती हैं। हालाँकि सकारात्मक भावनाएँ होने के लिए व्यक्ति के वातावरण या परिस्थितियों का भी हाथ होता है, जैसे लिंग, उम्र, आय, शादी आदि कारकों के साथ–साथ जीवन में संतुष्टि, बहिर्मुखी, धार्मिक व आध्यात्मिक आदि आयामों का महत्त्व होना।

सकारात्मक भावनाओं (इमोशन) और महसूस (फील) करने में हमें अन्तर पता होना चाहिए। महसूस करना सिर्फ एक मनोवैज्ञानिक दशा है, यद्यपि भावनाओं के लिए महसूस करने के साथ–साथ मुँह पर प्रभाव, और शारीरिक बदलाव भी शामिल हैं, जैसे– रक्तचाप, दिल की धड़कन, गैल्वेनिक त्वचा अनुक्रिया आदि। भावनाएँ बहुत तरह की हो सकती हैं जिन्हें हम मुख्य रूप से सकारात्मक व नकारात्मक भावनाओं के रूप में बाँटते हैं। सकारात्मक, जैसे खुश, आनन्द, प्रिय, उल्लास आदि और नकारात्मक, जैसे– गुस्सा, दुःखी, क्रोध, ग्लानि आदि।

यह भी देखा गया है कि आमतौर पर हमारी भावनाओं की एक दिशा बनी रहती है और यह निरंतरता को बढ़ावा देती है, जैसे जब हम खुश हैं तो हम ज्यादा रचनात्मक, उत्पादक, खुश होने के कारण सकारात्मक सम्बन्ध बढ़ाते हैं जिसे सकारात्मक भावनाएँ, सोच और कार्य को बल देती हैं, जिससे हमारे इस त्रिकोण का दायरा बढ़ता है। सकारात्मक भावनाएँ हमारे स्वास्थ्य को और अच्छा बनाती हैं और हमारी समृद्धि के लिए ऊर्जा का काम करती हैं। इसके अलावा हमारे ध्यान और सोच का दायरा बढ़ाती हैं। प्रतिरोधक्षमता बढ़ाती हैं और हम व्यक्तिगत साधन बढ़ा पाते हैं। ये परिकल्पनाएँ या अनुमान भी साबित हुए हैं कि हमारी सकारात्मक भावनाएँ सकारात्मक स्थिति के साथ–साथ शारीरिक, बुद्धि और सामाजिक साधनों में वृद्धि करती हैं।

अगर हम इसी विषय पर थोड़ा आगे चलते हैं तो एक और संप्रत्यय है– भावात्मक बुद्धि। भावात्मक बुद्धि हमारे त्रिकोण के भावात्मक घटक से जुड़ी है शेष दो हैं–सोच और व्यवहार, और इन तीनों का एक–दूसरे पर प्रभाव पड़ता भी है तथा एक–दूसरे को प्रभावित भी करते हैं।

भावात्मक बुद्धि कई प्रश्नों का हल ढूँढ़ने में मदद करती है, जैसे क्यों कई बार अत्यधिक बुद्धि होते हुए भी सभी लोग जीवन में कामयाब नहीं हो पाते। यहाँ तक कि कार्य–प्रदर्शन के दौरान भी आई.क्यू. के अलावा दूसरे आयामों को भी महत्त्वपूर्ण माना जाता रहा है और भावात्मक बुद्धि उनमें से एक महत्त्वपूर्ण आयाम है।

आइए, जानें भावात्मक बुद्धि को मनोवैज्ञानिक कैसे परिभाषित करते हैं? आमतौर पर भावात्मक बुद्धि स्वयं के और दूसरों के भावों को जानने, समझने, प्रबंधन करने की योग्यता है और दूसरे के साथ समानुभूति के साथ व्यवहार करना शामिल है। बुद्धि के आधुनिक सिद्धांत भी भावात्मक बुद्धि और परस्पर सम्बन्धों, जिसमें दूसरे व्यक्ति के मूढ़ को, मनोदशा या स्वभाव, प्रेरणा, जरूरत आदि को समझने की योग्यता शामिल है, जो बुद्धि का हिस्सा माना गया है। सामाजिक और भावात्मक बुद्धि को भी इन सिद्धांतों में स्थान दिया गया है जैसे, व्यावहारिक बुद्धि जिसमें 'स्टरीट स्मार्टनैस' को महत्त्व दिया गया है।

भावात्मक बुद्धि में अपने और दूसरों की भावनाओं को समझना, अनुभव करना, मूल्यांकन करना, व्यक्त करना और उन्हें समझ व सोच को पैदा करने के लिए इस्तेमाल करना, भावात्मक ज्ञान को समझने और बुद्धि को बढ़ावा देना आदि शामिल हैं तथा कुछ मनोवैज्ञानिक भावात्मक समस्याएँ सुलझाना भी इसमें शामिल करते हैं। कई मनोवैज्ञानिक भावात्मक बुद्धि को एक गुण की तरह मानते हैं और भावात्मक गुणों के अतिरिक्त कई सकारात्मक गुणों का समूह, जैसे खुशी, आशावादी, तनाव प्रबन्धन, समानुभूति आदि गुणों को भी भावात्मक बुद्धि की परिभाषा में सम्मलित करते हैं। जैसे इस संप्रत्यय की अलग–अलग परिभाषाएँ, हैं वैसे ही इसे टेस्ट करने के लिए भावात्मक बुद्धि के भिन्न–भिन्न आयामों पर आधारित विभिन्न स्केल बनाये गये हैं।

v) सकारात्मक स्वयं

मनोविज्ञान में स्वयं या खुद का अर्थ यह हुआ कि हम स्वयं का कैसे मूल्यांकन करते हैं, जैसे खुद के गुण, विश्वास, संज्ञान आदि। ये विचार हो सकते हैं हमारी भावनाओं, व्यवहार, संज्ञान, प्ररेणा आदि के बारे में। अगर स्वयं का स्वयं के प्रति

आमतौर पर रवैया सकारात्मक है तो सकारात्मक स्वयं माना जायेगा। आत्मसम्मान इसका एक अभिन्न अंग माना जाता है। इसके अलावा स्वयं के बारे में ज्ञान और हमारी सामाजिक स्वयं भी इसके हिस्से हैं। जिस समय हमारा स्वयं विकसित होता है तो बहुत सारे महत्त्वपूर्ण व्यक्ति जो हमारे वातावरण में हमारे साथ होते हैं, जैसे माँ–बाप, दोस्त, भाई–बहन, सहकर्मी आदि, की हमारे स्वयं के लिए एक अहम भूमिका होती है। अगर ये सब रिश्ते हमसे एक दूरी पर होते हैं तो स्वतंत्रता स्वयं और अगर हमसे जुड़े होते हैं तो परस्पर निर्भर स्वयं माना जाता है।

हमारी संस्कृति भी स्वयं को काफी प्रभावित करती है, जैसे बच्चे पाश्चात्य संस्कृति में ज्यादा व्यक्तिगत और एशियाई संस्कृति सामूहिक, पारिवारिक, सामाजिक समूह में फिट होने वाले सामूहिक निर्णय में विश्वास आदि को बढ़ावा देने वाले परिवेश में विकसित होते हैं। सकारात्मक स्वयं के विकास के लिए सकारात्मक माहौल, माता–पिता व अध्यापकों का व्यवहार मायने रखता है। इसी दौरान अच्छे माहौल में क्षमता व गुण पनपते हैं। यह माना जाता है कि हमारी असल स्वयं और आदर्श स्वयं में कितनी दूरी है, इस पर हमारा सामंजस्य निर्भर करता है, जैसे आदर्श और असल स्वयं में असंगति बहुत कम तो सामंजस्य काफी, आदर्श और असल स्वयं में असंगति ज्यादा सामंजस्य कम, आदर्श और असल स्वयं में असंगति बहुत अधिक सामंजस्य बहुत अधिक कम। अतः जितनी ज्यादा हमारे असल और आदर्श स्वयं में दूरी या असंगति होगी, उतना ही कम सामंजस्य होगा और जितनी असंगति कम होगी, उतना ही सामंजस्य ज्यादा।

इसी श्रृंखला में अगला सम्प्रत्यय आता है, आत्मसम्मान, जो स्वयं को स्वीकार करने, सकारात्मक जाँचने, तुलना करने और स्वयं को सक्षम मानने से होता है। मनोवैज्ञानिक विशेषतौर पर मनोविश्लेषक व्यक्ति के बचपन को बहुत अधिक अहमियत देते हैं और यह मानते हैं कि बचपन में सुरक्षा, विश्वास और बेशर्त प्यार आत्मसम्मान विकसित होने के लिए एक नींव है। और इस पर भी निर्भर करता है कि बचपन में व्यक्ति को कितना स्नेह व लगाव मिला है? इस बारे में हमें सिद्धांत बताते हैं कि बचपन से बढ़ती हुई विभिन्न अवस्थाओं पर क्या आप अपने द्वन्द्व सुलझा पाए? यदि हाँ, तभी हमारे व्यक्तित्त्व में कुछ गुण जुड़ते जाएंगे। उदाहरणतया, अगर जन्म के पहले साल में हम विश्वसनीय या भरोसेमन्द माहौल में होते हैं, तभी एक गुण 'उम्मीद' हमारे व्यक्तित्त्व में जुड़ेगा, नहीं तो हम इस गुण को हमेशा के लिए खो देंगे। अतः व्यक्ति के जीवन में एक स्वस्थ और सही देखरेख का बचपन होना बहुत ही जरूरी है।

आत्मसम्मान जब बढ़ जाता है, तब हम दूसरों की तुलना मे स्वयं को ज्यादा गुणकारी पाते हैं। आमतौर पर एक व्यक्ति मूल्यांकन करता है कि क्या वह अपने परिवार में, हमउम्र के समूह में या समुदाय में एक अच्छी स्थिति में है? जब वह अपनी तुलना दूसरों से करता है तो क्या वह दूसरों की तुलना में ज्यादा लायक है? अगर परिवार और समुदाय के लोग उससे अच्छे ढंग से पेश आते हैं तो उसका आत्मविश्वास व आत्मसम्मान बढ़ेगा।

vi) आत्म–प्रभावकारिता

यह स्वयं का एक और पहलू है। आत्म–प्रभावकारिता का अर्थ है व्यक्ति का विश्वास कि क्या वह अपने काम या क्रिया से मनचाहा परिणाम पैदा कर सकता है? आत्म–प्रभावकारिता के सिद्धान्त इस बात पर विशेष जोर देते हैं कि आत्म–प्रभावकारिता का मनौवैज्ञानिक सामंजस्य, मनोवैज्ञानिक समस्या और स्वास्थ्य व कार्य के लिए बहुत अधिक महत्त्व है। आत्म–प्रभावकारिता एक खुद पर विश्वास है कि मैं अपनी योग्यता या कौशल से दिए गए हालातों में विशेष कार्य को कर सकता हूँ।

लक्ष्य को प्राप्त करना एक प्रक्रिया होती है जिसमें स्वयं की समीक्षा, स्वयं का मूल्यांकन, आत्म–प्रभावकारिता और आत्म–प्रतिक्रिया सम्मलित हैं। अगला तर्क आता है कि यदि आत्म–प्रभावकारिता पर ज्यादा वंशानुगत असर नहीं माना जाता तो वातावरण से सम्बन्धित कौन–कौन से महत्त्वपूर्ण कारक इसे प्रभावित करते हैं? क्योंकि यह माना जाता है कि आत्म–प्रभावकारिता समय के साथ–साथ और अनुभव के साथ–साथ विकसित होती है। बचपन से लेकर विकास की हर अवस्था में यह विकसित होती रहती है। मगर यह इस बात पर निर्भर करता है कि क्या हम अपना कार्य कर पा रहे हैं? अगर हम सोचे हुए लक्ष्य प्राप्त कर पाते हैं और पास होते रहते है तो हमारी आत्म–प्रभावकारिता बढ़ती रहती है, क्योंकि हमें सकारात्मक फीडबैक मिल रहा है। मगर यदि हम कार्यों में फेल होते रहते हैं और सोचे हुए परिणाम नहीं प्राप्त कर पाते तो हमारी आत्म–प्रभावकारिता कम हो जाती है और आत्मविश्वास भी घटता जाता है। अतः आत्मप्रभाव हमारे कार्यों से मिले फीडबैक या प्रतिष्ठा से प्रभावित होता है।

मनोवैज्ञानिक इस बात पर भी जोर देते हैं कि व्यक्ति अपने संज्ञान, कार्य प्रेरणा और भावों को खुद आकार देने में सक्षम है। हालाँकि उसे वातावरण या अपने चारों ओर के माहौल से क्या संकेत मिलते हैं, उनकी भी भूमिका रहती है। जैसे, प्रयोग

द्वारा यह भी सिद्ध किया गया है कि यदि हमें अपने कार्यों के अपेक्षित नतीजे नहीं मिलते और यह क्रिया लगातार होती रहती है तो कुछ समय बाद हम असहाय महसूस करना शुरू कर देते हैं और इन कार्यों में अपने प्रयास करना बंद कर देते हैं। ऐसे नतीजे मनोविज्ञान में एक प्रयोग के द्वारा भी सिद्ध किए गए हैं। जैसे मनोवैज्ञानिक सलीगमैन ने एक प्रयोग किया जिसमें एक कुत्ते को ऐसे पिंजरे में रखा जिसमें बिजली का करंट, जो वहाँ प्रवाहित हो रहा था और बन्द करने का कोई भी बटन नहीं था। इस कुत्ते ने शुरू में बहुत कोशिश की मगर जब कुछ भी सम्भव न हुआ तो असहाय हो करंट सहना सीख लिया। इसके बाद इस कुत्ते को और एक नए कुत्ते को अगले प्रयोग में डाला गया। इस बार पिंजरे में एक लीवर था जिसके दबाने से करंट बन्द हो सकता था। इस प्रयोग में पाया गया कि नए कुत्ते ने कोशिश की और जल्द ही करंट बन्द करना सीख गया। मगर पुराने कुत्ते ने कोशिश नहीं की और पहले जैसी स्थिति समझते हुए करंट झेलता रहा। इसका कारण पिछले प्रयोग से सीखा गया, असहायपन माना गया। अतः हमारे अपने किए गए कार्यों के परिणाम आत्म–प्रभावकारिता को प्रभावित करते हैं। इस बात पर भी निर्भर करता है कि हमें फीडबैक कितना स्पष्ट रूप से मिलता रहा है, जितना स्पष्ट फीडबैक और कार्य स्वयं के हाथ में, उतना ही ज्यादा आत्म–प्रभावकारिता।

कार्य को करने के अनुभव, काल्पनिक अनुमान, दूसरों से प्रोत्साहन और हमारी शारीरिक और भावात्मक स्थिति आत्म–प्रभावकारिता के लिए महत्त्वपूर्ण है। इस दौरान हम विभिन्न सूत्रों से सूचना इकट्ठा करते हैं, जैसे ऐसे हालात या कार्य में दूसरों का कार्य और उसके परिणाम हमारे अपने पिछले कार्यों का परिणाम, दूसरों से मिला फीडबैक और इन सबको समझते हुए हमारी भावात्मक स्थिति।

आत्म–प्रभावकारिता हमारे लिए इतनी जरूरी क्यों है? कहते हैं ना ''मन के हारे हार है, मन के जीते जीत''। यह ''मन के जीते...'' की तरफ इशारा करती है क्योंकि अगर हमारी आत्म–प्रभावकारिता काफी कम है तो हम प्रयास ही नहीं करेंगे और हार या फेल होना शर्तिया ही है। हालाँकि जब हम प्रयास करते हैं तो परिणाम के ज्यादा विकल्प खुलते हैं।

मनोवैज्ञानिक अध्ययनों में यह पाया गया है कि जिन व्यक्तियों में आत्म–प्रभावकारिता का स्तर ज्यादा होता है, उनकी ज्यादा अच्छी शारीरिक व मानसिक सेहत होती है, वे किसी भी लत या बुरी आदत से जल्दी उभर पाते हैं, स्वयं को एक दिशा देने में सक्षम होते हैं। इसके विपरीत जिन व्यक्तियों का आत्म–प्रभावकारिता का स्तर कम होता है, उनमें ज्यादा उदासी, निराशा, शक्तिहीनता

आदि पाए जाते हैं। ये अध्ययन व सिद्धांत यह भी इशारा करते हैं कि आत्म–प्रभावकारिता आखिर में खुद के हाथ में है कि हम स्वयं को कैसी दिशा देते हैं और कैसे नियमित व नियंत्रण करते हैं और कैसे मुश्किल कार्यों को करते हैं।

vii) खुशी या सुख

हम सब जानते हैं कि खुश या सुखी रहना हम सबके लिए बहुत महत्त्व रखता है। मनोविज्ञान में भी इस विषय पर काफी काम हुआ है और आधुनिक समय में मानविकी व सामाजिक विज्ञान में विभिन्न विषयों के अनुसार सैकड़ों शोध–पत्र खुशी के विभिन्न आयामों पर प्रकाश डालते हुए प्रकाशित किए हैं। इस अध्याय में इस विषय पर मनोवैज्ञानिक दृष्टिकोण रहेगा। हालाँकि भारतीय धर्मों और आध्यात्मिक ज्ञान में भी खुशी को लेकर चर्चा होती रही है। अतः यह भी विचार–विमर्श होगा कि कैसे एशियाई और पाश्चात्य साहित्य इस विषय पर अलग–अलग दृष्टिकोण पर प्रकाश डालता है। खुशी के विभिन्न पर्यायवाची हैं जो इस विषय के अध्ययनों में भी समानार्थी शब्द इस्तेमाल होते रहते हैं, जैसे– खुशी, सन्तुष्टि, मानसिक स्वास्थ्य, समृद्धि, सुख, सेहत आदि–आदि।

इड डीनर, जिन्होंने खुशी पर 200 से ऊपर शोध–पत्र प्रकाशित किए हैं, का मानना है कि खुशी अपने जीवन के सभी आयामों को मान कर रेट किया गया एक स्तर है और आमतौर पर प्रश्न किया जाता है कि अपने जीवन के हर पहलू को मानते हुए अपनी खुशी को रेट कीजिए, जैसे 1–10 के स्केल पर। इन्हीं के शोध में जब हम एक और खुशी के आयाम देखते हैं तो पाते है कि खुशी को जीवन में सन्तुष्टि (संज्ञान घटक) और सकारात्मक भावनाओं (भावनात्मक घटक) का होना मानते हैं। अतः हम जीवन में सन्तुष्टि और सकारात्मक भावनाएँ, जैसे– उल्लास, आनंद, हर्ष, मजा, खुशी आदि की भावनाओं को खुशी के लिए महत्त्व देते हैं।

जब हम खुशी को समझने के लिए दूसरे मॉडल्स पर आते हैं तो पाते हैं कि कैरोल रिफ व साथी, खुशी के लिए जीवन में मकसद होने को ज्यादा महत्त्व देते हैं। इन्होंने मनोवैज्ञानिक वेल–बीइंग या मनोवैज्ञानिक स्वास्थ्य के लिये 6 कारकों को अहम् माना है– 1. जीवन में उद्देश्य और उनकी सार्थकता, 2. दूसरों के साथ सकारात्मक व क्वालिटी सम्बन्ध रखना, 3. अपने जीवन व अपने चारों ओर के वातावरण को प्रभावी ढंग से व्यवस्थित करने की क्षमता, 4. जीवन में निरन्तर विकास व तरक्की की भावना, 5. आत्मनिर्भरता की भावना और 6. स्वयं का सकारात्मक मूल्यांकन। ये सब कारक मिलकर बताते हैं कि हम जीवन में कितने खुश व

मानसिक स्वस्थ हैं। कीज, जो एक समाजशास्त्री हैं, ने इन दोनों मॉडल में अपना एक और सामाजिक खुशहाली का मॉडल और जोड़ा और तीनों को मिलाकर मानसिक स्वास्थ्य का मॉडल प्रस्तुत किया। सामाजिक खुशहाली में विभिन्न कारक, जैसे– सामाजिक स्वीकार्यता, सामाजिक विकास, सामाजिक योगदान, सामाजिक एकीकरण और सामाजिक सुसंगत का होना शामिल है। इस मॉडल के अनुसार हम लोगों को कई भागों में बाँट सकते हैं, जैसे वे लोग जो मानसिक तौर पर समृद्ध व संपन्न हैं, बीच की श्रेणी के और तीसरी श्रेणी जिसमें मानसिक स्वास्थ्य की कमी पाई जाती है। इसके अलावा मानसिक स्वास्थ्य और मानसिक बीमारी का सम्बन्ध बनाकर भी चार श्रेणी बनाई गई है : 1. मानसिक बीमारी और मानसिक स्वास्थ्य की कमी, 2. मानसिक बीमार लेकिन मानसिक स्वास्थ्य इन आयामों के आधार पर अच्छा, 3. मानसिक स्वास्थ्य की कमी लेकिन मानसिक बीमारी का भी नहीं होना और 4. मानसिक स्वास्थ्य अच्छा और मानसिक बीमारी का भी ना होना, जो सबसे बेहतर और उत्तम श्रेणी होती है।

इस मॉडल के अलावा सैलीगमैन ने भी खुशी के पाँच कारकों की चर्चा की है। इस मॉडल को 'परमा' मॉडल के नाम से जाना जाता है। ये हैंः 'पी'–पाजिटीव इमोशन्स–सकारात्मक भावना, जिसमें आनंद, खुशी उल्लास आदि की भावनाएँ सम्मलित हैं, 'ई' इंगेजमेन्ट–काम में व्यस्त, मगन व तल्लीन रहना और रुचि लेना, 'आर', रिलेशनशिप–यानी कि सकारात्मक सम्बन्ध व समाज में दूसरों से समर्थन और देखभाल मिलना और इनसे जुड़ाव की भावना होना है। 'एम'–मीनिंग–जीवन मूल्यवान लगना और खुद से भी ज्यादा जीवन के कुछ मकसद से जुड़ाव महसूस करना और 'ए'–एक्मपलिशमेन्ट–लक्ष्य की ओर प्रगति करना, काम करने में क्षमता और एक उपलब्धि की भावना रखना।

खुशी को समझने के लिए इन मॉडलों से हमें समझ आता है कि खुश होने के लिए हमारे जीवन में अच्छे आपसी सम्बन्ध, जीवन में एक मकसद और उसे पूरा करते हुए प्रगति व उसे कर पाने की क्षमता जिससे हमारे जीवन में सकारात्मक भावना, जैसे खुशी आनन्द, उल्लास आदि रहे।

viii) 24 विशेष गुण

पीटरसन और सैलीगमैन के द्वारा 24 विशेष गुण सकारात्मक मनोविज्ञान में प्रकाशित किए गए हैं जो दर्शनशास्त्र से, विभिन्न संस्कृतियों से तथा धार्मिक और आध्यात्मिक स्रोतों से इकट्ठे किए गए हैं। उन्हें नापने के लिए 240 प्रश्नों वाला एक

मनोवैज्ञानिक परीक्षण भी तैयार किया गया है जिसकी चर्चा अगले अध्यायों में की जाएगी। उससे पहले आइए जानें कि वे 24 गुण कौन से चयनित किए गए हैं जो स्वयं के कल्याण के लिए, आपसी कल्याण और सामाजिक कल्याण के लिए अत्यधिक महत्त्वपूर्ण माने गए हैं? और ये मनोवैज्ञानिक मानते हैं कि अच्छे चरित्र के लिए हमारा स्तर इन गुणों पर औसतन से ऊपर होना चाहिए।

पहला जो बड़ा गुण है, वह है विवेक और ज्ञान, जो एक संज्ञानात्मक गुण है, जिसमें ज्ञान होना और उसका उपयोग होना अनिवार्य है। इसमें पहला गुण है, सर्जनशीलता या रचनात्मकता उत्पादक, मौलिकता और नवीनतम ढंग से सोचना इसमें शामिल है और कला सम्बन्धित उपलब्धि भी इसका हिस्सा हो सकती है। दूसरा गुण है जिज्ञासा, जिसके अन्तर्गत आते हैं दिलचस्पी, नयापन, नए अनुभवों के साथ खुलापन यानी कि अपने जीवन के अनुभवों को खुलेपन से स्वीकार करना, नए विषय खोजना और उनमें दिलचस्पी लेना। अगला गुण है खुलेपन से निर्णय लेना, जिसमें हर दृष्टिकोण से विषय को समझना, जल्दबाजी में बिना सोचे–समझे निर्णय पर नहीं पहुँचना, सच्चे सबूत मिलने पर अपना निर्णय बदलना और हर सबूत को न्यायपूर्वक ढंग से सहमति देना। उससे अगला गुण है, सीखने से प्यार करना, जैसे नया कौशल या हुनर सीखना और व्यवस्थित ढंग से उसे बढ़ाना और अगला गुण है– विवेक या परिप्रेक्ष्य जिसमें दूसरों को ज्ञानपूर्ण सलाह देना और स्वयं को और दूसरों के लिए एक बोध या अर्थ बनाने वाले विचार के प्रति अपना रवैया रखना सम्मलित है।

दूसरा विशेष गुण आता है पराक्रम या साहस, जो एक भावात्मक गुण है। जिस समय हम अपने लक्ष्य के लिए बाहरी या आंतरिक बाधा का सामना करते हैं, इसमें गुण आते हैं बहादुरी, चुनौती जिसमें मुश्किल या दर्द, खतरा या आशंका से डरना नहीं, विरोध के समय पर भी सही के लिए बोलना और डटे रहना, अप्रिय स्थिति में भी सत्यता के लिए डटे रहना, शारीरिक बहादुरी भी इसका हिस्सा है। इसका अगला गुण है, मेहनती और दृढ़ता या अटलता के साथ खड़े रहना। जो शुरू किया है उसे निश्चय ही खत्म करना, मुश्किलों के दौरान भी अपना कार्य करना और कार्य की समाप्ति का आनन्द लेना। ईमानदारी, सत्यता और सम्पूर्णता अगला गुण है, जिसमें सच बोलना और यथार्थ तथा ईमानदारी से काम करना और अपने कार्य और भावनाओं की जिम्मेदारी लेना, इसमें शामिल हैं। अगला गुण है उत्साह, उद्योगी व जोशीलापन जिसमें जीवन को फुर्ती और उत्साह के साथ लेना, अधूरे मन से काम ना करके जिन्दादिली और सक्रिय हो जीवन जीना।

तीसरा विशेष गुण आता है मानवता, जो आपसी सम्बन्धों और दूसरों की दोस्ती में सहायक होती है। इसमें दूसरों को प्यार देना और प्यार लेने लायक बनना शामिल है। दूसरों से नजदीकी सम्बन्ध रखना, विशेषतया जिनके साथ जीवन में लेन–देन और देखभाल मायने रखते हैं और लोगों से नजदीकी बनाए रखना। अगला गुण है दयालु होना, दूसरों की देखभाल करना, करुणामय होना, दूसरों की देखभाल, मदद और उपकार करना। अगला गुण आता है– सामाजिक बुद्धिमता जिसमें बुद्धिमता और भावात्मक बुद्धिमता भी शामिल है। दूसरों की और स्वयं की भावनाओं और प्रेरणाओं के बारे में जागरूक रहना, ये जानना कि किस सामाजिक परिस्थिति में अनुकूल रहने के लिए कैसा व्यवहार मुनासिब होगा और जानना कि कौन सा व्यवहार दूसरे व्यक्तियों को सही रखेगा, आदि शामिल हैं।

चौथा विशेष गुण है न्याय, जो एक स्वस्थ समुदाय जीवन को बढ़ावा देता है। इसके अंतर्गत आते हैं समूह में कार्य करना तथा वफादार, सामाजिक जिम्मेदारी और नागरिकता इसका हिस्सा है। समूह में एक जिम्मेदारी के साथ काम करना तथा समूह में वफादार होकर अपने हिस्से का कार्य करना शामिल है। निष्पक्ष और न्यायप्रिय हो, सब लोगों के साथ समान व्यवहार करना, दूसरों के साथ अपने पक्षपातपूर्ण भावनाओं से पक्षपात के निर्णय न लेना, हर किसी को निष्पक्ष मौका देना शामिल हैं। नेतृत्व इस श्रेणी का अगला गुण है जिसमें समूह, जिसके सदस्य हों, उसे कार्य करने में अग्रसर करना और सबके साथ अच्छे सम्बन्ध रखना शामिल है। समूह में कार्यशीलता रहना भी इसके लिए अनिवार्य है।

पाँचवां विशेष गुण जो हमें अत्यधिक इकट्ठा करने से रोकता है–संयम। इसके अंतर्गत माफ करना या दूसरों पर दया दिखाना शामिल है। उन्हें माफ करना, जो गलत काम करते हैं, दूसरों की कमजोरियों को स्वीकार करना, दूसरों को अगला मौका देना और द्वेषपूर्ण भावना न रखना इसमें शामिल है। अगला गुण है, विनम्रता और सादगी, जिसमें स्वयं को ज्यादा अहमियत ना देकर कार्य या कर्म को स्वयं प्रकट होने को महत्त्व देता है। अगला गुण है विवेक या सावधानी, जिसमें अपनी पसन्द के लिए सावधान रहना कि जीवन में कोई जोखिम तो नहीं ले रहे हैं। ऐसा न कहना या करना, जिससे बाद में पछताना पड़े। इससे अगला गुण है स्वयं पर नियंत्रण और स्वयं का नियमित होना। नियमित रूप से कार्य करना और उसे महसूस करना, अनुशासित होना, अपने भावनाओं और मुख पर नियंत्रण रखना आदि।

आखिरी विशेष गुण है श्रेष्ठता या उत्तमता, जो हमें ब्रह्माण्ड से जोड़ता है और एक अर्थपूर्ण जीवन देता है। इसमें सुन्दरता की सराहना जिसमें सुन्दरता, श्रेष्ठता और कौशल को जानना और उसकी सराहना करना शामिल है। जैसे– कला, प्रकृति विज्ञान, अर्थशास्त्र या दिन–प्रतिदिन के अनुभव। इससे अगला गुण है कृतज्ञता होना, जिसमें जीवन में अच्छा घटने पर कृतज्ञ होना और कृतज्ञता प्रकट करने के लिए समय निकालना शामिल है। उम्मीद, आशावादी, भविष्य के दिशा–निर्देश के प्रति सजग रहना शामिल है। यह मानना कि अच्छा भविष्य बनाया जा सकता है। अगला गुण हास्य मनोवृत्ति, जिसमें हँसना, दूसरे लोगों को खुश करना या हँसाना आदि शामिल हैं। अगला गुण है धार्मिक और आध्यात्मिक होना, जिसमें ब्रह्माण्ड के साथ एक अर्थपूर्ण सम्बन्ध और एक विशेष उच्चतर मकसद जानना कि बड़ी–सी योजना में हर कोई कैसे फिट है, जीवन में विश्वास और एक मकसद होना जो व्यवहार को एक राह दिखाए और आरामदायक बनाए।

इस तरह से छह विशेष गुणों के अन्तर्गत पीटरसन और सलीगमैन ने 24 गुणों को चयनित कर उनकी मुख्यता और विशेषता पर प्रकाश डाला, जिन्हें मापने के लिए मनोवैज्ञानिक परीक्षण भी बनाया गया, जो देश–विदेश में इन गुणों का मापन करने के लिए काफी उपयोग होता रहा है, जिसकी चर्चा अगले अध्यायों में की जाएगी।

ऊपर दिए गए मुख्य गुणों व क्षमताओं के अलावा भी बहुत सारे विशेष गुण हैं, जो हमारे कुशल व्यवहार को दर्शाते हैं, जैसे साहसिकता या हिम्मत–जिन लोगों में ये गुण होता है, उनमें तनाव का प्रतिरोध होता है, क्योंकि ये लोग समस्या के समाधान में ज्यादा व्यस्त रहते हैं बजाय कि उस समस्या से तनाव महसूस करना। ऐसे लोगों में ज्यादा प्रतिबद्धता, चुनौती स्वीकारना और नियंत्रण के गुण होने के कारण समस्या का समाधान करना, ऐसे गुणी लोगों का मुख्य उद्देश्य होता है।

एक ऐसा ही दूसरा गुण, जो खुश व्यक्तियों से सम्बन्धित पाया गया है, यह है धैर्य या चित्त की स्थिरता–इस गुण में कार्य में निरंतरता और दिलचस्पी बनाए रखने का गुण होता है जिससे किसी भी कार्य में सफलता मिलना आसान हो जाता है। तीसरा गुण है, विकासशील मानसिकता–कई लोग अपने एक दायरे में रहते हैं, उससे बाहर ही नहीं निकल पाते (फीक्सड मानसिकता) और दूसरे विकासशील मानसिकता के लोग जो हर मौके के अनुसार आगे बढ़ने की प्रेरणा रखते हैं। ऐसे ही हम दूसरे गुण, जो दूसरों के साथ व्यवहार करते समय काम आते हैं, जैसे व्यक्तियों को माफ करना, करुणा, कृतज्ञ होना, दूसरों की मदद करना आदि को भी

सकारात्मक मनोविज्ञान में विशेष महत्त्व दिया गया है, क्योंकि ऐसे गुण हमें घनिष्ठ और अच्छे आपसी सम्बन्ध रखने में तथा स्वयं को भी खुश व सन्तुष्ट रखने में कामयाब बनाते हैं। अतः खुशी बढ़ाने की नीतियों में माफ करने, करुणामय होने, कृतज्ञ होने आदि के मध्यवर्ती कार्यक्रम देकर इनका अभ्यास कराया जाता है।

इससे भी आगे बढ़कर सकारात्मक मनोवैज्ञानिक स्वयं को माफ करना, स्वयं के साथ करुणामय होना आदि को भी खुश रहने के लिए बढ़ावा दे रहे हैं। इस पाठ में बहुत सारे सकारात्मक गुणों में से कुछ को सैम्पल के रूप में प्रस्तुत किया गया है। हालाँकि ऐसे और भी बहुत सारे गुण हो सकते हैं जो हमारे सकारात्मक व्यवहार, खुशी, शान्ति, सन्तुष्टि और जीवन जीने के स्तर को और बेहतर बनाने में सहायक होते हैं।

हालाँकि अगर हम इसके ठीक विपरीत नकारात्मक कारकों की बात करें तो, जैसे चिंता, उदासी, तनाव, गुस्सा और बहुत सारे मानसिक विकार। जैसा कि यह इस किताब का मुख्य मुद्दा नहीं है, फिर भी संक्षिप्त में इन सब विकारों को शामिल करना जरूरी है, क्योंकि ये सब विकार असामान्य लोगों में ही नहीं, बल्कि सामान्य व्यक्तियों में भी औसतन से अधिक मात्रा में पाए जा रहे हैं और यह हमारी खुशी और प्रगति में एक बाधा है।

अतः जहाँ हम व्यक्तित्व के गुणों को बढ़ाने की कोशिश करते हैं, इन विकारों को मानव–व्यवहार में कम करने की कोशिश करते हैं। अगले अध्यायों में आप पाएंगे कि मनोवैज्ञानिक जब भी खुशी या सकारात्मक गुण बढ़ाने के लिए कोई कार्यक्रम करते हैं तो कैसे उदासी या तनाव घटे, इस पर भी चर्चा होती है। आमतौर पर जैसे ही उदासी, चिंता या तनाव कम होते हैं, हम खुशी या उल्लास का ज्यादा अनुभव करते हैं।

ix) मानव–व्यवहार को समझने में मददगार भारतीय धार्मिक और आध्यात्मिक ज्ञान के संप्रत्यय

मनोविज्ञान की मुख्य धारा के गुण अवगुणों की सूची के अतिरिक्त भी भारतीय आध्यात्मिक साहित्य में भी कुछ विशेष गुण–अवगुण जिनसे मानव–व्यवहार को समझना काफी सरल व सहज हो जाता है। भारतीय मनोवैज्ञानिक इस भारतीय दर्शन और धार्मिक व आध्यात्मिक साहित्य से मनोवैज्ञानिक व्यवहार और संज्ञान को समझने के लिए ऐसे सम्प्रत्ययों का अध्ययन कर मनोवैज्ञानिक मुख्य धारा में अपना योगदान देते रहते हैं।

भारतीय मनोविज्ञान मुख्यतौर पर आंतरिक अवस्था, जिसमें चेतना मुख्य है, को अपना अध्ययन का विषय मानती है। जीव को ज्ञाता, भोगता और कर्ता के रूप में जाना जाता है। यह दृष्टिकोण आंतरिक जगत और आध्यात्मिकता पर केन्द्रित है। आयुर्वेदिक थैरेपी में वात–पित्त और कफ के संतुलन की बात की जाती है तथा व्यक्तित्त्व को सत्व, रजस और तमस के रूप में परखा जाता है।

जैसा कि एशियाई वैज्ञानिक और अध्यात्मिक ज्ञान इस विषय को ज्यादा महत्त्व देते हैं कि खुशी के बाहरी आयामों की बजाय हमारे अन्दर क्या घट रहा है। जैसे मन में शान्ति, मन के भीतर एक तालमेल और हमारे विचारों, भावनाओं और व्यवहार में एक समरसता होना, आदि। अगर हम भारतीय संस्कृति को देखें तो खुश रहना काफी महत्त्वपूर्ण माना गया है। इसलिए बुजुर्ग लोग अभिनन्दन के बदले आमतौर पर हमें 'खुश रहो' का आशीर्वाद देते हैं। हमारी प्रार्थनाओं में भी सबकी खुशी या सुखी रहने की प्रार्थना की जाती है। जैसे 'सर्वे भवन्तु सुखिना',...सभी सुखी होवे।

भारतीय साहित्य और आध्यात्मिक ज्ञान में बहुत सारी धारणाएं हैं जो खुशी को समझने और उसे प्रभावित करने पर जोर डालती हैं, जैसे सच्चिदानंद सत्, चित्त और आनन्दमय होना। हम भारतीय तन–मन और आत्मा के तालमेल को महत्त्व देते हैं। भारतीय परम्परा खुशी और चेतना को वास्तविकता का एक मूल रूप मानती है और आत्मज्ञान व आत्मनिरीक्षण एक मौलिक विज्ञान।

हमारी शोध टीम ने भी इनमें से कुछ गुणों, जैसे सत् चित्त आनंद, अनासक्ति, अष्टांग योग और इसके आयाम, स्वाध्याय, सुख–दुःख और यदि नकारात्मक कारकों के प्रकार की बात करें तो विकार, जैसे काम, क्रोध, मोह, लोभ आदि पर शोध किए हैं। आइए, संक्षिप्त में इन गुण–अवगुणों को मनोवैज्ञानिक दृष्टिकोण से जानें।

सत्तचित्तानंद या सत् चित्त और आनन्द, जिसे हम खुशी का एक भारतीय दृष्टिकोण मानते हैं। यह आनन्द या सुख स्वयं के अन्दर से ही उजागर होता है। यह बाहरी कारणों पर निर्भर कम करता है। जब हम अपनी आंतरिक दुनिया के सम्पर्क में आते हैं तो सहज ही आनंदमय हो जाते हैं। आनंदमय अवस्था हमारी अंतःकरण से जुड़ी होती है जो अनुभव में अधिक मौजूद रहती है। ऐसा ही एक और सम्प्रत्यय, अनासक्ति है। कई आधुनिक मनोवैज्ञानिक अध्ययनों में पाया गया है कि अनासक्त व्यक्ति ज्यादा खुश होते हैं और इनमें तनाव कम होता है। अनासक्ति का अर्थ हुआ मन में एक संतुलन व समता भाव रहना और किसी विशेष व्यक्ति या वस्तु से बंधन या मोह में नहीं पड़ना। अनासक्त व्यक्ति ज्यादा आध्यात्मिक समझ रखने

के कारण जीवन में आने वाली घटनाओं से ज्यादा विचलित नहीं होते और तनाव से मुक्त रहते हैं।

अष्टांग योग के विभिन्न आयाम भी मानव–व्यवहार को एक दिशा देते हैं और शान्ति व आंतरिक सामंजस्य से सीधे सम्बन्धित हैं। अगर हम इन आयामों या चरणों की चर्चा करें तो ये मुख्यतः स्वयं और दूसरों के लिए कैसा व्यवहार रहे, जो हमें ध्यान, धारणा और समाधि तक की मनोभावना तक पहुँचाए। इस शृंखला में पहला कदम है नियम–जिसमें अहिंसा, सत्य, अस्तेय (चोरी ना करना) अपरिग्रह (आवश्यकता से अधिक सामग्री का संचय ना करना और दूसरों के धन की इच्छा ना रखना) और ब्रह्मचर्य शामिल हैं, दूसरा नियम–जिसमें कुछ नियमों के पालन करने की सलाह है, जैसे शौच (तन और मन की शुद्धि) संतोष, तप, स्वाध्याय, (आत्म चिन्तन) और ईश्वर– प्रणिधान (पूर्ण श्रद्धा) अगले चरण आसन, प्राणायाम, प्रत्याहार (सभी इंद्रियों को विषयों से हटा कर चित्त को एकाग्र करना) एकाग्रचित्त, ध्यान और समाधि। योग से लिए गए ये कदम निश्चय ही हमारे जीवन की आंतरिक व बाहरी यात्रा में विशेष योगदान देते हैं और एक अध्ययन में पाया गया कि अष्टांग योग के चरण खुशहाली या समृद्धि से और सकारात्मक भावनाओं से सकारात्मक सम्बन्ध रखते हैं और नकारात्मक भावनाओं से नकारात्मक सम्बन्ध रखते हैं।

इसके अतिरिक्त हमारे आध्यात्मिक साहित्य में मन के विकारों की भी चर्चा मिलती है, जो हमारे स्वास्थ्य पर बुरा प्रभाव डालते हैं। ये हैं–काम, क्रोध, मोह, लोभ आदि। इन विकारों से सभी धर्मों में (जैसे– हिन्दू, बौद्ध, सिख आदि धर्म) दूर रहने की सीख दी गई है। इस विषय पर किए गए शोध में हमने इन विकारों को सूचीबद्ध किया और पाया कि विकार, जैसे आंतरिक व बाहरी गुस्सा, मोह, लोभ, अहंकार, काम और तमस् हमारी खुशहाली और समृद्धि और सकारात्मक अनुभवों के साथ नकारात्मक रूप से सम्बन्धित है और नकारात्मक अनुभवों के साथ सकारात्मक रूप से सम्बन्धित है।

ऐसे शोध हमें ये भी समझने में मदद करते हैं कि मानव–व्यवहार किसी भी दृष्टिकोण से समझा जाए, उसको समझने वाले कारकों में एक सार्थक और अर्थपूर्ण सम्बन्ध मिलता है। मनोविज्ञान की मुख्य धारा में व्यवहार को समझने के लिए इन सब सम्प्रत्ययों के साथ–साथ कुछ और सम्प्रत्ययों, जैसे सुख–दुःख, वात–पित्त और कफ़ (आयुर्वेदिक मॉडल) और व्यक्तित्त्व जैसे सत्व, रजस और तमस आदि को भी व्यवहार को समझने के लिए मुख्य धारा में जोड़ा जा सकता है जिसमें न केवल

भारतीय मनोविज्ञान के संदर्भ में, बल्कि सर्वत्र इन सम्प्रत्ययों को मानव–व्यवहार को समझने के लिए महत्त्व मिले।

इस तरह से भारतीय आध्यात्मिकता में आंतरिक यात्रा को काफी महत्त्व दिया गया है जिसमें स्वयं को जानने के लिए प्रेरणा, इच्छा, स्मृति, भाव आदि अहम हैं और ये दुनियादारी में बाहरी उपलब्धियों से परे हैं जिसको स्वाध्याय, धारणा और ध्यान के द्वारा उन्नत किया जाता है। अभी भी मुख्य मनोवैज्ञानिक धारा में बाहरी और प्रत्यक्ष शारीरिक व मानसिक कारकों पर ज्यादा प्रभाव प्रकाशित हुआ है और मानव–व्यवहार के दूसरे पहलू, जो ज्यादातर आंतरिक अनुभव हैं, जिन्हें शायद शब्दों में पिरोना भी मुश्किल हो सकता है। मगर वे पुरजोरता के साथ विद्यमान हैं। ऐसे अनुभवों को जानना और समझना तथा मनोविज्ञान की मुख्य धारा में अध्ययन करना मनोवैज्ञानिकों के लिए एक चुनौती है जिससे वे साइंस और आध्यात्मिक ज्ञान में एक तालमेल पैदा कर सके और मानव–व्यवहार के कुछ अधूरे पहलुओं को सम्मिलित कर मनोविज्ञान में व्यवहार की एक सर्वव्यापी समझ बना सकें।

❑❑❑

अध्याय–4

सकारात्मक मनोविज्ञान में खुशी व अन्य गुण बढ़ाने के उपाय

सार

इस अध्याय में खुशी और अन्य गुणों के बढ़ाने के उपायों की चर्चा की गई है। व्यावहारिक सकारात्मक मनोविज्ञान में बहुत सारे कार्यक्रम तैयार कर उन्हें विभिन्न समूहों पर क्रियान्वित कर उनकी प्रभावशीलता का अध्ययन किया गया है। ऐसे कार्यक्रम स्कूलों के लिए तैयार किए गए हैं, जो बच्चों की खुशी, प्रतिरोधक्षमता, भावनात्मक बुद्धि आदि को और अधिक उन्नत करने में सक्षम पाए गए हैं। ऐसे ही कार्यक्रम महाविद्यालयों में पढ़ रहे छात्रों पर भी लागू कर उनकी प्रभावशीलता देखी गई है और कार्य संगठनों और समुदायों में भी व्यक्तियों की कुशलता, खुशहाली और दूसरे सकारात्मक गुण बढ़ाने के लिए ऐसे कार्यक्रम कारगर भूमिका निभाते रहे हैं। इस अध्याय में उन्हीं में से कुछ कार्यक्रमों की रूपरेखा देकर उनका विश्लेषण किया गया है।

परिचय

सकारात्मक मनोविज्ञान, गुणों और मानव–व्यवहार में सकारात्मक विशेषताओं को जानने और उनका मूल्यांकन करने के बाद आधुनिक समय में इस विषय पर विशेष जोर दे रही है कि क्या हम खुशी और अन्य गुणों को बढ़ा सकते हैं? सकारात्मक मनोविज्ञान के अन्य उद्देश्यों के साथ एक उद्देश्य व्यक्ति, समूह, समाज और समुदाय को समृद्ध और सम्पन्न बनाना भी है। जहाँ मनोविज्ञान की दूसरी शाखाएँ इस विषय पर केन्द्रित रहती हैं कि आपके व्यवहार और मानसिक प्रक्रिया में क्या गलत है और उसे कैसे ठीक किया जा सकता है। मनोविज्ञान की इस शाखा में ज्यादा जोर इस विषय पर दिया जाता है कि आपके व्यवहार और मानसिक प्रक्रियाओं में क्या गुण, जोश और शक्ति है जिसे और अधिक इस्तेमाल कर व्यक्ति और अधिक खुशहाल, सम्पन्न और समृद्ध हो सकता है। ये क्षेत्र व्यक्ति की कमजोरियों की बजाय उसकी शक्ति या ताकत पर केन्द्रित कर उसे समृद्ध बनाने में योगदान देता है। आधुनिक सकारात्मक मनोविज्ञान में अलग–अलग समूहों में किए

गए अध्ययनों में देखें तो बहुत सारे मध्यस्थ कार्यक्रमों के सत्र, जो खुशी और दूसरे गुणों को बढ़ाते हैं और इनकी प्रभावशीलता विभिन्न शोध–पत्रों में दर्ज की गई है। इस अध्याय में उन उपायों का उल्लेख करेंगे जिनको विभिन्न समूहों पर किए गए अध्ययनों में प्रभावशाली पाया गया है। मनोविज्ञान में ये मानते हैं कि आमतौर पर किसी भी गुण के लिए 50 प्रतिशत हमारे गुणों का वंशानुगत भाग है, 10 प्रतिशत हमारे चारों तरफ का वातावरण और 40 प्रतिशत भाग हमारी इच्छानुसार चुने कार्यकलापों का है, जो हमारी खुशी को बढ़ाने या घटाने का कारण बनते हैं। इन कार्यक्रमों में ज्यादातर ध्यान वातावरण और इन इच्छानुसार चुने हुए कार्यकलापों पर होता है।

1. स्कूलों में छात्रों पर कार्यक्रम

छात्रों पर स्कूलों में किए गए अध्ययन में पाया गया कि बहुत सारी प्रभावशाली योजनाएं हैं जो छात्रों के कल्याण और स्वास्थ्य को बढ़ा सकती हैं और स्कूल वातावरण इस तरह के छात्रों के स्वास्थ्य या कुशलता बढ़ाने वाले अध्ययनों के लिए उपयुक्त स्थान है। स्कूल व्यवस्था में ऐसे कार्यक्रम बच्चों को अपने जीवन के मनोवैज्ञानिक पहलुओं को समझने व उनके साथ सामंजस्य बनाना सीखने से बेहतर जीवन बना सकते हैं और कुछ हद तक नकारात्मक भावों और परिस्थितियों में सामंजस्य बनाना सीखना और खुद को मैनेज करना सीखना भी लाभदायक रहता है। आइए जानें कि वह कौन–कौन सी योजनाएं या उपाय हैं जिन्हें स्कूलों में किए गए अध्ययनों में कारगर पाया गया है। यह उपाय विभिन्न अध्ययनों में इस्तेमाल किए गए और उनके बच्चों के व्यवहार पर सकारात्मक नतीजे पाए गए।

i) स्कूलों में मानसिक स्वास्थ्य व दूसरे आयाम बढ़ाने वाले कार्यक्रम

सकारात्मक मनोविज्ञान के खुशी व स्वास्थ्य को उन्नत बनाने वाले कार्यक्रम में उन कार्यों को करवाया जाता है जिससे बच्चों के कृतज्ञता या आभार एक गुण के रूप में वृद्धि हो और आपसी संबंध और मजबूत हों। ऐसे सत्र में मनोवैज्ञानिक ढंग से बच्चों को एक पत्र लिखने को बोलते हैं, उनके लिए, जिन्हें वे धन्यवाद देना चाहते थे, लेकिन दे नहीं पाए और अब आभार व्यक्त करना चाहते हैं। ऐसे में जब एक व्यक्ति आभार व्यक्त करते हुए पत्र लिखता है तो वह भी सकारात्मक भावनाओं को महसूस करेगा और जिसे पत्र लिखा गया है, वह भी। कई बार ऐसे वाक्या डायरी में लिखने को भी दिए जाते हैं। इस प्रयास से बच्चों में दूसरों के लिए कृतज्ञता या आभार व्यक्त करना और इसे महसूस कर सकारात्मक भाव होना पाया गया है जो हमारी खुशी व मानसिक स्वास्थ्य में वृद्धि करते हैं। ऐसे ही और भी बहुत सारे

कार्यक्रम हैं, जैसे दिन में कम से कम एक कार्य को अपनी रुचि और दिल से सम्मिलित होकर करना, हर रोज डायरी में जीवन के तीन अच्छे अनुभव लिखना (जिसका मकसद खुशनुमा विचार पैदा करना है, जो खुशनुमा अनुभव और भावनाओं को बढ़ावा देंगे) अपने गुणों को जानना और अधिक मात्रा में उनका प्रयोग करना सीखना है। कम से कम एक बार मनोरंजन कार्य में कार्यरत होना अपने आशीर्वाद या आशीष के प्रति सजग होना, दूसरों को माफ करने का अभ्यास करते रहना आदि सम्मिलित हैं। इसके अलावा कुछ और महत्त्वपूर्ण सत्र भी इनकी मध्यस्थता करते हुए कार्यक्रमों में इस्तेमाल किए जाते हैं। जैसे– आशावादी होने का अभ्यास, दयालुता का कार्य करना, सकारात्मक अनुभवों के बारे में लिखना, आशा या उम्मीद बढ़ाने वाली थैरेपी, कुशलता की थैरेपी, स्वयं का प्रबन्धन करना, सकारात्मक ग्रंथ सूची, धार्मिक या पूज्य क्षण विकसित या अनुभव करना, लक्ष्य प्राप्त करने की कोचिंग या सलाह प्राप्त करना, जीवन में सर्वश्रेष्ठ स्वयं के बारे में लिखना, सकारात्मक कथनों का अभ्यास करना, सकारात्मक जीवन के अनुभवों के बारे में सोचना, अपने गुणों को नए तरीकों से इस्तेमाल करना, सकारात्मक भविष्य के बारे में सोचना, स्वयं को माफ करना और स्वयं के प्रति करुणामय होने का अभ्यास, लक्ष्य प्राप्त करने के लिए अग्रसर होने के अभ्यास आदि–आदि। विभिन्न कार्यक्रम इनमें से कुछ मुद्दों को अपने मध्यस्थता के कार्यक्रम में चुनकर एक विशेष कार्यक्रम के रूप में प्रस्तुत करते हैं और अपने शोध में सहभागियों पर इस कार्यक्रम के प्रभाव का अध्ययन करते हैं।

मानसिक स्वास्थ्य के लिए ये कार्यक्रम सामान्य सहभागियों, जिनका स्वास्थ्य सामान्य है मगर वे सकारात्मक दिशा में और बढ़ाना चाहते हैं या भविष्य में स्वास्थ्य बनाये रखने के लिए कुछ तकनीक सीखना चाहते हैं, उनके लिए काफी लाभदायक हैं। इसके अलावा सकारात्मक कार्यक्रम और इनमें उपयोग किए गए सत्र मानसिक स्वास्थ्य, सम्बन्धित समस्याओं को सुलझाने के लिए बने कार्यक्रम में भी उपयोगी हैं। विशेष तौर पर जब सहभागी स्वस्थ हो, वापस सामान्य जीवन में आने की तैयारी कर रहा होता है, तब प्रतिरोधक्षमता और मनोवैज्ञानिक और सामाजिक उपाय या साधन को और मजबूत करने के लिए तथा सामान्य जीवन में सामंजस्य बैठाने के लिए उपायोगी है।

ii) बच्चों के गुणों को प्रोत्साहन देना

हम सब जानते हैं कि हम सबमें समान गुण नहीं हैं, किसी की कोई ताकत या गुण हैं तो किसी की कोई और ताकत या गुण होंगे। सकारात्मक मनोवैज्ञानिकों

ने 24 गुणों को आमतौर पर पहचाना है जो स्वयं के लिए और दूसरों से व्यवहार करते समय कारगर पाए गए हैं। इस पर आधारित मनोवैज्ञानिक परीक्षण को और कई बार सीधे प्रश्न पूछ कर सबसे पहले यह जाना जाता है कि बच्चे अपने किन गुणों को सबसे ज्यादा अहमियत देते हैं? या उन्हें पहचानते हैं, उसके बाद इस कार्यक्रम में वे समझने की कोशिश करते हैं कि इन गुणों को वे कितना इस्तेमाल कर रहे हैं और कैसे वे अपने गुणों को और अधिक इस्तेमाल कर सकते हैं? ये कोई उनके व्यक्तित्त्व की कमजोरियाँ नहीं हैं कि पहले उन कमजोरियों पर काबू पाना होगा, बल्कि उनके व्यक्तित्त्व की ताकत हैं। अतः जो सम्पन्न निधि उनके पास मौजूद है, उसे और अधिक इस्तेमाल करने की सीख दी जाती है। इस तरह के कार्यक्रम में यह भी पाया गया है कि जब बच्चे अपने ही गुणों पर काम करते हैं तो वह ज्यादा आत्मविश्वास, खुश, उन्मुक्त व आविष्कारक होते हैं। इसी श्रृंखला में ताकत बनाने वाले अभ्यास भी दिए जाते हैं। कभी–कभी कक्षा में विद्यार्थी या कक्षा–अध्यापक/अध्यापिका भी बच्चों को उनके गुण पता करने में मदद करते हैं। ऐसे अभ्यास कक्षा में बहुत ही खुशनुमा माहौल पैदा करते हैं और बच्चे आपस में और अध्यापिका/अध्यापक के साथ भी सौहार्दपूर्ण संबंध बनाते हैं। कुछ कार्यक्रमों में तो इस तरह के अभ्यासों में पूरे स्कूल को शामिल किया जाता है। कुछ भिन्नता के साथ ऐसे बहुत सारे कार्यक्रमों का प्रभाव देखा गया और पाया गया कि स्कूली बच्चे ज्यादा सौहार्दपूर्ण माहौल में और पढ़ाई में तरक्की करते हैं।

iii) प्रतिरोधक्षमता को बढ़ाने के लिए कार्यक्रम

यह पहले भी चर्चा की गई है कि हम पूरी तरह से तनावमुक्त माहौल में नहीं रह पाते और हमें जीवन में विभिन्न प्रकार के तनाव, दुःख, तकलीफ, फेल होने आदि के अनुभव होते रहते हैं। एक बहुत महत्त्वपूर्ण संकेत यह भी है कि हमारे इन विपरीत हालात से उभरने की गति क्या है? जितनी तेज गति, उतना ही हम अपने जीवन में सामान्य अवस्था में लौट आते हैं। सामान्य अवस्था में लौटने की गति हमारे स्वयं के गुण और माहौल की विशेषताओं पर निर्भर करता है। अतः बच्चों में स्कूल के दौरान ऐसे गुणों को बढ़ावा दिया जाता है और उनकी सोच का दायरा बढ़ा, उन्हें और अधिक प्रतिरोधक्षमता वाले बनाया जाता है। ऐसे कार्यक्रमों में तर्कहीन व विवेकहीन विश्वास को कम करना और समाधान सहित सोच को बढ़ाने के लिए अभ्यास कराए जाते हैं। कौशल युक्त प्रशिक्षण, जिसमें निश्चयात्मक और निर्णय लेने की क्षमता को बढ़ाने के लिए अभ्यास कराये जाते हैं। ऐसे कार्यक्रमों में पाया गया है कि बच्चों में ऐसे अभ्यास करने से उदासी, चिंता, निराशा और दूसरी

व्यावहारिक समस्याएँ कम होती हैं। इस तरह के कार्यक्रम में समाज हेतु मूल्य, स्वयं को संभालना, अच्छे आपसी संबंध व भावनाएँ पहले से बेहतर होती हैं।

इस तरह के बहुत सारे कार्यक्रम देश–विदेश के स्कूलों में बच्चों के लिए आयोजित किए जा रहे हैं। जैसे 'पेन ऑफ टीनएज प्रोग्राम', 'पेन रैजिलियन्सी प्रोग्राम', 'बाउन्स बैक', 'पॉजिटिव साइक्लोजी', 'इमोशनल कॉम्पीटिशन', 'रिस्टोरेटिव प्रैक्टिस एण्ड कॉम्यूनिकेशन फॉर यूथ स्कूल प्रोग्राम' आदि। इन सभी कार्यक्रमों में स्कूल के विद्यार्थियों के लिए कुछ विशेष सत्र डिजाइन किए गए हैं और उनके प्रभाव को जानने के लिए विद्यार्थियों पर परीक्षण किया गया, जिसमें कारगर परिणाम पाए गए हैं।

iv) तनाव प्रबंधन, तनाव मुक्ति या विश्रामावस्था व सचेतनता के लिए कार्यक्रम

हम सब जानते हैं कि तनाव को बीमारियों के लिए छुपा हुआ एक घातक कारण माना गया है और बीमारियाँ तनाव के कारण 50 से 70 प्रतिशत होती हैं। अतः तनाव को समय पर प्रबंधन कर तनाव से आने वाली शारीरिक व मानसिक थकावट से बचा जा सकता है। तनाव का प्रबंधन करने के लिए विभिन्न तरीके इस्तेमाल किए जाते हैं। जैसे– ध्यान करना, विश्राम अवस्था में आना, समय प्रबंधन का पालन करना, अपनी सोच को सही रखना आदि। इस तरह के कुछ कार्यक्रम स्कूल के स्तर पर भी करवाए जाते हैं ताकि विद्यार्थी कौशल व उपाय सीख सकें, जिससे वे अपने जीवन में आए तनाव का प्रबंधन कर पाएं। यह तकनीक अकेले भी दी जाती है और दूसरी तकनीकों के साथ मिलाकर भी दी जाती है। जैसे– 'तनाव प्रबंधन' और 'कृतज्ञता प्रकट करने के लिए डायरी लिखना', मनोवैज्ञानिक इन्हें अलग–अलग और दोनों तकनीक को मिलाकर कार्यक्रम में इस्तेमाल करते रहे हैं। यह पाया गया है कि अगर हम ज्यादा तकनीक मिलाकर के कार्यक्रम प्रस्तुत करते हैं तो ज्यादा फायदेमंद होता है। एक और तनाव प्रबंधन कार्यक्रम में विभिन्न तकनीक, जैसे गहरी साँस लेना, शरीर के हर अंग को एक–एक कर पूरी तरह से आरामदेय बनाना, खुद से सकारात्मक बात करना आदि इस्तेमाल की गई हैं।

कुछ कार्यक्रम सचेतन ध्यान को इस्तेमाल करके भी तैयार किए गए हैं जिससे प्रयोगात्मक समूह में नियंत्रित समूह के बजाय स्वयं को स्वीकारना, आरामदायक व शांत भाव बढ़ना और नकारात्मक भाव घटना पाया गया है।

एक ऐसे ही दूसरे शोध में इस तरह के कार्यक्रम से चिंता, तनाव में कमी व आत्मविश्वास में फायदा हुआ। ऐसे कार्यक्रम योग को कार्यक्रम में मिलाते हुए शारीरिक व्यायाम व सचेतन ध्यान की तकनीक इस्तेमाल करके भी तनाव प्रबंधन करते हैं। ऐसे ही तनाव प्रबंधन को करने के लिए उत्तमोत्तम ध्यान भी इस्तेमाल करते हैं। विभिन्न देशों से ऐसे बहुत सारे शोध किए गए हैं जिनमें तनाव प्रबंधन व दूसरे मनोवैज्ञानिक आयाम फायदेमंद होने के कारण कुछ कारगर तकनीकों में बहुत सारे सत्र इस्तेमाल कर विद्यार्थियों को प्रस्तुत किए गए और वैज्ञानिक तौर पर इनके फायदे दर्ज किए।

v) सकारात्मक मनोविज्ञान से विभिन्न तकनीक

जैसा कि हम जानते हैं सकारात्मक मनोविज्ञान के उद्देश्यों में एक उद्देश्य व्यक्ति, समाज या समुदाय को संपन्न व समृद्ध बनाना भी है। अतः इस क्षेत्र में बहुत सी ऐसी तकनीकों पर प्रयोग हुआ है और व्यवहार के विभिन्न आयामों को बेहतर बनाने के लिए अध्ययन किए गए हैं, जैसे–कृतज्ञता बढ़ाना, अपने सकारात्मक स्वयं के लिए सचेत व जागरूक होना, अपनी ताकत व गुण पहचानना और उन ताकत व गुणों को अच्छे से इस्तेमाल करना सीखना आदि।

भारत में भी ऐसे कार्यक्रम स्कूलों में प्रसारित किए जा रहे हैं। जैसे– राष्ट्रीय मानसिक स्वास्थ्य और स्नायु विज्ञान संस्थान का ''लाइफ स्किल्स एजुकेशन प्रोग्राम''। इस कार्यक्रम में वार्तालाप गतिविधियों के खेल व समूह में चर्चा से बच्चों को अच्छा जीवन जीने की कुछ तकनीक सिखाई जाती है। ऐसे कार्यक्रम से प्रयोगात्मक समूह में नियंत्रित समूह की बजाय ज्यादा संभलने की तकनीक में सामंजस्य पाया गया और अध्यापकों ने भी कक्षा में विद्यार्थियों का और अच्छा व्यवहार होना प्रस्तुत किया। इसी संस्थान से एक और कार्यक्रम ''फीलिंग गुड एंड फीलिंग वैल'' स्कूली बच्चों के लिए 8 सत्र और लगभग डेढ़ महीने में 20 घंटे का कार्यक्रम लाभदायक पाया है।

vi) सामाजिक व भावात्मक आयामों की सीख

सामाजिक व भावात्मक आयामों की सीख पर भी मनोविज्ञान में कई प्रसिद्ध कार्यक्रम हैं, जैसे ''सामाजिक और भावात्मक सीख'' जिसमें भावनाओं को समझना, आपसी सकारात्मक संबंध, निर्णय जिम्मेवारी से लेना, स्वयं को जानना और सामाजिक जागरूकता आदि के कौशल को और अधिक सीखना। मानसिक

स्वास्थ्य में वृद्धि करने के लिए ऐसे कार्यक्रम स्कूल पाठ्यक्रम का एक हिस्सा बन गए हैं जिनमें स्कूल में बच्चे स्वयं में, दोस्तों से संबंध, अध्यापकों से अच्छा व्यवहार व अपने संबंधों में वृद्धि कर अपनी बहुमुखी तरक्की करते हैं। इसके अतिरिक्त कई तरह से सोचने की कला को भी प्रोत्साहन दिया जाता है और बच्चे अपनी भावनाओं को व्यक्त कर पाते हैं और उन्हें संभालना व नियंत्रित भी करना सीखते हैं। ऐसे और भी कई कार्यक्रम हैं जिनमें बच्चे स्कूल में गुस्से व नकारात्मक भावनाओं आदि का प्रबंधन और नियंत्रण करना सीखते हैं। ऐसा माना जाता है कि विकासात्मक अवस्था होने के कारण बच्चे कई बार अपने जीवन के विभिन्न पहलुओं को समझ नहीं पाते और वह दुविधा में होते हैं। ऐसे कार्यक्रम उन्हें सही दिशनिर्देश देकर व मार्गदर्शक बन मानसिक स्वास्थ्य लाभ में कारगर साबित होते रहते हैं। "यू कैन डू इट" तुम इसे कर सकते हो, जैसे कार्यक्रम बच्चों में आत्म–प्रभावकारिता, प्रतिरोधक्षमता, निरंतरता, आत्मविश्वास आदि बढ़ाते हैं। कुछ कार्यक्रम भावात्मक बुद्धि के सिद्धांत को मानते हुए चार तरह के सत्र को बढ़ावा देते हैं। जैसे– भावनाओं को देखना व अनुभव करना, सुविधाजनक बनाना, भावनाओं को समझना व उनका प्रबंधन करना। ऐसे कार्यक्रम भावात्मक बुद्धि में वृद्धि के लिए सह–संबंधित पाए गए हैं।

vii) व्यवहार के नकारात्मक पहलू कम करने के लिए कार्यक्रम

स्कूलों में न केवल सकारात्मक गुणों को बढ़ाने के लिए, बल्कि नकारात्मक व्यवहार को कम करने के लिए भी ऐसे कार्यक्रम डिजाईन किए गए हैं जिनसे, जैसे चिंता, तनाव, अवसाद व उदासी आदि को कम करने के प्रयास किए गए हैं। हालाँकि ऐसे विषयों पर नैदानिक मनोवैज्ञानिक व परामर्श मनोवैज्ञानिकों का ज्यादा सहयोग होता है और वे स्कूलों में विशेष तौर पर बच्चों को इस नकारात्मक भावनाओं और व्यवहार के पहलू को कम करने के लिए सामूहिक और जरूरत पड़ने पर व्यक्तिगत स्तर पर भी थैरेपी या सलाह देते हैं जो समस्या के अनुसार विशेष तौर पर परामर्श व थैरेपी डिजाईन भी की जा सकती है, प्रस्तुत की गई योजनाओं पर ऐसे कार्यक्रम लाभदायक पाए गए हैं।

अनेक और कार्यक्रम हैं जो नकारात्मक, जैसे चिंता, तनाव, गुस्सा, दूसरों को डराना–धमकाना व धौंस जमाने वाला व्यवहार कम करना व भावनाओं को समझना, प्रोत्साहन देना सीखना, दूसरों की मदद करना, माफ करना, करुणा करना आदि सीखने के लिए बहुत सारे कार्यक्रम स्कूलों में आयोजित किए जाते हैं जिनका मुख्य उद्देश्य स्वयं के लिए और दूसरों के साथ व्यवहार करते समय काम आने वाले

कौशल बच्चों को सिखाया जाना है। जैसे– डराना, धमकाना व धौंस जमाने वाले व्यवहार को घटाने का कार्यक्रम, आपसी अच्छे संबंध बनाने वाला कार्यक्रम, नेतृत्व गुण बढ़ाने वाला कार्यक्रम, समस्या सुलझाने का कौशल सीखने वाला कार्यक्रम आदि। व्यवाहारिक मनोविज्ञान में न केवल यह कार्यक्रम तैयार कर स्कूलों में आयोजित किए जाते हैं, बल्कि मनोवैज्ञानिक ढंग से डाटा इकट्ठा कर यह भी सिद्ध किया जाता है कि यह कार्यक्रम स्कूलों के बच्चों पर कितना प्रभावशाली रहा है। ऐसे कार्यक्रम, बार–बार अलग–अलग स्कूलों में अलग–अलग देशों में, अलग–अलग सांस्कृतिक माहौल में दोहराए जाते हैं और बार–बार उनके प्रभाव की पुष्टि कर उन कार्यक्रमों के महत्त्व को सत्यापित पाया गया है। इस तरह से विज्ञान में यह शोध–पत्रों की एक श्रृंखला चलती रहती है जिससे ये वैज्ञानिक कार्यक्रम एक शोध से दूसरे में इस्तेमाल होते रहते हैं।

ऐसा ही एक शोध पुलकित खन्ना ने 2016 में अपने पीएच.डी. के शोध में किया, जिसमें विदेश के स्कूलों में हुए कुछ कार्यक्रमों को भारतीय स्कूलों में दोहराया गया और स्कूली बच्चों के मानसिक स्वास्थ्य और दूसरे आयामों में कल्याणकारी बदलाव का आंकलन किया गया। कार्यक्रम, जैसे कृतज्ञता बढ़ाने वाला कार्यक्रम, गुण व ताकत बढ़ाने वाला कार्यक्रम, कृतज्ञता और तनाव प्रबंधन कार्यक्रम और सकारात्मक मनोविज्ञान के दूसरे कार्यक्रमों के बाद बच्चों में काफी लाभदायक बदलाव नोटिस किए गए। आमतौर पर यह पाया गया कि मानसिक स्वास्थ्य, सकारात्मक भावात्मक अनुभव, तनाव प्रबंधन आदि में उन्नति हुई और स्कूली बच्चों ने ऐसे कार्यक्रम को स्कूल में होने को काफी सराहा। इसी शोध के गुणात्मक शोध में स्कूली बच्चों के कुछ दूसरे व्यवहार के आयामों की भी छानबीन की गई। जब स्कूली बच्चों से पूछा गया कि जब वे स्कूल के बारे में सोचते हैं तो पहला शब्द उनके मन में क्या आता है? अधिकतर का जवाब था 'स्कूल अच्छा है' या 'स्कूल अध्यापक' उनके मन में सबसे पहले विचार आता है। हालाँकि उन्हें स्कूल में सबसे मनपसन्द हिस्सा दोस्त और मौज–मस्ती लगता है तथा पढ़ाई के लिए उन्हें मदद की आवश्यकता महसूस होती है। वह चिंतित व परेशान होते हैं जब पढ़ाई से संबंधित समस्या हल नहीं कर पाते हैं। सबसे ज्यादा उनकी खुशी को दोस्त और परिवार योगदान देते हैं, हालाँकि अगर दोस्ती अच्छी न हो तो यही कारक लड़ाई और दण्ड के साथ–साथ उनकी खुशी में एक रुकावट भी लाता है। उन्होंने जोर दिया कि ज्यादा आरामदेह माहौल, सुविधाएँ लेकिन अच्छा अनुशासन स्कूल में बदलाव के लिए अच्छा है। जब स्कूल से बाहर खुशी बढ़ाने के कारक पर प्रश्न पूछा गया, तो परिवार में और अधिक पारस्परिक संबंधों के होने पर बच्चों ने जोर दिया।

ऐसे ही जब अध्यापकों से स्कूली बच्चों के बारे में चर्चा की गई तो बच्चों पर शिक्षा का दबाव, भौतिकवाद, माता–पिता में संबंध, दिशा–निर्देश की कमी, साथियों का दबाव, मीडिया का दबाव आदि कारकों की अधिकता पर जोर दिया गया।

अगर हम भारत के स्कूलों में ऐसे सरकारी कार्यक्रमों की चर्चा करें तो मनावैज्ञानिक और सम्बन्धित क्षेत्रों के शोधकर्ता और कुछ चुनिंदा गैर–सरकारी संगठनों के प्रयासों के अलावा दिल्ली सरकार ने यहाँ के स्कूलों में बड़े पैमाने पर के.जी. कक्षा से आठवीं कक्षा तक के बच्चों के लिए खुशी पर पाठ्यक्रम बना उसे विद्यालयों में लागू किया है। इस कार्यक्रम का मकसद बच्चों के अन्दर अपना काम ध्यान से करने, घर–परिवार में प्रेमपूर्वक रहने और अपनी शिक्षा में तार्किक दृष्टिकोण विकसित करने में मददगार माना जा रहा है। इस कार्यक्रम पर चर्चा करते हुए दिल्ली के शिक्षा मंत्री मनीष सिसोदिया लिखते हैं कि हम आधुनिक पाठ्यक्रम देकर यह तो सुनिश्चित कर रहे हैं कि आने वाली पीढ़ियाँ विभिन्न विषय, जैसे गणित, विज्ञान, भाषा, भूगोल और दूसरे विषय वर्तमान समय का सर्वश्रेष्ठ ज्ञान प्राप्त कर आधुनिकतम शिक्षा ग्रहण करें। मगर एक शिक्षित व्यक्ति कैसे जीवन में हिंसा, भेद–भाव, लालच, छल–कपट और दूसरी बुराइयों से ऊपर उठकर जी सके, उसके लिए उसे प्रशिक्षित नहीं किया जा रहा है। अतः ऐसा पाठ्यक्रम बनाने की जरूरत है जो जीवन में संतुलन, और खुश रहना और दूसरों के लिए खुशनुमा माहौल बनाने में भी सक्षम होने के लिए प्रशिक्षित कर सके। आगे ऐसे पाठ्यक्रम को प्रोत्साहित करते हुए वह कहते हैं कि स्कूल में एक बच्चा लगभग बीस साल तक रहता है जहाँ उसे एक अच्छा इंजीनियर, डॉक्टर, प्रबंधक या अन्य प्रोफेशनल बनाने के लिए तैयार किया जाता है। मगर एक अच्छा इंसान, जो ईमानदार, समझदार व दूसरे गुणों सहित हो, के लिए कोई प्रयास नहीं किए जाते। दिल्ली सरकार की यह एक पहल है जिसमें स्कूली शिक्षा में ऐसे पाठ्यक्रम को शामिल किया गया है और स्कूलों में एक पीरियड या घण्टा इस विषय 'हैप्पीनेस पाठ्यक्रम' को दिया गया है जिसमें स्कूली अध्यापकों को प्रशिक्षित कर स्कूली छात्रों को इस पीरियड में सम्पर्क कर कुछ अनुभव करने वाले क्रियाकलापों के द्वारा पढ़ाया जा रहा है। यहाँ पर खुशी को तीन तरह से समझा गया है एक, जो हम अपनी इन्द्रियों द्वारा अनुभव करते हैं, जैसे स्वादिष्ट खाने के समय, खेलते समय, मनोरंजन करते समय जो उसी समय का खुशनुमा अनुभव है। दूसरी खुशी, जब हम अपने रिश्तों में जैसे परिवार या दोस्तों को प्यार, ध्यान, देखभाल, मान, कृतज्ञता, इज्जत आदि देते हैं और स्वयं भी इन गुणों को भरपूर अपने आस–पास के माहौल में पाते हैं तो ज्यादा लम्बे समय तक खुशहाल होते हैं। जब हम दूसरों के प्रति सकारात्मक भावनाएँ रखते हैं तो ज्यादा खुश होते

हैं। यह शान्ति और सन्तुष्टि के साथ ज्यादा गहरी प्रसन्नता या खुशी की मानसिक स्थिति होती है। तीसरा खुशी का आयाम है जीवन में कुछ और अच्छा सीखना और जागरूक होना, जो खुश रहने में हमारी मदद करें, जैसे सचेतन होना सीखना, अपने मन के विचारों के प्रति जागरूक होना सीखना, मन में विचारों और भावनाओं में कोई द्वन्द्व न होने देना आदि शामिल हैं। इन सब में प्रशिक्षित होने पर हम दुविधा और द्वन्द्व की स्थिति में भी सहज और शान्त रह सकते हैं तथा करुणामय और समानुभूति के साथ और महत्त्वपूर्ण, उद्देश्यपूर्ण और अर्थपूर्ण जीवन बना सकते हैं।

इस स्कूली कार्यक्रम के उद्देश्य आत्म–जागरूकता और सचेतन होना, गुण–दोष विवेचना, आत्म–निरीक्षण, स्वयं को स्पष्टता और स्वतंत्रता के साथ व्यक्त करना, समानुभूति के साथ अपने सहपाठियों और अध्यापकों के साथ सम्बन्ध बनाना, दुविधाजनक और तनावूपर्ण हालातों के लिए सीखी गई सीख या कौशल का उपयोग करना, समाज में एक अर्थपूर्ण रिश्ते बनाने के लिए सामाजिक जागरूकता और मानव–मूल्यों को विकसित करना और इनके द्वारा एक सम्पूर्ण मानव विकास को शिक्षा में सम्मलित करना है। इस पाठ्यक्रम को छात्रों की विकासात्मक अवस्था को ध्यान में रखकर तैयार किया गया है। जैसे नर्सरी से के.जी. तक के बच्चों के लिए स्वयं की भावनाओं और सचेतन के लिए अभ्यास शामिल किए गए हैं। कक्षा एक और दो के लिए स्वयं की भावनाओं के लिए जागरूक होना और सचेतन होने के लिए आसान–सी कहानियाँ, सचेतन के लिए क्रियाकलाप और चिंतनशील क्रियाएँ शामिल हैं। इसके साथ–साथ परिवार के रिश्तों में खुशी का अनुभव करना, जैसे आपस में भरोसा, आदर, कृतज्ञता, देखभाल, जो अध्यापक व सहपाठियों के साथ भी महत्त्व रखता है और इन आपसी सम्बन्धों का अनुभव विभिन्न गतिविधियों के द्वारा करवाया जाता है। इसके अलावा सक्रिय भागीदारी के साथ खुद को व्यक्त करना, सहयोग देना और स्कूल और घर में खुशी से भाग लेना आदि सम्मलित हैं। कक्षा तीन से पाँच तक के विद्यार्थी और अधिक सचेतन, कहानियों और चिंतनशील गतिविधियों में शामिल होते हैं जिसमें स्वयं के विचारों के लिए और भावनाओं के लिए जागरूक होना, सचेतन ध्यान करना, खुद की इच्छाएँ जानना और एक चिंतनशील और गुण–दोष की समझ विकसित करना शामिल है। इसमें बच्चे परिवार में कैसी भावनाओं के द्वारा खुशी अनुभव करते हैं और स्कूल में अध्यापकों और बच्चों के साथ कैसे सद्गुणों की समझ और उन्हें इस्तेमाल करके घनिष्ठ आपसी सम्बन्ध बनाए जाते हैं, पर विभिन्न गतिविधियों को सम्मिलित करके बच्चों को प्रशिक्षित किया जाता है जो पिछली अवस्था वाले ही गुणों को और सुदृढ़ बनाती है। इसके बाद कक्षा आठ के लिए भी उनकी विकासात्मक अवस्था को ध्यान में

रखते हुए गतिविधियों का स्तर और ऊँचा करते हुए सचेतन क्रियाओं के द्वारा ध्यान, कहानियों और तर्क–वितर्क की गतिविधियों को पाठ्यक्रम में शामिल कर विभिन्न सद्गुणों को बढ़ाने का कार्यक्रम शुरू किया गया है। हाल ही में मैंने एक स्कूल का मुआयना किया और स्कूली बच्चों से इस 'हैप्पीनेस पाठ्यक्रम' पर प्रतिक्रिया ली। स्कूली बच्चों और इस कार्यक्रम में शामिल अध्यापिकाओं में इस कार्यक्रम को लेकर खासा उत्साह दिखा। छठी कक्षा के बच्चे मुझे ज्यादा मुखर, अपने विचारों और भावनाओं के लिए सजग और दूसरे विषयों से इस विषय और पीरियड को ज्यादा महत्त्व और पसन्द करते दिखे। हालाँकि इस कार्यक्रम को एक नियमित व व्यवस्थित शोध के जरिए वैज्ञानिक ढंग से अध्ययन करने की जरूरत है और इसकी प्रभावशालीनता का एक सत्यापन और वैधता के साथ नतीजे दर्ज करने की जरूरत है ताकि उस विश्लेषण से इस कार्यक्रम को और उन्नत बनाया जा सके और इसे भारत के अन्य राज्यों में भी महत्त्व दिया जा सके।

ऐसे ही भारत में एक और कार्यक्रम जो 'कोरस्टोन' संगठन के द्वारा विश्व में विख्यात है और भारत में बिहार की स्कूली छात्राओं पर उनकी प्रतिरोधक्षमता और कुशलता बढ़ाने के लिए कार्यरत है। इस संगठन से कई शोध प्रकाशित हुए हैं जिनमें सकारात्मक मनोविज्ञान को कम साधन वाले भारतीय परिवेश में कैसे लागू किया जा रहा है, की चर्चा की है। इनका मिशन है प्रतिरोधक्षमता का कार्यक्रम बनाना, जिससे स्कूली छात्राओं की सेहत, शिक्षा और स्वालम्बन का विकास हो। अपनी प्रशिक्षण किट में इन्होंने सकारात्मक मनोविज्ञान, प्रतिरोधक्षमता अभ्यास, सामाजिक और भावात्मक सीख और 'सहपाठियों के साथ' को मिलाकर कार्यक्रम बनाया है जिसमें प्रतिरोधक्षमता और कुशलता के कारकों को क्रमशः समझा है। इसकी सबसे आंतरिक सतह हैः व्यवहार, भाषा और सोच जिसके लिए निरंतरता, आत्मसम्मान और मुकाबला या सामना करने का कौशल आदि जरूरी हैं। इसके बाद आता है शरीर, जिसके लिए सेहत, ज्ञान, ऊर्जा आदि जरूरी हैं। फिर शिक्षा, जिसमें सूचना, ज्ञान, पढ़ाई का कौशल और प्रेरणा होना जरूरी है और उसके बाद बाहरी स्रोत, जैसे परिवार, समुदाय और संस्कृति, जिसमें सामाजिक समर्थन, वयस्क परामर्शदाता, उम्मीद और सही कायदे–कानून होना जरूरी है। ज्ञात रहे प्रतिरोधक्षमता के लिए आंतरिक और बाहरी परिवेश दोनों को महत्ता दी गई है। भारतीय लड़कियों पर लागू किए इस कार्यक्रम में सबसे पहले आंतरिक सतह पर महत्त्व देते हुए भावात्मक प्रतिरोधक्षमता जिसमें सद्गुणों, आत्म–सम्मान, लक्ष्य होना और उस पर आगे बढ़ना, अपने भावों को जानना और समझना, अपने शरीर के लिए जागरूक होना, कृतज्ञ व प्रशंसक होना आदि शामिल हैं। उसके बाद सामाजिक प्रतिरोधक्षमता के लिए

दूसरों को सुनने का कौशल, विश्वसनीय होना, निश्चयात्मक होना, द्वन्द्व और समस्याओं को सुलझाने का कौशल होना अनिवार्य है। उसके बाद शारीरिक प्रतिरोधक्षमता, जिसमें सेहत से सम्बन्धित, जैसे खुराक या खून की कमी, पानी और स्वच्छता आदि तथा लड़कियों में विभिन्न शारीरिक बदलाव की समझ और सेहत के लिए सांस्कृतिक कारकों की समझ, जैसे लैंगिक समानता और अपने अधिकारों की जानकारी होना सम्मिलित है।

इन कार्यक्रमों को स्कूली छात्रों तक पहुँचाने का भी इनका विशेष प्रबन्ध है जिसमें मुख्य शोधकर्ता भारतीय विशेषज्ञों को प्रशिक्षित करते हैं, फिर शिक्षक प्रशिक्षित और फिर कार्यक्रम को क्रियान्वित करने वाला समूह जो स्कूली छात्राओं को ये कार्यक्रम प्रस्तुत करते हैं, ये कार्यक्रम दिल्ली की गरीब बस्ती, जिनकी पहली पीढ़ी स्कूल जा रही है, सूरत, गुजरात में और ग्रामीण बिहार में 60 प्रशिक्षित कार्यक्रम को क्रियान्वित करने वाले समूह के द्वारा 69 स्कूलों में 3600 स्कूली लड़कियों पर आयोजित किया गया। इस कार्यक्रम की प्रभावशीलता का अध्ययन करने के लिए मानसिक स्वास्थ्य, शारीरिक, सामाजिक और शैक्षणिक कुशलता के लिए मनोवैज्ञानिक परीक्षण इस्तेमाल किए गए। शुरुआती नतीजे प्रभावशाली पाए गए। यह कार्यक्रम सांस्कृतिक रूप से अनुकूल पाया गया, लोकल लोगों को कार्यक्रम अच्छा लगा, लोकल सरकारी और राज्य संगठन भी इस कार्यक्रम को पसन्द करते पाए गए। भारतीय परिवेश में ऐसे कार्यक्रमों की प्रभावशीलता और कार्यक्रम बनाने में उत्साहित करने वाले और मार्गदर्शक हैं।

हमें इस समूह की मुख्य सीख को भी नजरअन्दाज नहीं करना चाहिए। इनका सन्देश है कि सरल! सरल! और सरल! जितना हम ऐसे कार्यक्रमों को आसान बना सकें, समग्र दृष्टिकोण, जिसमें शारीरिक सेहत, मानसिक सेहत, शिक्षा और नौकरी पाने का प्रशिक्षण शामिल हो, उतना ही अच्छा होगा। लोकल संस्कृति को भी महत्त्व देना जरूरी है। और शोध में, मनोवैज्ञानिक परीक्षणों का उपलब्ध न होना और अगले समय के सत्रों पर डाटा लेने के लिए सहभागी उपलब्ध न हो पाना, अगली कठिनाइयाँ बताई गई हैं। मुझे लगता है कि यदि भारतीय मनोवैज्ञानिक भारतीय समाज और संस्कृति की ओर मुखातिब होकर कार्य करें तो कुछ समय में ये कमियाँ दूर की जा सकती हैं।

2. महाविद्यालय में मानसिक स्वास्थ्य व दूसरे आयाम बढ़ाने वाले कार्यक्रम

विदेशी कार्यक्रम के साथ–साथ भारत में भी आधुनिक समय में मनोवैज्ञानिक कार्यक्रम, आध्यात्मिक कार्यक्रम, मूल्यों व नैतिकता में बढ़त करने वाले कार्यक्रमों पर

बहुत जोर दिया जा रहा है और शिक्षा को बहुमुखी विकास का एक साधन बनाने की कोशिश की जा रही है।

अगर हम आधुनिक समय में किए गए ऐसे शोध–पत्रों की चर्चा करें तो हमने 2009 में एक अध्ययन किया जिसमें कॉलेज विद्यार्थियों को सकारात्मक मनोविज्ञान की कक्षा में उनके ट्यूटोरियल पीरियड में विभिन्न उपाय एवं योजना, जो कॉलेज विद्यार्थियों के लिए कारगर मानी गई थी, से अवगत कराया और साथ–साथ उसी तरह की असाइनमेंट उन्हें करने को दी गई। इन उपाय व योजनाओं में स्वयं का प्रबंधन करना जिसमें अपने जीवन के निरीक्षण पर जोर दिया गया, अपने बारे में यथार्थवादी समझ होना, जीवन में एक मकसद होना और यह समझना कि असली और आदर्श स्वयं में कितना अंतर है और अत्यधिक अंतर कैसे हमारी जीवन में संतुष्टि के लिए हानिकारक है, आदि पर कक्षा में विवेचना की गई। यह भी पढ़ाया गया या चर्चा की गई कि विद्यार्थी कहाँ अपनी ऊर्जा या ताकत खर्च कर रहे हैं, एकदम खुश होने या लंबे समय के बाद कोई उद्देश्य पूरा करने में क्या फर्क है? कैसे जीवन में मकसद या एक अर्थपूर्ण जीवन के उद्देश्य को सालों बाद की मेहनत के बाद मिलने के लिए खुद को लगातार प्रेरित रखा जा सकता है? क्या वे अपने जीवन में इस तरह खुश हैं? बाहरी और आंतरिक प्रेरणा में क्या अंतर है? आशावादी होना हमें और शक्तिशाली कैसे बनाता है? इन मुद्दों में मनोवैज्ञानिक सिद्धांत व मॉडल की मदद से मनोवैज्ञानिकों के प्रयोग और शोध पर भी चर्चा की गई।

स्वयं को नियंत्रित व प्रबंधन करने के लिए कुछ और उपाय, जैसे–खेलना, अपने शरीर के हिस्से पर बारी–बारी से ध्यान देकर उन्हें आरामदायक बनाना, योग, ध्यान, धारणा आदि पर विस्तृत चर्चा की गई। आपसी संबंध, खुशी पर किए गए शोध में खुशी का मुख्य कारण माने गए हैं। अतः हमारे लिए यह समझना जरूरी हो जाता है कि हम अच्छे आपसी संबंध कैसे रख सकते हैं जिनमें दूसरों को माफ करना, करुणामय होना, कृतज्ञ होना, मदद करना, सहानुभूति रखना आदि शामिल हैं। इन सब सकारात्मक गुणों पर चर्चा करते हुए बताया गया है कि कैसे आपसी संबंधों में काम आने वाले गुण हमारी खुशी बनाए रखने व बढ़ाने में कामयाब उपाय हैं।

यह भी कक्षा में चर्चा की गई कि कैसे हमारे सामाजिक और सांस्कृतिक कार्यक्रम और त्यौहार इस तरह के उपायों में योगदान देते रहे हैं। जैसे– जैन धर्म में 'क्षमा याचना' का विशेष दिन, जिस दिन सभी जैन धर्म को मानने वाले व्यक्ति अपने परिचित लोगों से जाने–अनजाने में कोई भूल हो गई हो, तो क्षमा माँगते हैं।

कृतज्ञता के महत्त्व को समझते हुए 'अंतरराष्ट्रीय धन्यवाद दिवस' मनाया जाता है। इसी तरह से भारतीय धर्मों में अनेकानेक ऐसे उदाहरण मिलते हैं जिनमें हम स्वयं भी तरक्की के बहुत सारे उपायों पर चर्चा कर सकते हैं।

ऐसे ही बहुत सारे और कार्यक्रम समय प्रबंधन, तनाव प्रबंधन, भावात्मक बुद्धि आदि पर लगातार आयोजित किए गए। यह सिलसिला पहली कक्षा अवधि को छोड़कर, जिसमें कार्यक्रम प्रस्तुत करने से पहले परीक्षण दिया गया था, लगातार बारह कक्षा अवधियों में चलता रहा और उसके बाद कार्यक्रम के बाद का मनोवैज्ञानिक परीक्षण किया गया ताकि इस कार्यक्रम की प्रभावकारिता का परीक्षण किया जा सके। इस कार्यक्रम के बाद के नतीजों में विद्यार्थियों ने प्रतिरोधक्षमता महत्त्वपूर्ण ढंग से बढ़त के साथ दर्ज की। गुणात्मक नतीजों में पाया गया कि विद्यार्थी समय प्रबंधन, तनाव प्रबंधन, स्वयं से संवाद और अपने आदर्श स्वरूप को महत्त्व देते हैं।

हमने ऐसे ही एक और कार्यक्रम को महाविद्यालय के छात्रों के लिए उनकी कक्षा में तथा इंटरनेट के जरिए फेसबुक पर पेश किया। सकारात्मक मनोविज्ञान में प्रचलित तरीके से कुछ मानसिक स्वास्थ्य संबंधी उपायों पर और कार्यक्रम से पहले और कार्यक्रम के बाद परीक्षण दिया गया। इस कार्यक्रम को मुख्यतः मनोवैज्ञानिक व आध्यात्मिक कार्यक्रम का नाम दिया गया और मुख्यतः दोनों ही क्षेत्रों को मिलाकर खुशी बढ़ाने वाले बहुत सारे उपायों को मिलाकर यह कार्यक्रम तैयार किया गया।

इन चौदह सत्रों में मुख्यतः विभिन्न सत्रों में निम्नलिखित उपायों पर चर्चा की गई। हमारे विचारों, भावनाओं और व्यवहार में क्या संबंध है? यह कारक कैसे एक–दूसरे को प्रभावित करते भी हैं और एक–दूसरे से प्रभावित होते भी हैं? कैसे अवसाद या उदासी के समय हमारे विचार और भावनाएँ हमारे जीवन के सिर्फ नकारात्मक पहलुओं पर केंद्रित होते हैं? हमारा सारा ध्यान केवल इन पहलुओं पर, जिसमें फेल होना, नकारा जाना, बेइज्जती होना, किसी से हारना आदि नकारात्मक भावना बढ़ाने वाले विचार ही मुख्य हो जाते हैं। सभी अच्छे भाव इस दौरान एक तरह से पृष्ठभूमि की तरह पीछे होते हैं। हमारे जीवन में आशावाद, निराशावाद और यथार्थवाद का क्या स्थान है। इस सत्र में यह भी समझाया गया है कि कैसे मनोवैज्ञानिक अपनी थैरेपी में हमारी सोच का बिगड़ा हुआ रूप सुधारने की कोशिश करते हैं ताकि हमारी सोच फिर से सामान्य पटरी पर आ सके।

महाविद्यालय के विद्यार्थियों की आवश्यकताओं को ध्यान में रखते हुए अगला सत्र समय–प्रबंधन पर रखा गया जिसमें मनोवैज्ञानिकों द्वारा दिए गए बहुत सारे समय–प्रबंधन के कदमों की चर्चा की गई। जैसे– लंबे समय तक चलने वाले उद्देश्यों को छोटे–छोटे टुकड़ों में तोड़कर इस्तेमाल करना, प्रेरणा बनाए रखने के लिए स्वयं को ईनाम देना। ये दोनों कारक किसी लंबे समय तक काम कर, उद्देश्य प्राप्त करने के लिए बहुत उपयोगी व महत्त्वपूर्ण हैं।

तीसरा सत्र तनाव प्रबंधन पर रखा गया। इस सत्र में तनाव की प्रकृति, कारण और निवारण पर चर्चा की गई तथा यह भी बताया गया कि किस प्रकार हमारे शरीर और दिमाग में तनाव के कारण हानिकारक रसायन पैदा होते हैं जो हमारे तन और मन दोनों के लिए बहुत ही हानिकारक होते हैं तथा 50 से 70 प्रतिशत बीमारियाँ तनाव के कारण होती हैं। इसमें दो मुख्य कारक हैं– एक 'दैहिक मनोविज्ञान' जिसने शारीरिक बदलाव के कारण हम विशेष कालांतर में रसायन बदलाव के कारण ज्यादा संवेदनशील होते हैं, जैसे जीवन में यौवनारम्भ अवस्था, रजोनिवृत्ति अवस्था आदि और कुछ शारीरिक बीमारियों में कुछ शरीर में नकारात्मक रसायन परिवर्तन होते हैं, जो चिंता, तनाव, उदासी, जी घबराना आदि के लिए और अधिक संवेदनशील बनाते हैं। वैसे ही 'मनोवैज्ञानिक दैहिक फैक्टर' जिनमें शारीरिक बीमारी का कारण मानसिक तनाव, चिंता, उदासी आदि होते हैं। यह भी पाया गया कि व्यक्ति का जो शारीरिक अंग सबसे कमजोर होता है, नकारात्मक मनोवैज्ञानिक स्थिति उसी को सबसे पहले प्रभावित करती है, इसलिए मनोवैज्ञानिक कारणों से किसी के सिर दर्द बार–बार होता है तो किसी के पेट दर्द या कोई और शारीरिक बीमारी।

विवेकानंद जी का संदेश प्रस्तुत किया गया जिसमें बताया गया कि जीवन में समय व्यक्तियों को कैसे मोती के रूप में मिला है। यह वीडियो यू ट्यूब से लिया गया है जिसमें एक व्यक्ति सुबह का हल्का अंधेरा होने के कारण हीरों को पत्थर समझ पानी में फेंकता रहता है और उजाला होने पर उसे समझ आता है कि जिन्हें वह पत्थर समझ समुद्र में फेंकता जा रहा था, वह असल में हीरे थे और सुबह उजाला होने पर जब उसने देखा तो बचे हुए हीरो को संभालने की बजाय पश्चाताप में डूब गया और ऐसे ही अपना व्यर्थ समय बिता दिया। यह वीडियो व्यक्ति को समझाता है कि कैसे हमारा समय हीरों के समान है, उसे पत्थर समझ हमें व्यर्थ नहीं गंवाना चाहिए और समय को बहुत ही सोच–समझ कर इस्तेमाल करना चाहिए। ऐसा ही एक और वीडियो इस सत्र का हिस्सा रहा जिसमें बीज को एक

वरदान के रूप में दिया गया था और समझाया गया था कि कैसे इस बीज रूपी जीवन के उद्देश्य को हर पल जीना है और उस पर काम करना है। जैसे एक बीज के लिए अच्छी जमीन तैयार करना, पानी से सींचना, रखवाली करना आदि और आगे जाकर अपने फलों की रखवाली कर उनसे लाभ लेना शामिल है। ऐसे ही प्रक्रिया दृढ़ता का एक गुण सकारात्मक मनोविज्ञान में आजकल बहुत चर्चा में है जिसमें आप किसी उद्देश्य को पूरा करने के लिए कितनी निरंतरता के साथ कार्य कर सकते हैं और कितनी कार्य में तल्लीनता और सचेतना कैसी खुशी के लिए महत्त्वपूर्ण है। इस सत्र में इन सब विषयों पर चर्चा की।

अगले 4–9 तक के सत्र में खुशी और इससे संबंधित आयामों पर चर्चा की गई, जिनमें मुख्यतया खुशी क्या है? देश–विदेश के मनोवैज्ञानिकों ने खुशी के किन–किन आयामों पर प्रकाश डाला है? इसके साथ–साथ धार्मिक व आध्यात्मिक ज्ञान खुशी को कैसे–कैसे प्रभावित करता है? खुश रहना हमारे लिए क्यों जरूरी है और हम खुश कैसे रह सकते हैं? इन सत्रों में खुशी पर बहुआयामी दृष्टिकोण रखते हुए विभिन्न पहलुओं पर प्रकाश डाला गया।

दसवें और ग्यारहवें सत्र में बुद्धि और भावनात्मक बुद्धि क्या है? क्यों इन दिनों भावनात्मक बुद्धि पर ज्यादा जोर दिया जा रहा है? कैसे आधुनिक बुद्धि सिद्धांत भी भावात्मक और प्रैक्टिकल बुद्धि को महत्त्व देने लगे हैं और कैसे भावात्मक बुद्धि को कुछ उपायों के द्वारा सीखा और उच्चतम बनाया जा सकता है? इसके साथ–साथ अगले सत्र में भावात्मक स्वास्थ्य की भी चर्चा की गई और शोध का प्रसंग लेते हुए समझाया गया कि कैसे खुद की या दूसरों की भावात्मक रूप से कमजोर समय में मदद करनी चाहिए और विशेष ध्यान रखना चाहिए, जैसा कि हम शारीरिक रूप से बीमार होने पर रखते हैं, किस तरह से व्यवहार, सोच और भावनाओं के बीच के सम्बन्ध और चक्र को हमें समझना चाहिए, आदि।

बारहवाँ सत्र प्रेरणा या अभिप्रेरणा पर रखा गया, जिसमें बताया गया कि प्रेरणा बाहरी उपलब्धि, जैसे–इनाम, संबंध, शक्ति आदि प्राप्त करने के लिए प्रेरित होते हैं और आंतरिक प्रेरणा जिसमें हम स्वयं ही उस काम को करने के लिए प्रेरित होते हैं। हमारी अपनी आदत, प्रेरणा, समझ, ज्ञान ऐसे कार्य के लिए प्रेरित करते हैं। यह भी पाया गया कि खुश रहने के लिए तीन मुख्य कारक जरूरी माने गए हैं। जैसे– स्वायत्तता, संबंध और क्षमता। खुश होने के लिए ये जरूरतें पूरी होनी चाहिए।

इस कालांतर में सहभागियों ने यह भी जाना कि तनाव में व्यक्तिगत भिन्नता कई कारणों से होती है, जैसे– व्यक्ति का स्तर–आशावाद और निराशावाद के पैमाने

पर, टाइप 'ए' व्यक्तित्व, साहसिक व्यक्तित्व। यह पाया गया है कि निराशावादी व्यक्तियों में और टाइप 'ए' व्यक्तित्व–जिसमें व्यक्ति सब कार्य जल्दी–जल्दी करता है, गुणात्मक की बजाय ज्यादा मात्रा में काम करने की प्रवृत्ति, जल्दी ही गुस्सा और निराशावादी होने के लक्षण होते हैं तथा ऐसे लोगों में तनाव भी ज्यादा होता है। इसके विपरीत आशावादी लोगों में और साहसिक व्यक्तित्व, जिसमें नियंत्रण, प्रतिबद्धता और चुनौती स्वीकारने के गुण होते हैं, ऐसे लोगों में तनाव भी कम होता है।

अगला सत्र अवसाद या उदासी पर रखा गया। इसका कारण इस विकार का बढ़ता प्रकोप है। हमें शोध बताते हैं कि जहाँ औसतन 30 की उम्र में अवसाद या उदासी अनुभव की जाती थी, वह लगभग 14 की उम्र हो गई है। यह विकार समाज व समुदायों में काफी फैल रहा है। विश्व बैंक रिपोर्ट भारत के समुदायों और समाज के लिए आंकड़ों के आधार पर हर चौथे व्यक्ति में अवसाद या उदासी के लक्षण पाए गए हैं। अतः मानसिक स्वास्थ्य दिवस का नारा रहा है कि 'आओ अवसाद पर चर्चा करें'। इसका उद्देश्य लोगों को इस विकार से अवगत कराना है। इस कार्यक्रम में भी इसकी बढ़ती जरूरत देखकर सहभागियों की जागरूकता बढ़ाने के लिए यह सत्र रखा गया ताकि वह अपनी और दूसरों के इस विकार को खत्म करने में मदद कर सके और खुशहाल जीवन में रुकावट को दूर कर सके।

चौदहवाँ और आखिरी सत्र संपूर्ण स्वास्थ्य पर रखा गया, क्योंकि अध्ययन इस बात पर भी जोर देते रहे हैं कि हमारे विभिन्न आयाम, जैसे मानसिक, शारीरिक, आध्यात्मिक, आपसी संबंध, व्यवसाय आदि एक–दूसरे से जुड़े हैं। खुश रहने के लिए जीवन में सभी आयाम संतुष्ट होने चाहिए। इसके साथ–साथ डिजिटल सचेतना और डिजिटल पोषण पर भी प्रकाश डाला गया, क्योंकि अगर हम इस आधुनिक हथियार को सही से इस्तेमाल करना नहीं सीखेंगे तो यह हमारी खुशहाली में बाधक हो सकता है। योग, ध्यान, धारणा, सचेतना आदि के अभ्यास पर भी जोर दिया गया और समझाया गया कि कैसे यह सब हमें खुशहाली की तरफ अग्रसर करते हैं।

यह 14 सत्र का कार्यक्रम मनोवैज्ञानिक मॉडल और सिद्धांतों को प्रेरणादायक वीडियो और आध्यात्मिक समर्थक व्याख्यानों का इस्तेमाल कर, 20–25 मिनट का प्रत्येक सत्र रिकार्ड किया गया और इनको महाविद्यालय के विद्यार्थियों के लिए फेसबुक पर प्रस्तुत किया गया। दूसरे अध्ययन में कृषि के तीन कॉलेजों में और तीसरे अध्ययन में विशेष निर्देशों के साथ डायरी लिखना शामिल कर इन कॉलेजों

के प्रथम साल के विद्यार्थी, जिन्होंने नए सत्र में दाखिला लिया था, पर अध्ययन किया। पहले दो शोधों में मानसिक स्वास्थ्य के विभिन्न आयामों पर, साक्षात्कार प्रश्न और अंत में एक समुदाय चर्चा को शामिल कर मिश्रित कार्य–प्रणाली इस्तेमाल करके आँकड़े इकट्ठे किए गए। हालाँकि इस श्रृंखला में तीसरा अध्ययन अभी जारी है। इस अध्ययन के पूरा होने पर इस शोध की प्रभावशीलता पर नतीजे पाकर उसकी विवेचना की जाएगी।

इसी तरह के और भी बहुत सारे कार्यक्रम सकारात्मक मनोविज्ञान में तैयार कर प्रस्तुत किए गए हैं और नतीजे सराहनीय पाए गए हैं। योग और ध्यान से भी बहुत सारे कार्यक्रम टेस्ट किए गए। योग के कुछ प्रकार लेकर कुछ विशेष कार्यक्रम टेस्ट किए हैं और ध्यान को भी विशेष तौर पर कई प्रकार का दर्ज किया गया है, जैसे मंत्र जाप, विशेष तौर पर ध्यान लगाना, जैसे किसी मूर्ति, सांस या आँखों के बीच में, कुछ परम सवालों के जवाब खोजने के लिए और सचेतना ध्यान, जिसमें विचारों में बिना लिप्त हुए उन्हें देखना सीखने का अभ्यास होता है और वर्तमान में पूरी तरह उपस्थित होना सीखते हैं।

ऐसे कार्यक्रम किसी संगठन द्वारा आयोजित हों, वहाँ उनके प्रभाव की समीक्षा या मनोवैज्ञानिक स्वयं ही शोध के लिए आयोजित करें, दोनों तरह से शोध किए जा रहे हैं और आमतौर पर इन कार्यक्रमों में काफी आशाजनक नतीजे विज्ञान में दर्ज किए गए हैं।

आजकल इंटरनेट का प्रचलन बड़ी तेजी से बढ़ रहा है और बहुत सारे कार्यक्रम इंटरनेट के जरिए भी लोगों तक पहुँचाए जा रहे हैं। इस तरह के कार्यक्रमों का महत्त्व दिनोंदिन बढ़ता जा रहा है और मनोवैज्ञानिक खुशहाली और कुशलता बढ़ाते कार्यक्रम, थैरेपी, और परामर्श विज्ञान में दर्ज होते जा रहे हैं, जिनमें इंटरनेट को माध्यम बनाया है। मोबाइल फोन में भी ऐसी ऐप आ रही है जो शारीरिक और मानसिक स्वास्थ्य को बेहतर बनाने के निरंतर संदेश देती है। यह एक बहुत ही नायाब तरीके की पहल हुई है जिसने दुनिया के एक कोने में घर बैठा विशेषज्ञ करोड़ों लोगों तक अपना संदेश पलक झपकते ही पहुँचा सकता है और इस मीडिया या आधुनिक माध्यम का वैज्ञानिक, धार्मिक व आध्यात्मिक गुरु, सामाजिक कार्यकर्ता बहुत इस्तेमाल कर रहे हैं। व्यावहारिक मनोवैज्ञानिकों ने भी इंटरनेट के जरिए बहुत सारे कार्यक्रम लोगों तक पहुँचाए हैं। जैसे, 'पैनिक सेंटर' मूड जिम, 'बिटिन्ग ब्लुज' 'दी डील प्रोजेक्ट' आदि। इसके अलावा सकारात्मक व्यवहार की तरह, जैसे 'इन

जॉय' 'पॉजिटिव साइक्लॉजी कैपिटल' 'शहर' 'कपस ऑफ टी' 'मैनेज योर लाइफ' 'गैट रियल' आदि–आदि।

हालाँकि अधिकतर कार्यक्रम अंग्रेजी में और शहर की आबादी को ध्यान में रखकर बनाए गए हैं। और भारत में हिंदी और लोकल भाषाओं में अभी भी बहुत काम करने की जरूरत है तथा लोकल और ग्रामीण लोगों की जरूरत को ध्यान में रखकर कार्यक्रम बनाने की बहुत जरूरत है जिसमें विज्ञान, आम जनता की समझ और तकनीक का मिश्रण हो, जो हमारे समाज और समुदाय में नाना प्रकार के कारकों की समझ आम जनता की खुशहाली और कुशलता की बढ़त में मदद कर सके।

❑❑❑

अध्याय–5

धार्मिक और आध्यात्मिक ज्ञान से खुशी व अन्य गुण बढ़ाने के उपाय

सार

व्यावहारिक मनोविज्ञान के अलावा और भी कुछ मंच हैं जिनमें लोग विशेष रुचि लेते हैं और उन मंचों में जाकर और वहाँ शामिल होकर अपने जीवन में सकारात्मक बदलाव को अनुभव कर रहे हैं, उनमें से एक है– धार्मिक व आध्यात्मिक मंच। अगर हम आधुनिक आँकड़ों को देखें तो कुछ धार्मिक व आध्यात्मिक संगठनों से लाखों लोग जुड़े हैं तथा उन संगठनों के अनुसार कुछ विशेष अभ्यास करते रहे हैं। आधुनिक व्यावहारिक मनोवैज्ञानिक इन अभ्यासों की प्रभावशीलता का अध्ययन करने में रुचि रखते हैं और अनेक शोध–पत्र, योग और ध्यान के साथ–साथ दूसरे अभ्यासों से भी व्यक्तियों के जीवन में सकारात्मक बदलाव का समर्थन करते हैं। इस अध्याय में ऐसे ही धार्मिक और आध्यात्मिक ज्ञान और उसकी व्यक्तियों में पसन्द और फायदों पर चर्चा की गई है।

परिचय

अगर हम भारतीय परंपरा को ध्यान से समझें तो यही पीढ़ी–दर–पीढ़ी ज्ञान कुछ विधिवत तरीकों से एक पीढ़ी से दूसरी में स्थानांतरित होता रहा है। समाज और समुदायों में पारस्परिक ज्ञान, व्यवसाय, रीति–रिवाज स्वतः ही अगली पीढ़ी में आते रहे हैं और इसलिए कबीलों और खानदानों की कुछ विशेषताओं को निरंतर नोटिस किया जा सकता है। इसके अलावा लोकल समाज में कुछ जरिए होते हैं जिनमें बिना औपचारिक मंच, जैसे विद्यालय में शिक्षा के भी धार्मिक और आध्यात्मिक ज्ञान समाज में फैल रहा है। इसलिए धार्मिक ग्रंथों, जैसेः– वेद, रामायण, महाभारत, गुरुग्रंथ साहिब आदि का व्यक्तियों में ज्ञान होना किसी औपचारिक शिक्षा के मंच का मोहताज नहीं है। हमें समाज में बहुत अनपढ़ या कम पढ़े व्यक्ति ऐसे मिल जाएंगे जिन्हें इन ग्रंथों का खासा ज्ञान है, जो उन्होंने स्थानीय माध्यमों से, जैसे–भजन, सत्संग, मंदिर, मस्जिद, गुरुद्वारों में प्रार्थनाओं के दौरान और लोक कथाओं से जाना है जो हर समुदाय या समाज के कुछ विशेष चैनलों से पहुँचाई जाती रही हैं, जैसे–

हरियाणा में गीत, रागिनी, भजन, कथा, सांग आदि के माध्यम से प्रसिद्ध ऐतिहासिक किस्से नाटकों के जरिए चरितार्थ किए जाते हैं। आधुनिक युग में एक कदम और बढ़ाते हुए भारत में बहुत सारे धार्मिक और आध्यात्मिक संगठन हैं जो न केवल भारत में, बल्कि अंतरराष्ट्रीय स्तर पर भी प्रसिद्ध हैं। इन संगठनों के लाखों लोग सदस्य हैं और ये संगठन विभिन्न कार्यक्रम भी करते रहते हैं जो संभव है कि व्यक्ति के व्यवहार पर सकारात्मक प्रभाव छोड़ते हों। अगर इन कार्यक्रमों की एक मनोवैज्ञानिक दृष्टिकोण से चर्चा करें तो इनकी प्रभावशीलता मनोवैज्ञानिकों द्वारा खुशी बढ़ाने के लिए बनाए गए कार्यक्रमों की तुलना में की जा सकती है।

ऐसे कार्यक्रमों की तुलना पर चर्चा हमने अपने हाल के शोधों में काफी की है, जहाँ हमने प्रकाश डाला है कि आमतौर पर कार्यक्रम दो प्रकार के होते हैं। एक, मनोवैज्ञानिकों द्वारा व्यक्तियों के व्यवहार में सकारात्मक गुण बढ़ाने या नकारात्मक विकारों को कम करने के लिए बनाकर और इस्तेमाल कर उनकी प्रभावकारिता का अध्ययन करना और दूसरे, धार्मिक व आध्यात्मिक सांस्कृतिक परिवेश में मौजूद कार्यक्रमों का इस्तेमाल होने पर प्रभावकारिता का अध्ययन करना। पहले उदाहरण में मनोवैज्ञानिक कार्यक्रम खुद बनाते हैं और इस्तेमाल कर प्रभावकारिता का अध्ययन करते हैं, जबकि दूसरे में कार्यक्रम बनाने व इस्तेमाल करने में उनकी मुख्य भूमिका नहीं है, बल्कि यह कार्यक्रम कैसे और कितने फायदेमंद हैं, उनका अध्ययन करना मुख्य उद्देश्य होता है। हालाँकि कुछ आधुनिक मनोवैज्ञानिक आध्यात्मिक कार्यक्रमों की तर्ज पर स्वयं भी वैसे ही कार्यक्रम को प्रस्तुत कर उनका अध्ययन कर रहे हैं। इस अध्याय में कुछ मुख्य कार्यक्रमों की चर्चा की जाएगी।

सबसे पहले उन कार्यक्रमों की चर्चा करते हैं, जो इस तरह के संगठनों में चलाए जा रहे हैं और मनोवैज्ञानिकों ने कार्यक्रमों के अभ्यासी और आम लोगों के बीच मनोवैज्ञानिक परीक्षण इस्तेमाल कर यह शोध किया है कि क्या अभ्यासी और आम लोगों के बीच कुछ फर्क है? इसके अतिरिक्त, कार्यक्रमों के पहले और बाद में अभ्यासियों के व्यवहार में मनोवैज्ञानिक कारकों में कुछ अंतर आया है या नहीं, का भी विश्लेषण करते हैं और उनके बाद कुछ और शोध–पत्रों पर चर्चा करेंगे जिनमें ऐसे कार्यक्रम वैज्ञानिकों ने खुद बनाए सहभागियों पर प्रस्तुत किए और उनकी प्रभावशीलता का अध्ययन किया।

जब हम अभ्यासियों और आम लोगों में, जो कोई भी इस तरह के अभ्यास नहीं करते हैं, तब कई उदाहरणों में से, रोशनी सच्चर का 2013 में पीएच.डी. के दौरान किया गया शोध एक उपयुक्त उदाहरण है, जो भारतीय प्रौद्योगिकी संस्थान, दिल्ली में

किया गया। इस शोध में 'सोका गकई अंतरराष्ट्रीय बुद्धिस्ट प्रैक्टिस' के सदस्य, जो एक विशेष संगठन है और आम जनता से लिए गए सहभागियों के बीच में मनोवैज्ञानिक परीक्षण इस्तेमाल कर तुलना की गई। इस शोध में दोनों ही समूह (अभ्यासी और आम सहभागी) भारत, अमेरिका और यूरोप के देशों से लिए गए। कुल सहभागी 464, जिनमें से 228 बौद्धिक अभ्यासी और 236 ना–अभ्यासी (आम सहभागी) पर यह शोध किया गया। इस शोध में पाया गया कि मानसिक स्वास्थ्य के नतीजे इस तरह के अभ्यास को सकारात्मक प्रभाव के साथ संबंधित दिखाते हैं।

आइए, नतीजों के विवरण से पहले 'सोका गकई अंतरराष्ट्रीय बुद्धिस्ट प्रैक्टिस' को जाने। इस संगठन के अभ्यासों में लोट्स सूत्र– 'नम्योहोरेंक्यो' महत्त्वपूर्ण है और यह संगठन निचेरेन नामक जापानी बौद्ध भिक्षु के द्वारा शुरू किया गया, जो अब 192 देशों में स्थित है। इस संगठन के अभ्यासी निचेरेन भिक्षु की शिक्षा हर इंसान अपने जीवन की चुनौतियों को पार कर एक ऐसा जीवन जी सकता है जो समुदाय, समाज और दुनिया पर सकारात्मक प्रभाव छोड़ें। इस संगठन के मुख्य अभ्यास 'नम्योहोरेंक्यो' मंत्र का जाप, निचेरने भिक्षु के द्वारा रचित पाठ पढ़ना और उन पर सुबह में चर्चा और विवेचना करना और महात्मा बुद्ध का ज्ञान लोगों में फैलाना है।

अगर हम इन मुख्य अभ्यासों को इस संगठन के दायरे से बाहर आकर देखें तो हमें मंत्र उच्चारण, आध्यात्मिक ज्ञान पर चर्चा और आत्मसात करने पर विज्ञान में कई रूपों में फायदे दर्ज किए गए प्राप्त होते हैं। आइए जानें कि इस शोध में नतीजे किस प्रकार के मिले?

जैसा कि पहले भी बताया गया है, यह शोध अमेरिका, भारत और यूरोप के देशों के अभ्यासी और आम लोगों से लिए गए डाटा पर आधारित हैं जिसमें कुल 464 वयस्क व्यक्ति जिनमें 231 पुरुष और 233 महिलाएं थीं। बौद्धिक अभ्यासी कम से कम एक साल से लगातार अभ्यास कर रहे थे और गैर–अभ्यासी न केवल इस, बल्कि किसी और आध्यात्मिक अभ्यास में भी सम्मिलित नहीं थे, उनके चयन के दौरान यह मुद्दा उनसे स्पष्ट रूप से पूछा गया था और किसी भी ऐसे संगठन के सदस्य न होने पर ही उन्हें गैर–अभ्यासी समूह में शामिल किया गया था। इस शोध में मनोवैज्ञानिक परीक्षण, मानसिक स्वास्थ्य पर, कृतज्ञता पर, प्रज्ञता पर तथा कुछ गुणात्मक प्रश्न पूछे गए।

इस शोध में इस संगठन के अभ्यासी बनाम और गैर–अभ्यासी, आदमी बनाम औरत और देशों के तहत (अमेरिकी, भारतीय या यूरोपीय देशों से) विभाजन कर नतीजे निकाले गए। इन नतीजों में पाया गया कि अभ्यासी मानसिक स्वास्थ्य,

विभिन्न परीक्षणों में महत्त्वपूर्ण रूप से बेहतर है। आमतौर पर महिलाओं का स्तर मानसिक स्वास्थ्य पर पुरुषों से बेहतर पाया गया। अमेरिकन सहभागियों में भी दोनों ही अभ्यासी और गैर–अभ्यासियों में यूरोप के देशों और भारत की बजाय मानसिक स्वास्थ्य बेहतर पाया गया। प्रज्ञता और कृतज्ञता भी अभ्यासियों में और महिलाओं में सार्थक रूप से अधिक दर्ज की गई, हालाँकि देशों में कोई विशेष तुलनात्मक फर्क नहीं था।

गुणात्मक नतीजों में अभ्यासियों द्वारा दर्ज किए गए कई फायदे प्रकाश में आए, जैसे–'अपने कर्मों पर काबू पाना', 'स्वयं में बौद्धिक स्वभाव लाना', 'जीवन में ऊर्जा बढ़ाना' आदि। इन सहभागियों में आध्यात्मिक अनुभव, अपनी कमियों पर नियंत्रण पाना, जैसे– क्रोध, डर, चिंता, कर्मठ होना, संबंध मजबूत बनाना आदि को दर्शाना ज्यादा पाया गया। हम इन नतीजों को इस बौद्ध अभ्यास जिसमें बौद्ध स्वभाव से ध्यान करना, बौद्ध ज्ञान को जानना और उसे आत्मसात करना और संगत यानी कि बौद्ध सहभागियों के साथ समय बिताने के साथ संबंधित मान सकते हैं। इस तरह के अनेक शोध इस थीसिस में पाए नतीजों का समर्थन करते हुए दर्ज किए गए हैं।

ऐसा ही एक और अध्ययन हमने 2017 में हरियाणा से ग्रामीण बुजुर्ग महिलाओं पर किया। इस शोध में मानसिक व शारीरिक स्वास्थ्य को दर्ज करने वाले कई मनोवैज्ञानिक परीक्षण इस्तेमाल कर ब्रह्मकुमारी संगठन और राधास्वामी संगठन के अनुयायी पर किया गया। ब्रह्मकुमारी संगठन के अनुयायी विभिन्न अभ्यास, जैसे मुरली–जिसमें हर रोज एक संदेश सांझा किया जाता है तथा शुद्धता, सात्विक खाने आदि को महत्त्व देते हैं। राधास्वामी संगठन में मंत्र जाप, सत्संग, सेवा, कर्म और भक्ति पर विशेष तौर पर जोर दिया जाता है, जैसे एक अभ्यासी ने बताया कि हमारे गुरु का संदेश है– 'घर में रहो, कमा कर खाओ और पर नारी, पर धन से नेह न लगाओ' तथा इस अभ्यास और सीख पर जोर दिया गया है। ऐसे ही एक और महिलाओं का समूह, जो आमतौर पर हर रोज सत्संग करती हैं, ये बुजुर्ग महिलाएँ अपने गाँव या कस्बों में इक्ट्ठी होती हैं और भजन गाती हैं। यह हरियाणा और दूसरे उत्तरी राज्यों में आम प्रचलित प्रथा है जिसमें देवी–देवताओं के, अध्यात्मिक ज्ञान के और हमारे धार्मिक ग्रंथ, जैसे–रामायण, महाभारत से बहुत सारे किस्से इन भजनों में गाए जाते हैं। इस शोध में हमने ब्रह्मकुमारी समूह, राधास्वामी समूह और सत्संग समूह की ऐसी बुजुर्ग औरतों के साथ तुलना की जो ऐसे किसी भी कार्यक्रम का हिस्सा नहीं थीं, जिन्हें गैर–अभ्यासी का समूह माना गया। यह शोध 202 बुजुर्ग महिलाओं, जिनमें से 54 ब्रह्मकुमारी संगठन, 54 सत्संग और 30 राधास्वामी संगठन

का अनुसरण करने वाली तथा 64 जो आमतौर पर कहीं भी शामिल नहीं थीं, पर किया गया। नतीजे मिश्रित मिले जिनमें गैर–अभ्यासी महिलाओं की बजाय ब्रह्मकुमारी, राधास्वामी और सत्संगी औरतें स्वास्थ्य के कई सूचकों पर बेहतर पाई गईं।

इसी शृंखला के एक और अध्ययन में हमने दर्ज किया कि कैसे सत्संग करने को कुछ सकारात्मक मनोवैज्ञानिक कारकों से तुलनात्मक अध्ययन इसका कारण बताने में सक्षम है। हमने इस अध्ययन में समूहों में चर्चा के दौरान पाया कि सत्संग में आई औरतें ऐसे प्रसंग को कैसे फायदेमंद बताती हैं और मनोवैज्ञानिक समझ उसे कैसे प्रोत्साहित करती है। ज्ञात रहे कि यहाँ सत्संग का मतलब है कि अपने घरों में रहने वाली बुजुर्ग महिलाएँ, जो अपने जीवन में मुख्य जिम्मेदारियों से काफी हद तक मुक्त हो चुकी हैं, आमतौर पर शाम को 2–3 घण्टे के लिए इक्ट्ठा बैठती हैं और भजन गाती हैं। इस अध्ययन में हमने पाया कि उनके साथ की गई चर्चा में विभिन्न थीम बार–बार उभर कर आये जो सकारात्मक मनोविज्ञान में खुशी व आनन्दमय होने के लिए सहायक माने गए हैं।

ये थीम थे, जैसे– संत्संग में गाये भजन उन्हें धार्मिक और आध्यात्मिक प्रवृत्ति की तरफ लेकर जाते हैं, उन्हें विकार, जैसे–काम, क्रोध, मोह, राग, द्वेष को कम करने में मदद मिलती है। आंतरिक शांति मिलती है, आपसी संबंध मजबूत होते हैं। इन चर्चाओं में जो हमने मुद्दे निकाले, वे थे– औरतें सत्संग के दौरान तनाव से दूर रहती हैं, समूह में आपसी संबंध मजबूत होते हैं, यह समय मनोरंजन जैसा रहता है, घर से बाहर आने का मौका मिलता है, इस समय को वे एक मकसद या अर्थपूर्ण मानती हैं और ये समूह में पैसा इकट्ठा कर गौशाला, अनाथ आश्रम और वृद्ध आश्रम में भी दान देती हैं। अतः दूसरों की मदद कर पाने में सक्षम होती हैं। सकारात्मक मनोविज्ञान में ऐसे आयाम खुशी बढ़ाने के लिए इस्तेमाल होते रहते हैं। अतः हमारे भारतीय समुदाय व समाज में धार्मिक व आध्यात्मिक स्थलों पर अगर कोई भी ऐसा जरिया है जिसमें लोगों का शारीरिक व मानसिक स्वास्थ्य को बढ़ाने के लिये जाने–अनजाने में तैयार किए गए कार्यक्रम हैं, तो उनकी सराहना होती रहनी चाहिए और उनकी प्रभावकारिता का अध्ययन कर उस पर चर्चा होनी चाहिए।

जैसा कि हम जानते हैं कि भारत में बहुत सारे आध्यात्मिक संगठन हैं जो एक विशेष पद्धति का अनुसरण कर ऐसे कार्यक्रम आयोजित कर रहे हैं जिन्हें लोग बहुत सराहते और फायदेमंद बताते रहे हैं। हम मनोवैज्ञानिक ऐसे कार्यक्रमों के लिए शोध डिजाईन करते हैं जिनमें शुरू और आखिर में मनोवैज्ञानिक परीक्षण करते हैं

और कार्यक्रम के विभिन्न सत्रों का बारीकी से विश्लेषण करते हैं और समझ बनाते हैं कि शुरू और कार्यक्रम के आखिर में मनोवैज्ञानिक परीक्षणों में क्या अंतर आए और उनमें पाए गए अंतरों के मनोवैज्ञानिक कारण क्या हो सकते हैं। अतः हमारे लिए मुख्यतः तीन चरण मुख्य होते हैं। शुरू और आखिर के चरणों में परीक्षण व दूसरी तकनीक इस्तेमाल कर डाटा इकट्ठा करना और कार्यक्रम की गतिविधियों का विश्लेषण करना।

इस शृंखला में भारतीय प्रौद्योगिकी संस्थान दिल्ली में नरेंद्र आर्य का हाल ही (2018) में इस विषय पर किया गया शोध बहुत ही प्रासंगिक है। इन्होंने सहज मार्ग द्वारा ऐसे ही दो कार्यक्रमों की प्रभावकारिता अपने थीसिस में दर्ज की है। एक अध्ययन में कृष्ट (सी.आर.ई.टी.एस.टी.), बेंगलुरु में 5 दिनों के निवासीय हार्टफुल कार्यक्रम की सहभागियों पर प्रभावकारिता का अध्ययन किया गया और नतीजे फायदेमंद पाए गये। इस निवासीय कार्यक्रम में सहभागी इस दौरान वहीं रहे थे और उनकी रोजमर्रा की दिनचर्या इस प्रकार की थी, जैसे सुबह 4.30 बजे उठना, उसके बाद सुबह अपने नित्य कर्मों से निबट कर हार्टफुल ध्यान करना, 6.00 बजे आरामदेय व्यायाम करना और कैंम्पस में घूमना, फिर 7.30 पर प्रशिक्षित विशेषज्ञ के साथ फिर से ध्यान करना, 8.30 बजे शुद्ध शाकाहारी भोजन करना, 9.00 बजे गुरु वंदना और ज्ञान ध्यान की चर्चा में भाग लेना। फिर दोपहर में शुद्ध शाकाहारी भोजन के बाद पुस्तकालय, जिसमें धार्मिक व आध्यात्मिक विषयों पर लगभग 5000 किताबें मौजूद हैं, में अध्ययन करना। उसके बाद सहयागियों को समूह में बाँट कर फिर जीवन को श्रेष्ठतम बनाने वाले विषयों पर चर्चा करना, फिर 4.00 बजे कुछ श्रमदान करना। जैसे– पेड़ लगाना, सड़क ठीक करना, पेड़ों की कटाई–छंटाई करना आदि। फिर 5.15 बजे व्यक्तिगत स्तर पर अपने विचारों में या मन में सफाई करना या शुद्ध होने का अभ्यास करना, 6.00 बजे फिर से अपने मास्टर के साथ सभी इक्ट्ठे मिलकर आध्यात्मिक विषयों पर चर्चा और फिर रात को सात्विक खाना खाने के बाद कुछ वृत्तचित्र या आध्यात्मिक विषयों पर वीडियो देखना और रात 9.00 बजे सामूहिक प्रार्थना कर अपने कमरे में जाकर 10.00 बजे तक सो जाना।

इस प्रोग्राम, जिसमें मुख्यतः ऊपर वर्णित कार्यक्रम आमतौर पर सूचीबद्ध था, को शुरुआती और आखिर में शारीरिक और मानसिक स्वास्थ्य परीक्षणों से नापा गया और डाटा का विश्लेषण कर जाना गया कि क्या इन परीक्षणों में कार्यक्रम के बाद कुछ बदलाव आया?

नतीजों में पाया गया कि मानसिक स्वास्थ्य परीक्षण में कुल स्कोर और इसके तीनों कारक–सामाजिक, भावात्मक और मनोवैज्ञानिक में महत्त्वपूर्ण बढ़ोतरी हुई। उनमें सकारात्मक अनुभव बढ़े और नकारात्मक कम हुए। खुशहाली और सद्चित्तानन्द का स्तर भी महत्त्वपूर्ण ढंग से बढ़ा तथा अवसाद कम हुआ। यह नतीजे मुख्यतः हमें बताते हैं कि ऐसे कार्यक्रम सहभागियों के लिए फायदेमंद हैं। शारीरिक सूचक, जैसे रक्तचाप, हृदयगति भी स्वास्थ्य के सूचक बने। सहभागियों ने कार्यक्रम को सराहा और बताया कि कितने लंबे समय से यह अभ्यासी हैं, कैसे यह कार्यक्रम उन्हें आध्यात्मिक सफर में अग्रसर रखते हैं, आदि–आदि।

ऐसे ही दूसरे कार्यक्रम में, जो हिमालय आश्रम में किया गया जिसमें 5 दिन के कार्यक्रम में 55 सहभागियों ने हिस्सा लिया। पिछले कार्यक्रम की तरह यह भी आश्रम में रहकर ही किया गया। इस कार्यक्रम में भी मुख्यतः सुबह 4.00 बजे उठने के बाद ध्यान, प्रार्थना, मन की सफाई, शुद्धिकरण व्यक्तिगत स्तर पर और समूह में, पुस्तकालय में समय बिताना, सात्विक खाने को सम्मिलित किया गया। इस अध्ययन में भी पाया गया कि मानसिक स्वास्थ्य व इसके भावात्मक और सामाजिक स्वास्थ्य कारकों में महत्त्वपूर्ण ढंग से बढ़ोत्तरी हुई। सकारात्मक अनुभव बढ़े और नकारात्मक अनुभव कम हुए।

इसी तरह के बहुत सारे धार्मिक और आध्यात्मिक बुनियाद पर बने कार्यक्रमों का फायदा, जो अनौपचारिक रूप से माना जाता रहा है अब क्रमबद्ध व वस्तुनिष्ठ तरीके से मनोविज्ञान और दूसरी समाज विज्ञानों में प्रकाशित किया जा रहा है। ध्यान धार्मिक व आध्यात्मिक अभ्यासों में मुख्यतः केन्द्रबिन्दु रहा है। हालाँकि ध्यान कई रूपों में प्रचलित हैं। पश्चिमी अध्ययनों में ध्यान के फायदों का उल्लेख करते समय ध्यान को मुख्यतः थैरेपी के विकल्पों में मुख्य रूप में माना गया है। ध्यान में मुख्यतः अपना ध्यान इच्छानुसार किसी जगह, जैसे–मंत्र या किसी चीज पर या शरीर के किसी भाग पर, स्वयं को विचारमुक्त बनाना, विचारों को सिर्फ आते–जाते देखना, मौन रहना, या कुछ विशेष प्रश्नों के उत्तर ढूँढ़ने के लिए मनन करना आदि हैं।

ऐसे ही ध्यानों में मंत्र जपने वाले ध्यान, जो वैदिक साहित्य से लिया गया, को काफी प्रभावी माना गया है। अगर हम मैनेजमेंट के महर्षि विश्वविद्यालय, जो अमेरिका मे स्थित है, के अध्ययनों पर प्रकाश डालें तो पाएंगे कि इस विश्वविद्यालय से अकेले 500 से ऊपर शोध–पत्र विभिन्न वैज्ञानिक पत्रिकाओं मे छपे हैं और इन शोध–पत्रों में इ.इ.जी, एफ.एम.आर.आई. और दूसरी शारीरिक गतिविधियाँ नापने

वाले यंत्रों को भी इस्तेमाल कर शारीरिक, मानसिक, दिमाग में, आपसी सम्बन्धों में, कार्यप्रणाली आदि में फायदे दर्ज किए गए हैं।

दूसरी तरह का ध्यान है, सचेतन ध्यान, जो एशियाई आध्यात्मिक ग्रंथों से लिया गया है। इस ध्यान के अनुसार वर्तमान में रहना, अपने विचारों को सिर्फ देखना या उनमें लिप्त ना होना और उनका आंकलन न करना, कायदे–कानून जानकर उनका स्थिति के अनुसार इस्तेमाल करना सीखना, स्थिति के अनुसार स्वयं को ढालते जाना आदि सम्मलित हैं। इस ध्यान के लगातार अभ्यास से हम मानव–व्यवहार में आमतौर पर होने वाली त्रुटियों और पश्चाताप से बच सकते हैं, क्योंकि हम हर समय अपने साथ होश में रहते हैं। इस ध्यान के देश–विदेश में बहुत सारे फायदे दर्ज किए गए हैं, जैसे– अवसाद घट जाना, तनाव कम हो जाना, मानसिक स्वास्थ्य बेहतर हो जाना आदि। इसलिए मनोवैज्ञानिक अपनी थैरेपी में भी इस तरह के ध्यान की प्रक्रिया को सम्मिलित कर ऐसे कार्यक्रम, जिनमें थैरेपी के साथ–साथ ये ध्यान के अभ्यास भी हों, को महत्त्व देते हैं और यह संयुक्त योजना फायदेमंद पाई गई है।

इसके साथ–साथ योग के फायदे अब किसी परिचय के मोहताज नहीं हैं, बीमारी ठीक करने के लिए, स्वास्थ्य बनाये रखने के लिए, जीवन में अगले स्तर, जैसे–ध्यान, धारणा और समाधि के लिए। शारीरिक योग, व्यायाम, प्राणायाम और यम और नियम को जानना और मानना हमारी सांस्कृतिक धरोहर है। इसलिए वर्तमान समय में न केवल भारत, बल्कि दूसरे देशों में भी योग करने वालों की संख्या प्रत्यक्ष रूप से बढ़ी है। इसके फायदे चिंता, तनाव, उदासी, नकारात्मक भावनाएँ घटाने और शारीरिक व मानसिक स्वास्थ्य बढ़ाने के लिए निरंतर दर्ज होते रहे हैं।

यह कहना अतिश्योक्ति नहीं होगी कि भारत 'जीवन कौशल' की पद्धतियों का एक सागर है और इस सागर से विभिन्न संगठनों ने जीवन कौशल की पद्धति उधार ले अपना एक विशेष पद्धति केन्द्रित संगठन बनाया है जो प्रत्यक्ष और अप्रत्यक्ष रूप से सम्पर्क में आने वालों को फायदा पहुँचा रहे हैं। ऐसे बहुत सारे संगठन हैं जो भारत के साथ–साथ दूसरे देशों में भी काफी प्रसिद्ध हैं, जैसे 'ईशा फाउंडेशन', 'आर्ट ऑफ लिविंग', ब्रह्मकुमारी, विपासना, सहज मार्ग/हार्टफुलनैस, चिन्नमय मिशन, 'डिवाईन लाइफ सोसाइटी', 'कैवल्या धाम', पतंजलि आदि। इन सबके कुछ संदेश एक–दूसरे के साथ परस्पर मिलते–जुलते हैं और कुछ बिल्कुल अलग। यह ऐसा ही हुआ, जैसे आध्यात्मिकता एक कमरा और हर संगठन अपने–अपने कोने पर स्थित, जो एकता और अनेकता, दोनों का प्रतिनिधित्व करता है। वर्तमान समय में

योग, ध्यान के अलावा और भी फायदेमन्द सत्रों के प्रभावों को विभिन्न शोध–पत्रों में दर्ज किया गया है। कभी–कभी ये कार्यक्रम शोधकर्ता सहयोगियों के लिए खुद आयोजित करते हैं और कभी–कभी इन संगठनों में, आश्रमों में व समुदायों में आयोजित किए गए कार्यक्रम में भागीदारी कर सहभागियों से सहमति लेकर अपने शोध की योजना कर अध्ययन करते हैं। अगर इसके फायदों पर एक व्यवस्थित समीक्षा की जाए तो अधिकतम शोध शारीरिक और मानसिक स्वास्थ्य में लाभ, दिमाग में सकारात्मक बदलाव लाने वाले रसायन ज्यादा पैदा होना, कार्य में बढ़त आदि फायदे और नकारात्मक स्वास्थ्य, जैसे शारीरिक और मानसिक बीमारी ठीक होना या कम प्रभाव रहना पर प्रकाश डालते हैं।

इन संरचित संगठनों के साथ–साथ भारत में सामाजिक और सांस्कृतिक आयामों में भी बहुत विविधता मिलती है। यहाँ पर लोकल संस्कृति में कुछ कुरीतियाँ हैं, तो कुछ विशेषताएँ भी हैं जो लोगों की समृद्धि और कुशलता बनाए रखने में कारगर हैं। हमें आधुनिकीकरण, पाश्चात्यकरण, सार्वभौतिकता के चलते, भारतीय संस्कृति और छोटे–छोटे इलाकों के रीति–रिवाज, जीवन जीने के सकारात्मक पहलुओं को सराहा जाना चाहिए और उन्हें जीवंत बनाये रखने के लिए भरपूर प्रयास करने चाहिए, क्योंकि दूसरे इलाकों से आए जीवन कौशल कला लोकल लोगों के लिए पराये हो सकते हैं, जिन्हें सीखने और इस्तेमाल करने में समय लगेगा, लेकिन अपने ही अच्छे या कामयाब रीति–रिवाज उन्हें आनन्द भी देंगे और कुशलता भी। अतः हमें अपने लोकल समुदायों को उनके अच्छे और स्वास्थ्य बढ़ाने वाले रिवाजों को मनाने और बनाये रखने के लिए प्रेरित करते रहना चाहिए। जैसे– भारतीय त्यौहारों को मनाने की परम्परा और उनमें पारिवारिक रिश्तों को महत्त्व देना। रिवाज, जैसे–बहन–भाई का पर्व, रक्षाबंधन, पति–पत्नी के रिश्ते मजबूत करता–करवा चौथ और अगर लोकल स्तर पर जाएं तो संक्रांति, जिसमें हरियाणा में अपने घर के बड़े–बूढ़ों को मनाया जाता है, सावन की तीज में झूले डाले जाते हैं और झूला जाता है, अहोई अष्टमी, जिस पर बच्चों को विशेष प्रसाद या तोहफा दिया जाता है। अगर धार्मिक स्तर पर भी देखें तो जैन धर्म में 'क्षमा दिवस' और विशेष दिन पर दान देना, कई धर्मों में सराया गया है। ये सब रीति–रिवाज व्यक्तिगत स्तर पर आपसी सम्बन्धों के स्तर पर कुशलता और जीवन में खुशी और संतुष्टि बढ़ाते हैं।

भारतीय संस्कृति अनेक धर्मों और समुदायों का जोड़ होने के कारण यहाँ सैकड़ों उदाहरण विभिन्न धर्मों और समुदायों से लिए जा सकते हैं। अतः आधुनिक युग में तरक्की की रफ्तार तीव्र होते हुए भी हमें अपनी सांस्कृतिक ताकतों को बिना

सोचे–समझे नहीं छोड़ना चाहिए और अगला कदम बढ़ाने से पहले उसकी अच्छे से समीक्षा कर लेनी चाहिए।

बढ़ती उन्नति व सुविधाएँ भी हमें ज्यादा खुशी और कुशलता नहीं दे पा रही हैं, बल्कि दिनोंदिन समाज में तनाव, चिंता व अवसाद औसतन बढ़ता जा रहा है जो हमें अपने जीवन की रफ्तार को सचेतन मन के साथ बढ़ने की ओर इशारा करता है।

यह हुई हमारे मनोविज्ञान में सम्मिलित किए गए शोध और समझ की। अगर हम इसके अलावा थोड़ा और कदम बढ़ाएँ और देखें कि भारतीय ग्रंथों में उपलब्ध ज्ञान कैसे हमें मानव–व्यवहार को समझने और उसे बेहतर बनाने में हमारी मदद करता है तो आध्यात्मिक और भारतीय मनोविज्ञान पर प्रोफेसर भावुक की पुस्तक एक अच्छा ज्ञान का स्रोत है। इस पुस्तक में इन्होंने कई सैद्धांतिक मॉडल बनाकर समझाया है कि आध्यात्मिकता कैसे मानव–व्यवहार की समझ में बढ़ोत्तरी कर सकती है। इन्होंने विशेषतः भगवद् गीता से लिए गए सम्प्रत्ययों का उल्लेख किया है।

इस किताब में स्थानीय या स्वदेशी मनोविज्ञान को महत्ता दी गई है और बताया गया है कि हमारी मनोविज्ञान में अधिकतम समझ अमेरिकन सिद्धांतों पर है जो दुनिया की लगभग केवल एक प्रतिशत आबादी है, जो शायद सही नहीं है। हमें विविध सांस्कृतिक मनोविज्ञान को महत्ता देते हुए स्थानीय या स्वदेशी सामाजिक और सांस्कृतिक दृष्टिकोण से व्यक्तियों का व्यवहार और मानसिक प्रक्रियाओं को समझना चाहिए। इनकी पुस्तक में आध्यात्मिकता और भारतीय मनोविज्ञान के मेल–जोल से बने कई मॉडल मिलते हैं। जैसे– नेतृत्व के लिए भारतीय मॉडल के अनुसार नेताओं की विभिन्न श्रेणी हो सकती है, जैसे– संन्यासी नेता, कर्मयोगी नेता, व्यावहारिक नेता आदि।

मनोविज्ञान में दो तरह की दृष्टिकोण की चर्चा होती है। एक, जिनके सिद्धांतों से किसी का भी व्यवहार परिभाषित किया जा सके यानी कि सार्वभौमिक दृष्टिकोण और दूसरा, सांस्कृतिक दृष्टिकोण, जिसमें उस विशेष संस्कृति में ही परिभाषित व्यवहार उचित हो। अतः ये व्याख्याएँ दूसरे दृष्टिकोण जो सांस्कृतिक हैं, में उपयुक्त रहेंगी। हालाँकि मनोविज्ञान में दोनों ही दृष्टिकोण महत्त्वपूर्ण हैं।

प्रोफेसर भावुक अपनी पुस्तक में बताते हैं कि पिछले 2500 सालों में भारत में अनेकों आध्यात्मिक गुरुओं का उल्लेख मिलता है जिन्होंने मानव–व्यवहार को बेहतर बनाने, अभ्यास से समाधि या प्रबंधन तक पहुँचने के अनेक रास्तों पर प्रकाश

डाला है। इनमें से कुछ गुरु हैं, जैसे– रामकृष्ण परमहंस, जिन्होंने हिन्दू, इस्लाम और ईसाई धर्मों को जाना और माना, और बताया कि सब धर्म एक ही रास्ते पर ले जाते हैं। महेश योगी ने ट्रान्सेडैंटल ध्यान (अनन्तींद्रिय चिंतन) का प्रस्तुतीकरण किया जिसे देश विदेश में खूब सराहा और अभ्यास किया गया तथा वैज्ञानिकों ने इसके फायदें पर सैकड़ों शोध–पत्र लिखे। ऐसे और संत, गुरु और समाज सुधारक, जैसे रामदास, गुरु गोविन्द सिंह, महर्षि दयानन्द, स्वामी विवेकानन्द, अरविन्दो, कबीर, रविदास, गुरु नानक, तुलसीदास और बहुत सारे और योगी, संत व समाज सुधारक जिन्होंने अपना पूरा जीवन स्वयं की खोज में और समाज का उत्थान करने में लगा दिया। उनके संदेश आज भी समाज के लिए उतने ही सार्थक हैं और मानव–व्यवहार को समझने और उत्थान करने में कारगर सिद्ध हो सकते हैं। भारतीय आध्यात्मिकता की मान्यता है कि जीवन का लक्ष्य या मकसद एक है जिसके विभिन्न रास्ते या कई तथ्य हैं परंतु सत्य एक है।

अगर हम अपनी लोकल संस्कृति का ध्यान से अवलोकन करें तो पाएंगे कि गुरुओं और संतों का दिया ज्ञान किसी औपचारिक शिक्षा का मोहताज नहीं रहा। यह समाज में कुछ माध्यमों के द्वारा पीढ़ी–दर–पीढ़ी स्थानांतरित होता रहा है और आज भी अशिक्षित ग्रामीण लोगों में भी इस ज्ञान का वजूद आपको स्पष्ट दिखाई देगा। ऐसे उदाहरण जो हमारे आध्यात्मिक ग्रन्थों एवं धर्मों में चर्चित रहे हैं, उन्हें आप लोकल भजनों में आमतौर पर सुन सकते हैं, जो आम जनता तक मनोरंजक ढंग से पहुँचाने का एक अच्छा जरिया है। हालाँकि आधुनिक बदलावों के कारण अब ग्रामीण परिवेश में भी अनौपचारिक चर्चाएँ और पारस्परिक मिलन और प्रभाव कम होता जा रहा है और लोग मीडिया को ज्यादा महत्त्व देने लगे हैं।

यहाँ पर ऐसे दो उदाहरण बहुत ही प्रासंगिक हैं, पहला, जिसका उदाहरण भावुक जी की पुस्तक में और लोकल भजन तथा धार्मिक ग्रंथों में भी मिलता रहा है। लगभग सभी धर्म, जैसे हिन्दू, बौद्ध, सिख, जैन आदि मानते हैं कि काम, क्रोध, मोह, लोभ और दूसरे विकार हमारे स्वास्थ्य पर नकारात्मक प्रभाव डालते हैं। महात्मा बुद्ध ने तो यहाँ तक भी संदेश दिया है कि हम खुद का हाथ जलाए बिना दूसरे को आग नहीं दे सकते। यानी कि गुस्से से स्वयं को नुकसान पहुँचाए बगैर आप दूसरों को गुस्से से नुकसान नहीं पहुँचा सकते। ऐसे ही अगर भगवद् गीता के उपदेशों में देखें तो मोह या आसक्त और अनासक्त होने पर काफी प्रकाश डाला गया है। कैसे मोह और आसक्ति हमें मानसिक आघात पहुँचाती है और स्थितप्रज्ञ होने की सीख दी गई है। हमने अपने एक शोध में हरियाणवी संस्कृति में गाए जाने

वाले कुछ लोकल भजनों का विश्लेषण किया और पाया कि यह संदेश बड़े ही सुन्दर ढंग से भजनों में पिरोया हुआ है जिनमें अलग–अलग ढंग से काम, क्रोध, मोह, लोभ व अन्य विकारों से दूर रहने की सीख दी गई है। खुशी में बहुत अधिक खुश और दुःख में बहुत अधिक दुःखी न होने की सीख दी गई है। जैसा कि हम जानते हैं, बौद्ध धर्म, हिन्दू धर्म और दूसरे धर्म भी संतुलित जीवन का ज्ञान भी देते हैं। आमतौर पर हमने सत्संग में गाए जाने वाले विभिन्न भजनों के विश्लेषण से पाया कि इनमें मुख्यतः देवी–देवताओं की प्रार्थनाएँ, हमारे धार्मिक ग्रंथों से ली गई घटनाएँ और आध्यात्मिक संदेश बखूबी संस्कृति में पीढ़ी–दर–पीढ़ी इन भजनों के द्वारा सफर कर रहे हैं।

एक ऐसा ही उदाहरण आर्य समाज के संदेशों को संस्कृति और समाज में गीतों के द्वारा पहुँचाने का भी मिलता है, जिसमें गाँव में बहुत सारे आर्य समाजी गीत पाये जाते हैं जो आर्य समाज के मुख्य संदेश समाज में फैलाने के लिए गाए गए और बाद में औरतों में कई अवसरों पर गाए जाने वाले गीतों का एक हिस्सा बन गए। ज्ञात रहे, लोकल समुदायों में अनेक शुभ अवसरों पर महिलाओं द्वारा गीत गाए जाते हैं और समाज में कोई भी संदेश पहुँचाने का यह एक मुख्य जरिया हो सकता है। आर्य समाज ने इस विधि का कारगर इस्तेमाल किया और गीतों में मूर्ति–पूजा को हटा अपने माँ–बाप की पूजा करने का संदेश, शराब न पीने का संदेश, भाई–बहन को पढ़ाने का और सौहार्दपूर्ण पारिवारिक रिश्तों का संदेश, बखूबी पिरोया गया है, ये संदेश आज भी बड़ी श्रद्धा से विभिन्न अवसरों पर गीतों में गाए जाते हैं।

सकारात्मक मनोविज्ञान में मुख्य विभिन्न धर्मों की विशेषताओं और अभ्यासों पर काफी प्रकाश डाला गया है कि कैसे ये धर्म मनोवैज्ञानिक और आध्यात्मिक अभ्यासों के जरिए अभ्यासियों के जीवन में खुशी, सन्तुष्टि, समृद्ध और उन्नति विकसित कर रहे हैं। आमतौर पर सभी धर्मों में दूसरों को माफ करने, करुणामय और कृतज्ञ होने पर बढ़ावा दिया गया है। हाल ही में किए गए एक शोध में हमने पाया कि धार्मिक लोगों में कृतज्ञता, करुणामय और दूसरों को माफ करने और मदद करने की भावना ज्यादा होती है और ये कारक उनमें ज्यादा खुश रखने के लिए मध्यवर्ती होते हैं जो उनकी खुशी की बढ़त को बनाए रखते हैं। इसी तरह से इस्लाम, सिख, बुद्ध धर्म, हिन्दू धर्म और दूसरी देशीय परम्पराओं में ऐसे बहुत से कार्यकलाप हैं जो हमारी खुशी और कुशलता को बनाए रखने में फायदेमंद हैं।

मैटा–विश्लेषणात्मक शोध–पत्रों में ये भी पाया गया है कि धार्मिक या आध्यात्मिक प्रवृत्ति के लोगों में ज्यादा सकारात्मक गुण और नकारात्मक व्यवहार

के कम होने के बहुत सारे कारण हो सकते हैं, जैसे–धार्मिक लोग ज्यादा प्रतिरोधक्षमता वाले होते हैं, बुरे वक्त में जल्दी और ज्यादा सहन करने की क्षमता, जीवन में एक मकसद को मानना, साहसी होना आदि गुण सम्मिलित हैं। अधिकतर कार्यकलाप समूह में होने के कारण आपसी सम्बन्ध और मजबूत और खुशी देने वाले होते हैं। अगर हम सकारात्मक मनोविज्ञान में बताये गए 24 गुणों और 6 नैतिक सद्‌गुणों की चर्चा करें तो ट्रान्सेन्डन्स या उत्कृष्टता एक नैतिक सद्‌गुण माना गया है जिसमें सुन्दरता और श्रेष्ठतम की पहचान, कृतज्ञता, उम्मीद, धार्मिक/आध्यात्मिक और रसिक्ता मुख्य हैं जो हम मानव जीवन में सम्बन्ध और एक मकसद के बौद्ध से प्रेरित होते हैं।

अगर हम विशेष धर्म के संदर्भ में बात करें तो ईसाई धर्म अच्छे आपसी समाज में सम्बन्ध, एक जीवन जीने का तरीका, इस दुनिया को बेहतर बनाने की प्रेरणा और व्यक्तिगत गुणों, जैसे प्यार, विश्वास, उम्मीद, न्याय, स्वयं पर नियंत्रण, साहस, विवेक, माफ करना और मानवता को बढ़ावा देते हैं। मुस्लिम संदर्भ में अगर इस्लाम धर्म की चर्चा करें तो इस्लाम का अर्थ है शान्ति। इस धर्म में अल्लाह से माफी माँगना, नमाज पढ़ना और नमाज के समय बैठने की मुद्रा, दूसरों का उपकार करना, दान करना आदि मुख्य सकारात्मक अभ्यास हैं जो खुशी बढ़ाने के कारण हो सकते हैं।

इसी तरह अगर हिन्दू धर्म को लें तो सबसे पहले मुख्य महत्त्वपूर्ण संकेत हैं इस धर्म के मंत्र और प्रार्थनाएँ, जिनमें सबके खुशी और मंगलमय होने की कामना की जाती है। इस धर्म में धार्मिक ग्रंथों का काफी जिक्र होता है, जैसे–रामायण, महाभारत आदि। इस धर्म में मोक्ष पाने के कई यौगिक रास्ते बताए गए हैं, जैसे–ज्ञान मार्ग, भक्ति मार्ग और कर्म मार्ग आदि।

इस धर्म में माना जाता है कि 'यद भवम् तद भवन्ति' जो आप विश्वास करने लगते हो, वह तुम्हारे लिए एक निजी या व्यक्तिगत सच्चाई बन जाती है। इस धर्म में विभिन्न देवी–देवताओं की पूजा होती है। पूजा और प्रार्थनाओं में धन्यवाद या कृतज्ञता की भावना, उम्मीद, जीवन सन्तुष्टि, क्षमा आदि का अर्पण मिलता है। इसके अलावा योग, ध्यान, धारणा और स्वाध्याय का एक विशेष महत्त्व है।

बौद्ध धर्म में आष्टांगिक मार्ग, जिसमें सम्यक दृष्टि, सम्यक संकल्प, सम्यक वचन, सम्यक कर्म, सम्यक आजीव, सम्यक व्यायाम, सम्यक स्मृति और सम्यक समाधि को महत्त्व दिया गया है तथा जीवन के हर एक आयाम में एक संतुलन पर जोर दिया गया है। इस धर्म में दुःख के कारणों और निवारणों पर प्रकाश डाला गया

है। इस धर्म से माइंडफुल या सचेतन ध्यान काफी प्रसिद्ध है और विज्ञान में इसके फायदे काफी शोध–पत्रों में दर्ज हुए हैं। विपश्यना में ध्यान के लिए सचेतन होना स्वयं को अत्यधिक भाव न देकर अनासक्त होने की प्रेरणा भी मिलती है।

इसी तरह सिख धर्म में भी कुछ ऐसे अभ्यास मिलते हैं, जिनमें व्यक्तिगत स्तर पर, पारिवारिक स्तर पर और समुदाय स्तर पर कुछ धार्मिक मूल्य अभ्यासियों पर सकारात्मक प्रभाव छोड़ते हैं। इस धर्म में परिवार और समुदाय में परस्पर निर्भरता आपसी सम्बन्धों को मजबूत रखती है, समुदाय में या गुरुद्वारों में सेवा करना और सामाजिक न्याय को महत्त्व दिया जाता है। इस धर्म के अनुयायी समाज सुधार और मदद के लिए बहुत सारे कार्यक्रमों में हिस्सा लेते हैं और युवा वर्ग काफी सक्रिय रहता है।

अतः जब हम धार्मिक होने पर कुछ सकारात्मक गुणों का व्यक्ति के व्यवहार और मानसिक प्रक्रियाओं में इजाफा पाते हैं तो उन्हीं के कारण सकारात्मक बदलाव को एक कारण या सहसम्बन्ध मानते हैं, जैसे–गुणों में बढ़ोतरी हुई कि इन धार्मिक अभ्यासों से उसमें स्वयं के लिए, जैसे– जीवन में ज्यादा स्पष्टता, एक मकसद, एक अर्थपूर्ण जीवन, एक सन्तुष्टि आदि और जब उसके दूसरों के साथ व्यवहार के लिए फायदेमंद गुणों में बढ़त पाते हैं तो जैसे अच्छे आपसी सम्बन्ध, कृतज्ञता, माफ करना, करुणा भाव, मदद करना आदि में बढ़ोत्तरी होना मानते हैं। अतः सकारात्मक मनोवैज्ञानिक धार्मिक अभ्यासों को अभ्यासियों के सकारात्मक अभ्यास और उनके सकारात्मक व्यवहार और अनुभवों के रूप में ही अध्ययन करते हैं जिनमें धार्मिक आडम्बरों, अन्धविश्वास, गुमराह और नफरत भरे धार्मिक भाषणों की कोई जगह नहीं है और धर्म का विकृत रूप बनाने को उस धर्म का कतई सच्चा रास्ता नहीं मानते हैं। सकारात्मक मनोविज्ञान में उन्हीं धार्मिक और आध्यात्मिक शिक्षा और अभ्यासों का विवरण मिलता है जो मानव और समाज कल्याण में सहायक और बढ़त पैदा करते हैं।

ऐसा नहीं है कि धार्मिक और आध्यात्मिक कारकों को कुशलता और स्वास्थ्य के लिए भारतीय परिवेश में ही लाभदायक पाया गया है। हाल ही में ऐसी अनेक किताबें आई हैं जिनमें संस्कृति, धार्मिक और आध्यात्मिकता को महत्त्वपूर्ण माना गया है और किताबों में इनकी महत्ता को दर्ज किया गया है। नमूने के तौर पर कुछ उदाहरण इस प्रकार से हैं। जैसे 'पॉजिटीव नेशन एन्ड पॉजिटीव कम्युनिटीज' जो मारूजों, नेटो और मिगुल ने 2014 में प्रकाशित की है। इस किताब में भिन्न–भिन्न देशों से तथा समुदायों से उन मुद्दों पर प्रकाश डाला गया है जो किसी विशेष क्षेत्र

या समुदाय से सकारात्मक संदेश देते हैं। जैसे– दूसरों का उपकार करना कैसे एक–दूसरे में समरसता या ताल–मेल बढ़ाता है, दोस्ती सकारात्मक राष्ट्र बनाने में मददगार है, फुटबाल का खेल यूरोप में कैसे सकारात्मक उत्सव मनता है, कैसे कुछ देश, जैसे भूटान 'समग्र राष्ट्रीय प्रसन्नता' को महत्त्व देता है, सकारात्मक मनोविज्ञान संस्कृति में सकारात्मक सम्बन्धों और कुशलता को बढ़ावा देता है। इस पुस्तक में हमारा भी एक अध्याय है जिसमें हमने ग्रामीण संस्कृति सत्संग (समूह में बैठकर औरतों का भजन गाना) के फायदे दर्ज किए हैं।

हाल ही में, डॉग ओमन ने अपनी पुस्तक 'रिलिजन, सप्रीचुअलिटी एण्ड हेल्थ : ए सोशल सान्टिफिक अप्रोच' 2018 में कैसे धर्म, आध्यात्मिकता और स्वास्थ्य में सम्बन्ध है, का विस्तृत विवरण दिया है और एक सामाजिक वैज्ञानिक दृष्टिकोण पर प्रकाश डाला है। इस पुस्तक में लेखकों ने अपने अध्यायों में इस विषय पर पिछले सभी शोध–पत्रों का निचोड़ निकालते हुए बताया है कि कैसे स्वास्थ्य के लिए धार्मिक और आध्यात्मिकता एक महत्त्वपूर्ण कारक हैं और विभिन्न संस्कृतियों में वहाँ के धर्म के अनुकूल इसका प्रभाव पड़ता है। आध्यात्मिकता और भारतीय मनोविज्ञान के महत्त्व को देखते हुए 'साइक्लोजिकल स्टडीज़' जर्नल ने अपना एक विशेष खण्ड जून, 2018 में प्रकाशित किया है जिसमें एकनाथ ईश्वरन और उनके बताए ध्यान को व्यावहारिक भारतीय मनोविज्ञान माना है और मनो–आध्यात्मिकता का स्वास्थ्य पर प्रभाव का उल्लेख किया गया है। इसके अलावा महात्मा गाँधी की आध्यात्मिकता का पूर्व और पश्चिम में औचित्य पर प्रकाश डाला गया है। विभिन्न तरह के ध्यान, जैसे सचेतन ध्यान, प्रार्थनाओं के सकारात्मक प्रभाव और फायदे दर्ज किए गए हैं तथा कैसे भारतीय और पश्चिमी आध्यात्मिक मनोविज्ञान स्वास्थ्य के लिए व्यावहारिक हैं, पर विवरण दिया गया है। इस जर्नल के खण्ड में धार्मिक और आध्यात्मिक कारकों के तनाव प्रबंधन में भूमिका पर भी प्रकाश डाला गया है।

इन तथ्यों से ये स्पष्ट होता है कि हमारे शोध–पत्रों के अलावा भी अब धार्मिक और आध्यात्मिक कारकों को महत्त्वपूर्ण माना जा रहा है और मानव–व्यवहार को समझने और उसके प्रभावों का अध्ययन करने के लिए यह एक महत्त्वपूर्ण स्तम्भ है। इसीलिए मनोवैज्ञानिक समाज और समुदायों में गुणात्मक पद्धति अपनाकर इसके फायदे दर्ज करते हैं। धार्मिक और आध्यात्मिक कारकों को थैरेपी, सलाह, परामर्श या दूसरे मध्यस्थ करते कार्यक्रमों में शामिल कर, वे फायदेमंद बनाए जा रहे हैं। दरअसल कुछ सद्‌गुण, जैसे करुणामय होना, दूसरों को माफ करना, कृतज्ञता रखना, यह समझना की जीवन में कुछ चीजें खुद के नियंत्रण में हैं और कुछ खुद

के नियंत्रण में नहीं हैं। उनके अनुसार समस्या सम्बन्धित या भावनात्मक सम्बन्धित रणनीतियाँ बनाकर सफल जीवन जीना कैसे संभव है? यह समझ चाहे सकारात्मक मनोविज्ञान से आए, धार्मिक या आध्यात्मिक स्रोत से आए या किसी और वैज्ञानिक स्रोत से आए, मनुष्य जो भी इन गुणों को मान देगा और हर हाल में अपना व्यवहार सद्गुणों के अनुसार बनाए रखेगा, उसे निश्चय ही फायदा होगा। इसके विपरीत धार्मिक या आध्यात्मिक समझ भी विकारों को, जैसे– काम, क्रोध, मोह, लोभ आदि को नकारात्मक मानती है और मनोवैज्ञानिक समझ भी। जो व्यक्ति भी इन सब में लिप्त होगा, उसे ज्यादा तनाव, चिंता, उदासी या अवसाद होने की प्रवृत्ति रहेगी। तभीः मुख्यतः दोनों क्षेत्र धार्मिक/आध्यात्मिकता और मनोविज्ञान मानव–व्यवहार की समझ पर एक–दूसरे से मेल खाते हैं। हालाँकि पहले का दृष्टिकोण अनुभव है और दूसरा ज्यादा वैज्ञानिक ढंग से किए गए अध्ययनों को महत्त्व देता है।

इस अध्याय में हमने विश्लेषण किया कि आधुनिक समय में धार्मिक व आध्यात्मिक अभ्यास, जो भारतीय पद्धति में सालों से माने और जाने गए हैं, अब वैज्ञानिक शोध में उनके बहुमुखी फायदों पर मोहर लगाई है। हालाँकि अभी भी भारत में लोकल समुदायों और समाज में बहुत सारे ऐसे रीति–रिवाज हैं, जो मानव–व्यवहार को व्यक्तिगत और समूह के स्तर पर खुशहाल और समृद्ध रखने में कामयाब दिखते हैं। ऐसे रीति–रिवाज और दूसरे लोकल क्रिया–कलापों को चिन्हित कर मनोवैज्ञानिकों को उनका अध्ययन कर, जानना और समझना चाहिए कि क्या मनोवैज्ञानिक प्रक्रिया है जिनके कारण ये रीति–रिवाज प्रोत्साहित होते रहने चाहिए? हालाँकि जो रीति–रिवाज समाज व समुदायों के लिए फायदेमन्द नहीं हैं या कोई विशेष स्थान न रखते हुए आज के संदर्भ में बहुत ही गौण हैं, उन्हें छोड़ने या नकारने में कोई नुकसान भी नहीं है तथा समाज में कुरीतियों को छोड़ना अनिवार्य है। मनोवैज्ञानिक इस तरह की सामाजिक अभियांत्रिक या इंजीनियरिंग में एक अहम् भूमिका निभा सकते हैं और आधुनिक मनोविज्ञान के इस तरह के शोध को एक विशेष महत्त्व मिलना चाहिए।

❑❑❑

अध्याय–6

अनुवाद सम्बन्धी शोध, ज्ञान अनुवाद और व्यावहारिक मनोविज्ञान

सार

किसी भी व्यावहारिक शोध की पूरी यात्रा तब होती है जब वह उपयोग के लिए उपभोक्ता तक पहुँच जाए। इस शोध–यात्रा में प्रयोगशाला में किए गए उपयोगी प्रयोग, जो मानव–जीवन के लिए और उसके स्वास्थ्य के लिए उपयोगी हैं, उन्हें अनुवादन सम्बन्धी शोध से होकर ज्ञान अनुवाद के बाद उपभोक्ता तक पहुँचना चाहिए। यह व्यावहारिक विज्ञान का नियम व्यावहारिक मनोविज्ञान और दूसरी सामाजिक विज्ञान के विषयों पर भी लागू होता है। इस अध्याय में उसी शोध–यात्रा की चर्चा की जाएगी तथा व्यावहारिक सकारात्मक मनोविज्ञान के विभिन्न क्षेत्रों से लिए गए ऐसे शोध–पत्रों की भी चर्चा की जाएगी और विश्लेषण किया जाएगा कि ये विषय क्यों महत्त्वपूर्ण हैं और आधुनिक समय में इसकी क्यों और अधिक जरूरत है?

परिचय

सामाजिक वैज्ञानिक विषयों में, दूसरे विज्ञान विषयों की तरह, मनोविज्ञान का भी मुख्य उद्देश्य वैज्ञानिक शोध प्रकाशित करवा कर और उसे शिक्षित समुदाय में स्थापित करना ज्यादा महत्त्वपूर्ण रहता है। हालाँकि व्यावहारिक ज्ञान उस समूह तक पहुँचना, जिसके लिए यह उपयोगी है, यह भी अति आवश्यक है। शोध विज्ञान से इसके उपयोग तक पहुँचाने का कार्य अनुवादन सम्बन्धी शोध व ज्ञान अनुवाद की प्रक्रिया है जो बहुत अधिक प्रचलित तो नहीं है लेकिन व्यावहारिक ज्ञान, जो शोध के जरिए प्राप्त किया गया है, उसको उपयुक्त बनाने और उपभोक्ता तक पहुँचाने में अपनी अहम् भूमिका प्रस्तुत करती हैं जिनमें विज्ञान, चिकित्सा, खेती, सामाजिक विज्ञान से सत्यापित किए गए शोध उचित रूपान्तरण व अनुवाद के बाद उपभोक्ता तक पहुँचाए जाते हैं ताकि आम आदमी तक इस व्यावहारिक ज्ञान का फायदा पहुँच सके। ऐसे अनेकानेक उदाहरण हैं जिनमें पौधों, जानवरों और व्यक्तियों के स्वास्थ्य सम्बन्धी रोग निवारण, रोकथाम, स्वस्थ बने रहने के लिए सरकारी और गैर–सरकारी संस्थानों से शोध पर आधारित दिशा–निर्देश दिए गए

हों जिनसे आम जनता को और दूसरे जीव–जन्तुओं को फायदा मिले और इसके अतिरिक्त उन डॉक्टरों और विशेषज्ञों द्वारा भी इस्तेमाल की जाए, जो प्रत्यक्ष रूप से जीव–जन्तुओं और व्यक्तियों का इलाज करने में शामिल रहते हैं। यही कारण है कि बहुत सारी बीमारियाँ, जो किसी समय एक महामारी की तरह आईं और आज उनका नामोनिशान भी नहीं है। इस प्रक्रिया में बहुत सारे विशेषज्ञ शामिल रहते हैं, जैसे वे वैज्ञानिक जो प्रयोगशाला में अनेक प्रयोग करने में व्यस्त रहते हैं और जाने कितने प्रयासों के बाद किसी शोध में कामयाब होते हैं और फिर उस चिह्नित शोध को सत्यापित किया जाता है। उसके बाद प्रयोगशाला से असली क्षेत्र में उन प्रयोगों को सत्यापित किया जाता है। फिर अगले परीक्षणों के द्वारा उन्हें व्यावहारिक क्षेत्र में उपयोग योग्य बनाया जाता है।

अतः विज्ञान से व्यावहारिक क्षेत्र तक की ये प्रक्रिया कई पहलुओं से होकर गुजरती है जिसका मुख्य उद्देश्य हमारे जीवन जीने के स्तर को और बेहतर बनाना और हमारे वातावरण के सभी आयामों में तरक्की करना होता है। अगर हम मानव विकास को पीढ़ी–दर–पीढ़ी देखें तो विकास, औद्योगिकी, विज्ञान, प्रौद्योगिकी आदि अपनी चरम सीमा पर हैं और मनुष्य के पास बहुत सारे विकल्प चुनने के लिए उपलब्ध हैं। चाहे आप किसी भी क्षेत्र की मशीनरी का उदाहरण लें, जैसे–यातायात, घर की सुख–सुविधाएँ, इंटरनेट इस्तेमाल होने वाले उपकरण, चारों ओर भौतिकवाद से बाजार में बाढ़–सी आई लगती है। मगर उस रफ्तार से समाज में आचार–विचार, मानव–मूल्य और खुशहाली, सन्तुष्टि आदि नहीं बढ़े हैं। अतः सामाजिक वैज्ञानिक व विशेषज्ञों का योगदान और भूमिका और भी जरूरी हो जाते हैं।

सामाजिक वैज्ञानिकों और व्यावहारिक मनोवैज्ञानिकों की इस क्षेत्र में भूमिका और योगदान से पहले आइए जानें कि अनुवाद सम्बन्धी शोध और ज्ञान अनुदान कैसे शोध की प्रक्रिया में लाभदायक हैं और व्यावहारिक मनोवैज्ञानिक कैसे इन प्रक्रियाओं को इस्तेमाल कर मनोवैज्ञानिक और दूसरे सामाजिक आयामों पर शोध द्वारा प्राप्त ज्ञान उपभोक्ता और दूसरे आम लोगों तक पहुँचा सकते हैं जिससे शोध सिर्फ किताबों में और शिक्षित समुदाय में ही न रह जाये, बल्कि उस ज्ञान के फायदे को एक आम आदमी तक भी पहुँचाया जा सके।

अनुवादन सम्बन्धी शोध की आवश्यकता आमतौर पर नैदानिक शोध से आमतौर पर आम जनता तक ऐसे शोधों की समझ पहुँचाने के लिए हुई ताकि आम जनता इस ज्ञान से फायदा उठा सके। ऐसे शोध अनुवाद जनता, सरकारी नीतियों और स्वास्थ्य के लिए लाभप्रद होते हैं। ये जनता के स्वास्थ्य के बहुमुखी दृष्टिकोण को

सम्मलित करते हैं, जैसे मेडिकल, विज्ञान प्रयोगशाला शोध, नैदानिक परीक्षण, व्यापक रोग विज्ञान, नीतियाँ, अर्थव्यवस्था आदि जिनमें विभिन्न दृष्टिकोण, जैसे आर्थिक, राजनीतिक, सामाजिक और सांस्कृतिक शामिल होते हैं।

अनुवादन सम्बन्धी शोध प्रस्तावना के साहित्य में विभिन्न अर्थ माने गए हैं जिनमें से व्यावहारिक प्रस्तावना के अनुसार जीवन का स्तर वैज्ञानिक शोधों को इस्तेमाल कर और बेहतर बनाना है जिसमें मौलिक शोध एक उत्पाद को विकसित करता है जिसका व्यावहारिक और उपयोगी इस्तेमाल है। जैसे "बैंच टु बैड साइड", जिसका अर्थ हुआ किसी भी बीमारी के इलाज के लिए प्रयोगशाला में किए गए शोधों से आए लाभदायक नतीजों को बीमार लोगों के इलाज के लिए इस्तेमाल करना। जैसे– कैंसर, एच.आई.वी., सिजोफ्रेनिया आदि रोगों पर किए शोधों में आए आशाजनक और भरोसेमन्द नतीजों को मरीजों के इलाज में इस्तेमाल करना। ऐसे शोध दो भागों में बाँटे जा सकते हैं। एक, जब दूसरे जीव–जन्तुओं से मानव पर प्रयोग अनुवादित करना हो, जैसे–पहले चूहों, बन्दरों और दूसरे जीवों पर प्रयोग कर और काफी हद तक सुरक्षित पाने पर व्यक्तियों पर स्थानांतरित कर फिर से शोध कर सत्यापन करना और दूसरा, व्यक्तियों पर सत्यापन हो जाने के बाद उस शोध के अनुसार मिले नतीजों को व्यक्तियों के इलाज के लिए स्थानांतरित करना और समाज और समुदायों में उत्तम इलाज पहुँचाने के लिए कार्यरत रहना। स्थानांतरण विज्ञान में इलाज के लिए लागत सार्थक या किफायती होना भी एक महत्त्वपूर्ण मुद्दा रहता है। ऐसे शोध विभिन्न देशों में राष्ट्रीय संगठनों के प्रमुख हिस्सा रहते हैं जिनमें विभिन्न विशेषज्ञों की टीम अपना–अपना सहयोग देकर शोध को राष्ट्रीय नीतियों व अर्थशास्त्र में योगदान देने में सहयोग देते हैं। इस तरह के शोध एक धाराप्रवाह में होते हैं जिनमें प्रयोगशाला से शोध व्यक्ति पर, व्यक्ति से विशेष मरीज और मरीज से स्वास्थ्य अमल में और फिर जनता के लिए उपयोगी बनाना है। इसका असर देखने के लिए इस दौरान ये धाराप्रवाह दोनों तरफ हो सकता है और वैज्ञानिक अपने तथ्यों को सत्यापित करने के लिए कभी अगले कदमों पर काम करता रहता है और कभी–कभी पिछले पदों पर वापस ध्यान देता है और जरूरत पड़ने पर उन सतहों पर वापिस से शोध करता है। अतः यह प्रक्रिया दोनों तरफ आती–जाती रहती है।

मौलिक विज्ञान में ऐसे शोधों के बहुत सारे उदाहरण मिलते हैं लेकिन मनोविज्ञान में जीवन का स्तर बेहतर करने के लिए कुछ ही शोध किए गए हैं। इन अध्ययनों को विज्ञान से स्थानांतरित कर व्यावहारिक और उपयोगी बनाया गया है

जिससे लोगों का शारीरिक और मानसिक स्वास्थ्य और बेहतर हो सके। सामाजिक, वैज्ञानिक और व्यावहारिक मनोवैज्ञानिक दूसरे विशेषज्ञों के साथ मिलकर मानसिक बीमारियों को कम करने और मानसिक स्वास्थ्य बढ़ाने के लिए विभिन्न समुदायों में काम करते रहे हैं जिनमें से कुछ विशेष इंटरवेंशन या मध्यस्थता करते हुए कार्यक्रम जो मनोवैज्ञानिकों ने विशेष उम्र के लोगों के लिए या विशेष विकार को ठीक करने के लिए बनाए गए हैं। उन कार्यक्रमों के शुरू और आखिर में लिए गए मनोवैज्ञानिक परीक्षण के द्वारा वैधता और प्रभावकारिता स्थापित की जाती है। ऐसे कार्यक्रमों में कई बार सलाहकार और नैदानिक चिकित्सक भी शामिल होते हैं, जो आमतौर पर मानसिक विकार या बीमारी के लक्षण जानते हुए उनके इलाज के कुछ सत्र तैयार कर उनके लिए विशेष तौर पर कार्यक्रम बना उसके तहत व्यक्तियों का इलाज करते हैं। कई कार्यक्रमों में विशेषज्ञों का उद्देश्य व्यक्तियों में कुछ मानसिक गुणों को और मजबूत करना होता है, जैसे स्वयं में प्रभावकारिता, मानसिक स्वास्थ्य, खुशी, कुशलता, संतुष्टि व सकारात्मक भावनाओं में बढ़त के उद्देश्य से बनाए गए कार्यक्रम। ऐसे कार्यक्रम समूहों, समुदायों और दूसरे विशेष संगठन, जैसे विद्यालयों, महाविद्यालयों, कार्य संगठन आदि में भी व्यक्तियों, जो आमतौर पर इन समूहों के सदस्य होते हैं, पर भी कार्यान्वित किए जाते हैं। अनुवाद सम्बन्धी शोध, मनोवैज्ञानिक विभिन्न आयामों और मानसिक स्वास्थ्य को समझने के लिए सामाजिक और सांस्कृतिक परिवेश को ध्यान में रख तथा राष्ट्रीय व स्थानीय दृष्टिकोण को ध्यान में रख बनाई गई रणनीतियों के तहत बहुत ही कारगर सिद्ध हो सकते हैं और समाज व संस्कृति को लाभदायक दिशा में डिजाईन करने में मददगार सिद्ध हो सकती है। हालाँकि यह हो सकता है कि क्षेत्र में शोध होने के कारण और प्रयोगशाला जैसे नियंत्रित वातावरण में शोध न कर पाने के कारण हम उतने शुद्ध या वैज्ञानिक नतीजे प्राप्त न कर पाएं मगर ऐसे अध्ययनों का व्यावहारिक मूल्य होने के कारण विज्ञान और व्यावहारिक ज्ञान में एक महत्त्वपूर्ण स्थान है।

अगर हम इस यात्रा में एक और कदम आगे बढ़ाते हैं तो अगला कदम आता है "ज्ञान अनुवाद"। अगर हम अनुवाद सम्बन्धी शोध की कमी मानते हैं तो ज्ञान अनुवाद की भारी कमी। इस अनुवाद की कमी होने के बहुत सारे कारण हैं उनमें से मुख्य कारण भारत में बहुत सारी भाषाएँ और बोलियाँ होना एक है।

एक तरफ शोधकर्ता और पेशेवर चिकित्सक के बीच में संवादहीनता रहती है और दूसरी तरफ आम जनता तक शोध संदेश या ज्ञान अनुवाद न के बराबर होने की बजाय यह गति बहुत धीमी है। व्यावहारिक ज्ञान सम्बन्धित शोधों की जानकारी

समुदाय और समाज में जल्दी उपलब्ध कराने के और अधिक साधन होने चाहिए। हालाँकि मीडिया चैनल इस फासले को भरने की कोशिश करते रहे हैं। फिर भी इस कमी को नजरअंदाज नहीं करना चाहिए।

कई शोधकर्ता अनुवादन सम्बन्धी शोध और ज्ञान अनुवाद को एक–दूसरे के स्थान पर इस्तेमाल कर लेते हैं। मगर दूसरे इन दोनों में अन्तर मानते हैं, जैसे– अनुवादन सम्बन्धी शोध प्रयोगशाला से असल जीवन में एक क्षेत्र स्तर पर करना और ज्ञान अनुवाद उससे अगला कदम, जिसमें असल जीवन में एक क्षेत्र अध्ययन के रूप में किए गए अध्ययन को लोगों के इस्तेमाल तक पहुँचाना।

जब हम इस प्रक्रिया का करीबी से अध्ययन करते हैं तो शोध प्रक्रिया इन दो कदमों पर समाप्ति की ओर जा सकती है। एक प्रयोग या शोध प्रयोगशाला में सफल किए गए, प्रकाशित भी हुए मगर उसके अगले कदम यानी अनुवाद सम्बन्धी शोध को दिशा नहीं दी गई। अतः इन व्यावहारिक शोधों की समय से पहले समाप्त होने के कारण या शोध की श्रृंखला टूटने के कारण फायदा आम जनता तक नहीं पहुँच पाया। दूसरा कदम जिसमें अनुवाद सम्बन्धी शोध भी हुआ मगर किन्हीं कारणों से व्यावहारिक शोध का ज्ञान अनुवाद न होने के कारण समय से या प्रक्रिया पूर्ण होने से पहले ही विराम लग गया और लाभ आम जनता तक नहीं पहुँच पाया। दोनों ही हालातों में व्यावहारिक ज्ञान के स्रोत शोधों को आम जनता तक पहुँचने, उनके लिए सरकारी और गैर–सरकारी संगठनों का विशेष सहयोग होना चाहिए और संस्थानों में इस तरह के कार्यों के लिए विशेष केन्द्र बनाये जाने चाहिए, जो प्रसार और कार्यान्वित होने का एक विशेष ध्यान रखें और नीतियाँ बनाने और वैज्ञानिक ज्ञान को आम जनता तक पहुँचाने में योगदान देते रहें। ये केन्द्र समाज, समुदायों और सांस्कृतिक मंचों पर कार्यक्रम आयोजित कर सकते हैं तथा शोध में पाए गए प्रासंगिक परिणाम आम जनता तथा नीतियों के लिए कार्यकर्ताओं के पास शीघ्रतिशीघ्र पहुँचाए जा सकते हैं, हालाँकि इस दिशा में कुछ देश–विदेश में संगठन काम करते रहे हैं, जैसे राष्ट्रीय स्वास्थ्य संगठन, विश्व बैंक व विश्व स्वास्थ्य संगठन आदि लेकिन कुछ शोधकर्ताओं को ऐसे संगठनों का फायदा हर कदम पर सहयोग न मिल पाने के कारण कई बार अधूरा रह जाता है। इस प्रक्रिया में भी बहुत सारे कारण और कारक मध्यस्थता करते हैं, जैसे आम जनता में बोली जाने वाली भाषा में अनुवाद, सामाजिक और सांस्कृतिक कारण, विचारधारा में विश्वास, आम जनता में मूल्य, आचार–विचार आदि।

इस मुद्दे पर जब हम भारत का उदाहरण लें तो केन्द्र और राज्यों के स्तर पर कुछ राष्ट्रीय संगठन हैं, जो स्वास्थ्य सम्बन्धी शोध आम जनता तक पहुँचाने के लिए उसके लिए कार्यरत हैं और सामाजिक संगठन तथा नीतियों के कार्यकर्ता मिलकर कुछ ऐसे प्रयास भी करते हैं। उदाहरणतया– भारतीय कृषि अनुसंधान विश्वविद्यालयों, संगठनों और अनुसंधान परिषद में एक कृषि विस्तार विभाग होता है जिसमें सामाजिक वैज्ञानिकों का मुख्य कार्य कृषि वैज्ञानिकों द्वारा किए गए उपयोगी शोध किसानों तक पहुँचाना और किसानों की दूसरे लाभप्रद ज्ञान–विज्ञान पर भी समझ बनाने में मदद करना होता है। कृषि संस्थानों के केन्द्र गाँव और छोटे कस्बों में स्थित हैं, बस उनका विस्तार बढ़ाकर स्वास्थ्य सम्बन्धित विषयों को उसमें जोड़ने की अति आवश्यकता है।

जीवन जीने का स्तर बेहतर बनाने के लिए बहुआयामी विकास की आवश्यकता है, ना कि सिर्फ आर्थिक विकास। ये तर्क–वितर्क आधुनिक समय मे काफी चर्चा में रहा है जिसमें राष्ट्रीय आर्थिक विकास या राष्ट्रीय खुशहाली सम्बन्धित नीतियों पर जोर देने की वकालत होती रही है और राष्ट्रीय खुशहाली पर भी आधुनिक नीतियों में अहम् स्थान दिया गया है। अतः मनोवैज्ञानिक ज्ञान को आम जनता में पहुँचा कर व्यक्ति, परिवार, समाज, समुदाय और पूरे राष्ट्र को और अधिक खुशहाल, आनन्दमय, संतुष्ट तथा एक–दूसरे को समझने और मदद करने वाला बनाया जा सकता है। मनोवैज्ञानिक ज्ञान को जनता के उपयोग के लिए उपलब्ध कराने की वकालत करते रहे हैं। मनोवैज्ञानिक शोध उपयोगी और उपभोग लायक बनाने का मतलब है कि मनोवैज्ञानिक ज्ञान या शोध को आम जनता की समझ में आने लायक ढंग से स्थानांतरित करना, अनुकूल व अनुरूप बनाना ताकि वे इसे समझ सकें और अपने कल्याण के लिए आत्मसात कर सकें।

हालाँकि इस यात्रा में मनोवैज्ञानिक को आम जनता के स्वभाव, भाषा, सामाजिक व सांस्कृतिक कारकों का ज्ञान, उनकी मनोवैज्ञानिक विषयों पर समझ और उनकी खुशहाली घटाने और बढ़ाने वाले कारणों और कारकों का ज्ञान भी होना जरूरी है। उनकी केवल अपने मनोवैज्ञानिक ज्ञान के आधार पर ही आम जनता से सम्पर्क न बनाकर, बल्कि आम जनता के बीच कुछ महत्त्वपूर्ण कारकों को भी समझने की चाह होनी चाहिए। कई अध्ययनों में हमने पाया कि कई बार समाज में मानसिक स्वास्थ्य बढ़ाने या बनाए रखने के तरीके मनोवैज्ञानिकों जितने ही कारगर होते हैं और कई बार उनसे भी बेहतर। अतः आधुनिक मनोवैज्ञनिक न केवल ऊपर से नीचे या स्वयं से जनता तक ज्ञान का प्रवाह रखते हैं, बल्कि कई बार आम जनता में मनोवैज्ञानिक

विषयों पर समझ को महत्त्व देते हैं, जैसे खुशहाली की आम जनता में परिभाषाएँ, वे खुशहाली बढ़ाने या घटाने के क्या मुख्य कारण मानते हैं तथा खुशहाली बढ़ाने के लिए किन तरीकों को वे अपने जीवन में कारगर मानते हैं। यह प्रणाली नीचे से ऊपर, मतलब आम जनता की समझ से मनोवैज्ञानिकों की समझ को पूरक बनाने में मददगार सिद्ध होती है जिससे वे सामाजिक, सांस्कृतिक और समुदायों के अनुसार विशिष्ट समझ और कारकों को जान सकते हैं और यह तकनीक उन्हें मनोवैज्ञानिक आयामों को बहुमुखी रूप से समझने में मदद करती है।

हालाँकि इस प्रक्रिया मे मनोवैज्ञानिक के सामने बहुत सारी चुनौतियाँ हैं, जैसे आम जनता की भाषा समझना, जहाँ भारतीय परिवेश में विभिन्न भाषाएँ होने के कारण एक चुनौती है। कई बार तो भाषा एक राज्य में भी काफी अलग बोली के साथ होती है। भारत में कहा भी जाता है कि ''कोस–कोस पर बदले पानी और चार कोस पर बाणी (बोली)''। आमतौर पर हिन्दी, जो भारत में सबसे ज्यादा बोली जाती है, में भी मनोवैज्ञानिक ज्ञान या रूपान्तरण की कमी है, क्योंकि भारत में मुख्यतः अंग्रेजी कार्य भाषा और शोध भाषा है। अतः बहु–सांस्कृतिक और बहु–भाषीय देश होना मनोवैज्ञानिकों के लिए एक चुनौती भी है और नई समझ बनाने के सुअवसर भी जिसमें उन्हें समय–समय पर समाज, समुदाय, धर्म, संस्कृति, भाषा, उम्र, लिंग आदि के अनुसार अपने संदेश में काट–छाँट करनी पड़ सकती है और संदेश को बोलचाल की भाषा में ढालने की जरूरत पड़ सकती है।

विभिन्न सरकारी और गैर–सरकारी संगठन ऐसे विषयों पर काम करते रहे हैं। हालाँकि विद्यार्थियों को उनकी पढ़ाई के और शोध में कार्यरत रहने के दौरान और अधिक समझ बनाने की जरूरत है जिसके लिए विशेष मंच और प्रशिक्षण उपलब्ध कराये जाने चाहिए। अगर हम अनुवाद सम्बन्धित शोध और व्यावहारिक ज्ञान अनुवाद की भारत में विभिन्न स्थानों को केन्द्रित करते हुए करें तो स्कूलों में, कार्य संगठनों में, ग्रामीण क्षेत्रों में, धार्मिक व आध्यात्मिक आदि क्षेत्रों में ध्यान केन्द्रित किया जा सकता है।

अगर हम विद्यालयों का ही उदाहरण लें, तो देश–विदेश में बहुत सारे स्कूल मनोवैज्ञानिक, अध्यापक और सरकारी और गैर–सरकारी संगठन इस विषय पर कार्यरत हैं कि स्कूली छात्रों की कैसी खुशहाली बढ़ाई जा सके, उनके सकारात्मक गुणों को और निखारा जा सके और उन्हें और अधिक प्रतिरोधक्षेमता, सचेतन, आध्यात्मिकता, स्वयं और दूसरों के लिए भावात्मक बुद्धि का विकास किया जा सके। इन सब गुणों को और अधिक विकसित करने का माहौल बनाने और छात्रों का

बहुमुखी विकास करने के लिए स्कूल श्रेष्ठ स्थान हैं जहाँ छात्रों को छोटी उम्र में अनेक शारीरिक और मानसिक विकास के दौरान प्रशिक्षित किया जा सकता है। इस दिशा में सकारात्मक मनोविज्ञान की भी महत्त्वपूर्ण भागदारी रही है जिसका उद्देश्य व्यक्तियों और समुदायों को खुशहाल, समृद्ध व फलता–फूलता बनाना रहा है। स्कूलों में ऐसे विशेषज्ञों द्वारा बनाए गए कार्यक्रमों के द्वारा बच्चों में नकारात्मक लक्षण, जैसे उदासी, अवसाद, चिंता, तनाव आदि को कम करने और सकारात्मक गुण, जो छात्र को स्वयं और दूसरों के साथ पेश आने पर फायदेमंद हो, को और अधिक विकसित करने के प्रयास किए जाते हैं। जैसे– आशावाद, आदर, सकारात्मक भावनाएँ, करुणा, माफ करना और दूसरों की मदद करने के लिए अग्रसर होने की भावना में विकास करना। ऐसे सभी कार्यक्रम, जो विद्यालयों में विशेष तौर पर एक विशेष अवधि के लिए आयोजित किए जाते हैं, उन्हें पहले मनोविज्ञान में परखा जाता है कि वे सत्यापित और वैध रहे हैं तथा उनकी प्रभावशालीनता को भी परखा जाता है। अतः ये प्रक्रिया मौलिक शोध, व्यावहारिक तथा अनुवादन सम्बन्धी शोध अैर ज्ञान अनुवाद के बीच यात्रा करती रहती है। आधुनिक युग में बहुत सारे गैर–सरकारी संगठन भी इस दिशा में कार्यरत हैं जो स्कूलों के साथ मिलकर या अपने ही स्कूलों को आरम्भ कर छात्रों में बहुआयामी विकास को ज्यादा महत्त्व दे रहे हैं। ये स्कूल व्यावहारिक ज्ञान को किताबी ज्ञान से ज्यादा महत्त्व दे रहे हैं। जैसा कि मनोवैज्ञानिक अध्ययन मानते हैं कि 40 प्रतिशत खुशहाली बढ़ाने या बनाये रखने में योगदान हमारी सुविचारित व इच्छानुरूप किए गए क्रियाकलापों का है। अतः खुशहाली, समृद्धि और सम्पन्नता बढ़ाने वाले सुविचारित क्रियाकलापों का ज्ञान व आचरण होना हमारे लिए बहुत महत्त्वपूर्ण है।

स्कूलों में सरकार और गैर–सरकारी संगठनों का विशेष ध्यान होना इसलिए भी जरूरी है, क्योंकि हमारा देश एक युवा देश है और भारत में युवा जनसंख्या विश्व में सबसे अधिक है। इस युवा ताकत से देश को एक प्रगतिशील दिशा मिल सकती है। हालाँकि अगर हम भारत में युवा वर्ग के मानसिक स्वास्थ्य पर एक नजर डालें तो यह स्थिति बहुत संतोषजनक नहीं है। अगर हम अपने पिछले सालों में किए गए शोधों पर नजर डालें तो 46.4 प्रतिशत स्कूली छात्र खुशहाल व 51 प्रतिशत मध्यम स्तर और 2.4 प्रतिशत सुस्त व निस्तेज स्तर पर पाए गए। अध्ययन में आगे यह भी पाया गया कि खुशहाल स्कूली छात्रों में कम अवसाद व सामंजस्य समस्याएँ थीं तथा बच्चों में पारिवारिक सम्बन्ध और सामाजिक समर्थन का एक विशेष महत्त्व है। भारत में बच्चों पर पढ़ाई का दबाव भी बहुत अधिक आंका गया है जो कभी–कभी मानसिक स्वास्थ्य पर नकारात्मक प्रभाव डालता है।

ऐसे ही और भी बहुत से शोध हैं जो अनुवाद सम्बन्धी शोध और ज्ञान अनुवाद को स्कूल परिवेश में एक दिशा देने में मदद करते हैं। अतः एन.सी.ई.आर.टी. और सी.बी.एस.ई. के प्रयासों के साथ–साथ कई और सरकारी और गैर–सरकारी संगठन भी इस विषय पर स्कूलों में कार्यरत हैं और छात्रों के बहुआयामी विकास में अपना सहयोग दे रहे हैं।

आइए, इनमें से भारत में हुए कुछ स्कूल क्षेत्र में शोध, सरकारी और गैर–सरकारी संगठनों के योगदान पर ध्यान केन्द्रित करें। आई.आई.टी. से पुलकित खन्ना ने 2015 में अपने पीएच.डी. शोध के दौरान स्कूलों में छात्रों की खुशहाली और सकारात्मक गुण बढ़ाने के लिए कुछ विशेष कार्यक्रम किए जिनका विषय था–सकारात्मक सोच। तनाव प्रबन्धन और कृतज्ञता सम्बन्धित, सामर्थ्य जिम या व्यायाम और पाँच व्यायामों का पैकेट, कृतज्ञता मुलाकात जिसमें छात्र को किसी ऐसे व्यक्ति या प्रिय के यहाँ जाकर मुलाकात करना होता है जिसके लिए वह कृतज्ञ है। जीवन में तीन अच्छी चीजों को याद करना, स्वयं की ताकत या सकारात्मक गुण जानना और उन्हें नए ढंग से इस्तेमाल करना। इन विषयों पर उपर्युक्त कार्यक्रमों को इस्तेमाल कर पश्चिमी देशों में पहले से अध्ययन हो चुके हैं तथा भारत में इन कार्यक्रमों को यहाँ के समावेश के अनुकूल बनाकर स्कूलों में प्रस्तुत किए गए तथा छात्रों पर इन कार्यक्रमों के लाभप्रद नतीजे पाए गए। ऐसे और भी कई शोध हैं जिनमें बच्चों के मानसिक गुणों पर फायदेमन्द नतीजे दर्ज हुए हैं।

इस विषय की महत्ता देखकर भारत सरकार भी इस दिशा में अपना योगदान दे रही है, जैसे– खुशहाली कार्यक्रम, जो दिल्ली सरकार के द्वारा स्कूलों में आरम्भ किया गया है। हरियाणा सरकार का 'प्रोजेक्ट जिन्दगी' जो 15 सरकारी स्कूलों में 45 अध्यापकों को सलाहकार और कार्यक्रम संचालित बनाकर शुरू किया गया है। इसी तरह से बहुत सारे गैर–सरकारी संगठन जैसे संगत जो गोवा में स्थित है, स्कूल में किशोरों के मानसिक स्वास्थ्य पर विशेष कार्य कर रहा है। इस समूह के कार्यक्रम, जैसे 'पराइड', 'आत्मन', 'सेहर', 'यंग लाइव मैटर' आदि। इन सब कार्यक्रमों में शारीरिक व मानसिक स्वास्थ्य और दूसरे कारकों को जोड़ किशोरों के बहुआयामी विकास पर जोर दिया जा रहा है। इसी तरह से और भी गैर–सरकारी संगठन हैं जो स्कूलों में अपने कार्यक्रम पेश कर स्कूली शिक्षा में अपना भरपूर योगदान दे रहे हैं।

अगर इस दिशा में काम कर रहे विशेष स्कूलों पर हम ध्यान दें तो कुछ स्कूल हैं जो स्वदेशी पढ़ाई के तरीकों पर जोर दे रहे हैं। भारत की गुरुकुल परम्परा काफी

महत्त्वपूर्ण मानी गई है। और आज भी कुछ स्कूल इस परम्परा को बनाये रखने में सहयोग दे रहे हैं। उदाहरण के तौर पर, मिराम्बिका स्कूल, जो नई दिल्ली में स्थित है और इस स्कूल में परंपरागत शिक्षा की लीक से हटकर व्यावहारिक ज्ञान, प्रकृति से समीपता, मूल्यों और आचार नीति पर विशेष ध्यान दिया जाता है। इसी तरह बच्चों के सर्वव्यापी विकास को ध्यान में रखकर गुरुग्राम में मैत्रीकिरण एक और स्कूल है। तमिलनाडु में 'ईशा होम स्कूल' इस श्रृंखला में एक और स्कूल माना जा सकता है। इन सभी स्कूलों में परम्परागत शिक्षा प्रणाली से हटकर कुछ विशेष कारकों पर ज्यादा ध्यान दे, बच्चों के बहुमुखी विकास पर ज्यादा जोर दिया जाता है।

अगर अनुवाद शोध व ज्ञान अनुवाद का उपयोग कार्य संगठन में देखें तो पाएंगे कि मनोवैज्ञानिकों ने नौकरीपेशा या कर्मचारियों के लिए कई कार्यक्रम बनाए और उनकी मानसिक और शारीरिक सेहत के लिए कार्यान्वित किए हैं। कई संस्थानों या संगठनों में कर्मचारियों के स्वास्थ्य को लेकर कई नीतियाँ बनाई गई हैं और समय–समय पर कर्मचारियों की कुशलता के लिए, उनके बेहतर कार्य के लिए और पदोन्नति के साथ आयी नई चुनौतियों का प्रबन्धन करने के लिए उनके लिए विशेष कार्यक्रम आयोजित किए जाते रहे हैं।

इस विषय में कार्य और परिवार के बीच में संतुलन होना बहुत जरूरी है। हालाँकि नई पीढ़ी नौकरी या कार्य में भी एक मकसद, उत्पादन और विशिष्ट आचरण व गुणवत्ता पाना चाहती है। भारत में कार्य–क्षेत्र भी पश्चिमीकरण आधुनिकीकरण और भूमण्डलीकरण से अछूता नहीं है और इन बदलावों के अपने फायदे और नुकसान दर्ज होते रहे हैं जिन पर मनोवैज्ञानिकों को विशेष ध्यान देना चाहिए।

कर्मचारियों की खुशहाली और कुशलता ना केवल कर्मचारियों के लिए ही जरूरी है, बल्कि कार्य–क्षेत्र या संगठनों के लिए भी बहुत जरूरी है, क्योंकि शोधकर्ताओं ने बार–बार ऐसे अध्ययनों का सत्यापन किया है जिनमें खुशहाल और कुशलक्षेम कर्मचारी ज्यादा अच्छे कार्य–प्रदर्शन, काम से कम छुट्टी लेना, अच्छा व्यवहार रखना आदि प्रदर्शित करते हैं।

आधुनिक कार्य संगठनों में योग, ध्यान और दूसरे आध्यात्मिक कार्यक्रम भी आयोजित किए जाते हैं और इन कार्यक्रमों की प्रभावशीलता के साथ–साथ कर्मचारी इन्हें सराहते हैं और पसंद भी करते हैं। कई बार कुछ विशेष मुद्दों को लेकर भी यह कार्यक्रम आयोजित किए जाते हैं, जैसे नेतृत्व, भावात्मक बुद्धि के विकास के लिए या शारीरिक सेहत, जैसे–मोटापा घटाने, शारीरिक व्यायाम के सत्र या दूसरे

स्वास्थ्य संकेतक का विशेष प्रबन्धन करने के लिए। उन्हें समय–समय पर विशेष कम अवधि के कार्यक्रम उपलब्ध कराकर व्यावहारिक मुद्दों पर जागरूकता भी बढ़ाई जाती है। जैसे– खाने–पीने संबंधित सलाह, योग का योगदान, ध्यान की प्रक्रिया या विभिन्न प्रकार के ध्यान पर विशेष कार्यक्रम और दूसरे रोगों की रोकथाम या जागरूकता के लिए कार्यक्रम, जैसे कैंसर, दिल की बीमारी, सेहत संबंधी बीमा पॉलिसी आदि। इसके अतिरिक्त कार्य–क्षेत्र या संगठन या संस्था कर्मचारियों को सर्वश्रेष्ठ कार्य–क्षेत्र या कार्य वातावरण प्रदान करने में भी कार्यरत रहते हैं। जैसे– कार्यालय में सही बैठने का स्थान, बिजली–पानी का प्रबंध रखना और कर्मचारियों के अनुकूल वातावरण और नीतियाँ रखना, जो उनके स्वास्थ्य और कार्यप्रणाली को उन्नत करें।

इस कार्य के लिए आजकल अलग से एक विभाग भी रखा जाता है। मानव संसाधन विभाग, जो कार्यालय में कर्मचारियों के समर्थन में काम करता है और समय–समय पर कर्मचारियों के स्वास्थ्य के लिए और उनकी जरूरतों के लिए उपलब्ध रहता है। आधुनिक समय में 'कॉरपोरेट सोशल रेस्पोंसिबिलिटी' या 'निगमित सामाजिक उत्तरदायित्व' के तहत भी कुछ और कर्मचारियों के लिए कार्यक्रमों को बढ़ावा मिल रहा है।

ऐसे ही कुछ कार्यक्रम विशेष तौर पर मनोवैज्ञानिक क्षेत्र से भी योगदान दे रहे हैं। जैसे– तनाव प्रबंधन, चिंता और अवसाद घटाने के तरीके, समय प्रबंधन, खुद का प्रबंधन, प्रभावी आपसी संबंध, कार्य और परिवार के बीच में प्रभावित सामंजस्य आदि। आधुनिकीकरण के साथ–साथ ऐसे कार्यक्रम आयोजित करने के तरीकों का भी विस्तार हुआ है। जैसे आजकल सारे कार्यक्रम आमने–सामने ही हों, ये जरूरी नहीं। कभी–कभी इंटरनेट के जरिए और पहले से रिकॉर्ड हुई वीडियो को शामिल कर और प्रभावी कार्यक्रम बनाए और प्रस्तुत किए जा रहे हैं। कुछ कार्यक्रमों के मनोवैज्ञानिक अध्ययन के तहत कार्यक्रम के शुरू और आखिर में कुछ मनोवैज्ञानिक कारकों पर डाटा इकट्ठा कर उनकी प्रभावशीलता का भी परीक्षण किया जाता है तथा कार्यक्रम भी किसी विशेष उद्देश्य के लिए तैयार किए जाते हैं। जैसे– कृतज्ञता, करुणा, स्वयं का संचालन अपने गुण व विशेषताएँ जानना, जो आमतौर पर कर्मचारियों की खुशहाली और कुशलता बढ़ाती हैं, इस क्षेत्र में स्वदेशी सम्प्रत्ययों का भी परीक्षण किया जाने लगा है। जैसे– कार्य–क्षेत्र से शोध–पत्रों में भी कर्मयोग, निष्काम कर्म, प्रबंधन में भगवद् गीता के उपदेश, उन्नत स्वयं तथा व्यक्तित्व के प्रकार–सत्व, रजस और तमस आदि से संबंधित शोध प्रकाशित हो रहे हैं और इन्हें

भी कर्मचारियों के स्वास्थ्य, कार्य–प्रदर्शन और सहभागियों में संबंधों के साथ संबंधित पाया जा रहा है।

अनुवाद संबंधित और क्षेत्र ग्रामीण विकास और खुशहाली के साथ जोड़ें तो भी व्यावहारिक मनोविज्ञान एक अहम भूमिका निभाता रहा है, अगर हम शहर और ग्रामीण क्षेत्र के अनुसार भारतीय लोगों के मनोविज्ञान की बात करें तो ये कारक हमारे कई अध्ययनों में एक महत्त्वपूर्ण कारक के रूप में उभर कर आया है। ग्रामीण क्षेत्र ज्यादा सामूहिक पाए गए। यहाँ लोग आपस में ज्यादा एक–दूसरे से पारस्परिक प्रभावित होते हैं।

अनुवाद संबंधित शोध और ज्ञान अनुवाद को ग्रामीण इलाकों में पहुँचाने के लिए बहुत सारी सरकारी नीतियाँ हैं और सरकारी समूह, जैसे आंगनबाड़ी कार्यकर्ता, महिला संगठन, कृषि कार्यकर्ताओं को समय–समय पर कुछ विशेष विषयों को ग्रामीणों तक पहुँचाने के लिए प्रशिक्षित किया जाता है। आजकल सरकार की तरफ से और प्रयास किए जा रहे हैं। जैसे– भारत में ग्रामीण क्षेत्रों में कृषिप्रधान और पशुपालन व्यवसाय मुख्य हैं। अतः ऐसे मुद्दों पर विशेषज्ञों की राय देने के लिए और ग्रामीण लोगों की इन विषयों पर सलाह उपलब्ध कराने के लिए डीडी किसान चैनल और दूसरे मीडिया प्रयास भी जारी हैं।

इसी तरह से कुछ और भी गैर–सरकारी संगठन हैं जो कुछ विशेष विषयों पर ग्रामीण क्षेत्रों में लोगों की मदद कर रहे हैं। यह संगठन ग्रामीण व्यक्तियों की दो तरह से मदद करते हैं। उन तक शोधों के अनुवादक ज्ञान पहुँचाते हैं और उन्हें प्रशिक्षित करने में सहायता करते हैं। मनोवैज्ञानिकों का इस विशेष मुहिम में मानसिक स्वास्थ्य पर ज्यादा ध्यान केंद्रित होता है जिनमें मानसिक विकारों को एक लांछन ना समझना तथा विशेषज्ञों के बारे में जानकारी देकर उनकी मदद करना, अवसाद, चिंता और तनाव को कम करने के लिए मदद, गंभीर मानसिक विकारों में जानकारी और देखभाल करने वालों को जागरूकता तथा मानसिक स्वास्थ्य संबंधित विषयों पर विशेष ध्यान दिया जाता है। हालँकि आज कल संगठन बहुविषयक विशेषज्ञों का एक समूह होते हैं जिनमें ग्रामीण क्षेत्र के सभी महत्त्वपूर्ण मुद्दों पर प्रकाश डाला जा रहा है। जैसे– शारीरिक स्वास्थ्य, मानसिक, आर्थिक विकास, व्यवसाय आदि, जो उनकी बहुआयामी तरक्की की तरफ इशारा करता है। इसके अलावा विषय विशेषज्ञ अपने व्यावहारिक शोध के लिए इलाकों से सीधा संपर्क भी करते रहते हैं। जैसे– किसी भी विषय में ग्रामीण लोगों पर क्षेत्र प्रयोग कर अध्ययन के सीधे नतीजे शोध में दर्ज करना। जैसे– एक शोध में ग्रामीण औरतों को

तनाव का प्रबन्धन करने के लिए सलाह दी गई और इस कार्यक्रम के बाद पाया गया कि 86 प्रतिशत औरतों ने उनकी नींद और अच्छी होना, और अपनी समस्याएँ बाँटने से सलाहकार के साथ मन का बोझ हल्का होना पाया गया। अगले अध्याय में ऐसे बहुत से पाठ, जो हमने अपने शोध–अध्ययनों के दौरान समझ में आए, का विस्तार में विवरण किया जायेगा। ऐसे कार्यक्रम विभिन्न समूहों पर उनकी उम्र के अनुसार या व्यवसाय या जरूरत के अनुसार भी क्रियान्वित किए जाते हैं। जैसे–किशोरों के लिए, वयस्कों या बुजुर्ग लोगों के लिए, किसान, पशुपालक या विद्यार्थियों के लिए और जरूरतमंद के अनुसार, जैसे–गर्भवती महिलाओं या शिशुओं को दूध पिलाने वाली महिलाओं के लिए।

आजकल प्रौद्योगिकी का भी बहुत बोलबाला है और गाँव भी अब मोबाइल और इन्टरनेट की सुविधाओं से अछूते नहीं रहे हैं। ज्ञान अनुवाद और अनुवादन सम्बन्धित क्षेत्रों में काम करने वाले विशेषज्ञ इस तकनीक का फायदा उठा भी रहे हैं और इसे और अधिक इस्तेमाल कर इस क्षेत्र में लोगों तक खूब फायदा पहुँचा सकते हैं। ग्रामीण दूरदराज इलाकों में भी कृषि संबंधी, पशुपालन, मानसिक व शारीरिक स्वास्थ्य संबंधी जागरूकता और महत्त्वपूर्ण संदेश मिनटों में पहुँचाए जा रहे हैं तथा डॉक्टर व दूसरे स्वास्थ्य संबंधित विशेषज्ञ अपने संदेश दूर बैठे लोगों तक बखूबी पहुँचा पा रहे हैं जिसमें सलाह और थैरेपी भी शामिल हैं। टेलीफोन के जरिए भी जागरूकता और ज्ञान बाँटने का कार्य किया जा रहा है। विद्यार्थी अपने मनचाहे विषयों पर ज्ञान और विशेष सवालों के जवाब ढूंढ़ पा रहे हैं। यही नहीं, अब ऐसे सॉफ्टवेयर भी तैयार हो रहे हैं जिनके जरिए ही आवश्यक मदद मिल सकें। ऐसे प्रयोग मानसिक और शारीरिक स्वास्थ्य पर मदद पहुँचाने के लिए भी किए जा रहे हैं जिनमें इन्टरनेट के जरिए थैरेपी देने के सॉफ्टवेयर, सलाह देने के कार्यक्रम और यहाँ तक कि ज्ञान, योग और दूसरे मानसिक स्वास्थ्य को तन्दुरुस्त बनाए रखने के कार्यक्रम बनाए जाने और आम जनता तक पहुँचाने का कार्य जारी है, जिसके लिए बहुत सारी मोबाइल ऐप्स भी बनाई जा रही हैं। इसके अलावा एक ही तरह की समस्या या सलाह चाहने वाले लोगों के समूह भी बन रहे हैं ताकि न केवल सलाहकार या विशेषज्ञ, बल्कि आपस में भी एक–दूसरे से अपने सवालों के जवाब और अपनी समस्याओं पर सलाह पा सकें। अतः इंटरनेट या संचार माध्यम से आधुनिक युग में काफी व्यवसायों की परिभाषाएँ ही बदल गई हैं। और इनमें हर रोज नए आयामों के जुड़ने से दिन दोगुनी, रात चौगुनी उन्नति हो रही है। ऐसे मंच उपलब्ध होने के कारण अब विशेषज्ञ भी अपने पंख फैला कर दूसरे विषयों को भी समझकर अपने विषयों पर सर्वव्यापी समझ बनाने में जुटे हैं, अगर आप इन्टरनेट

पर विशेषज्ञों के वीडियो देखते हैं तो पाएँगे कि कैसे विशेषज्ञ न केवल अपने ही क्षेत्र के शोध, बल्कि दूसरे व्यावहारिक विषयों से ज्ञान को समझ और उस ज्ञान को अपने क्षेत्र में अनुकूल बना अपनी और श्रोताओं की समझ का विस्तार कर रहे हैं।

इसी दिशा में अगर हम एक और आयाम आध्यात्मिकता और धार्मिक क्षेत्र को भी जोड़ें और देखें कि कैसे इन क्षेत्रों के जीवन जीने के स्तर, उनकी खुशहाली और कुशलता को बढ़ाने और बनाये रखने में मदद कर रहे हैं? यदि हम धार्मिक उन समूहों की बात करें जो साम्प्रदायिक दंगे, लोगों में नफरत या कुछ अन्धविश्वासी संदेश पैदा कर लोगों को गुमराह कर रहे हैं तो ये धार्मिक शब्द का एक विकृत या कुरूप ढंग होगा। हालाँकि आमतौर पर सभी धर्मों के विशुद्ध रूप स्वयं और दूसरों के उत्थान के लिए उपयुक्त संदेश उपलब्ध कराते हैं और दूसरा हमें आध्यात्मिकता की तरफ अग्रसर होने में मदद करते हैं, क्योंकि इस दिशा में हमारी कुशलता, खुशहाली में बढ़त होती हुई देखी गई है। अतः सकारात्मक मनोवैज्ञानिक की आध्यात्मिकता और धार्मिक क्षेत्रों में विशेष रुचि है और इस विषय की आधुनिक किताबों और शोध–पत्रों में इनका काफी उल्लेख मिलता है। बहुत सारे अध्ययन हैं जिनमें योग, ध्यान और दूसरी आध्यात्मिक अभ्यासों के मानसिक, शारीरिक, कार्य और यहाँ तक कि दिमाग में भी बदलाव हमारे स्वास्थ्य में उत्तम बढ़त की ओर इशारा करते हैं। ऐसे ही कई अध्ययन इन संगठनों द्वारा दिए गए 5–7 दिन के विशेष आश्रमों में उपलब्ध किए गए कार्यक्रमों के फायदेमन्द नतीजे दिखाते हैं।

व्यावहारिक सकारात्मक मनोवैज्ञानिक विभिन्न धर्मों के कुछ विशेष अभ्यास, सीख, श्रम आदि पर ध्यान दे, ये जानने की कोशिश करते हैं कि यह अभ्यास अनुयायियों के मानसिक स्वास्थ्य और उनके दूसरे गुणों के लिए कैसे फायदेमंद हैं, क्योंकि इस विषय का मुख्य उद्देश्य व्यक्तियों और समुदायों को मानसिक रूप से सम्पन्न और समृद्ध बनाना है और उसके लिए ये अपने शोध–अध्ययनों में भी कुछ विशेष अभ्यास या कार्यक्रमों को बनाकर उन्हें शोध के प्रतिभागियों पर इस्तेमाल कर उन कार्यक्रमों की प्रभावशालीनता, वैधता और सत्यापन का अध्ययन करते हैं, जो कभी–कभी आध्यात्मिक अभ्यासों से भी मेल खाते हैं। वैसे भी मानव–व्यवहार और संज्ञानात्मक प्रक्रियाओं को समझने के लिए धार्मिक और आध्यात्मिक क्षेत्र उनके व्यवहार में एक विशेष स्थान रखता है कि जिसे नजरअन्दाज नहीं किया जा सकता। अतः ये दोनों क्षेत्र कुछ हद तक मेल खाते हैं।

इस अध्याय में किए गए विवरण से यह निष्कर्ष निकाला जा सकता है कि अन्य व्यावहारिक क्षेत्रों की तरह व्यावहारिक मनोविज्ञान के शोध–पत्रों में से प्राप्त

ज्ञान का सफर जब तक पूरा नहीं होगा, तब तक वह उन सब लोगों तक न पहुँचे जिनको इसे इस्तेमाल करने से फायदा हो सकता है और उसके लिए व्यावहारिक शोध के इस सफर में बीच में ही अंत नहीं होना चाहिए, जो आज के परिप्रेक्ष्य में हो रहा है। उसके बहुत सारे कारण हैं जिनमें से मुख्य कारण है– भाषा। जैसा कि हम जानते हैं, भारत में शिक्षा और शोध प्रकाशित करने की मुख्य भाषा है अंग्रेजी, और अधिकतर भारतीय लोगों की भाषा हिन्दी और दूसरी स्थानीय भाषाएँ हैं। दूसरा कारण है ''वैज्ञानिक भाषा का शब्दजाल'' जो आम भारतीय की पहुँच से बाहर है। शोध में पाए गए व्यावहारिक नतीजों को आम आदमी को परोसने लायक बनाने की जरूरत है। तीसरा कारण है प्रयोग या शोध से आम आदमी तक उस शोध में पाए गए ज्ञान को पहुँचाने की प्रक्रिया को उपलब्ध कराने वाले स्रोत, जिनकी भरपाई करनी जरूरी है।

ऐसा नहीं है कि अनुवादन संबंधी और ज्ञान अनुवाद भारत में बिल्कुल नहीं हो रहा है लेकिन इस क्षेत्र से आम आदमी के जीवन में फायदे को देखते हुए कुछ विशेष प्रयास किए जाने चाहिए और सरकारी और गैर–सरकारी संगठनों का और अधिक योगदान होना चाहिए। विषय–विशेषज्ञों के योगदान में इस क्षेत्र में किए गए कार्य को प्रोत्साहन मिलना चाहिए।

❒❒❒

अध्याय : 7

हमारा शोध कार्य और उसके सबक

सार

जैसा कि मनोविज्ञान के बारे में पिछले अध्यायों में भी चर्चा की गई है, इस विषय को भी अन्य सामाजिक विज्ञानों के स्तर पर दो उद्देश्यों के साथ अन्वेषण किया जा सकता है। एक हमारा उद्देश्य है मानव–व्यवहार और संज्ञानात्मक प्रक्रियाओं को समझना और उस समझ के लिए मॉडल और सिद्धांत तैयार करना तथा उनकी शोध के द्वारा वैधता स्थापित करना और दूसरा व्यावहारिक विषयों पर शोध का ज्यादा फोकस होना तथा ऐसे शोध–पत्रों की सीख आम जनता तक पहुँचानी अनिवार्य होना। इस अध्याय में हमारे समूह, जिसमें मेरे साथ पीएच.डी. छात्रों और शोध प्रोजेक्ट में काम करने वाले शोध छात्रों का विशेष योगदान रहा, द्वारा किए गए शोध कार्य पर विवेचना और उससे निकले निष्कर्ष या भविष्य में कार्य करने के लिए सबक विशेष तौर पर प्रस्तुत किए जाएँगे।

परिचय

इस शोध–यात्रा को मैं अपनी स्नातकोत्तर के दौरान 1988 में की गई लघु शोध पत्रिका से शुरू करना चाहूँगी। इस शोध में इस्केमिक दिल के रोगी और साधारण अवस्था में सहभागियों की भावात्मक और शारीरिक पैमानों पर तुलना की गई। इसके साथ–साथ धूम्रपान करने व न करने वाले सहभागी भी बराबर मात्रा में लिए गए थे। इस शोध से मेरी शोध–यात्रा का शुभारम्भ हुआ। इसके नतीजों में पाया गया कि इस्केमिक दिल के रोगी जो धूम्रपान भी करते थे, उनमें भावात्मक पीड़ा सबसे ज्यादा पायी गई। हालाँकि सामान्य सहभागियों (बिना इस्केमिक दिल के रोगी) में धूम्रपान व धूम्रपान रहित समूहों में खास फर्क नहीं था। लेकिन दिल के रोगी चाहे धूम्रपान करते हों या नहीं, सामान्य सहभागियों से भावात्मक पीड़ा ज्यादा पाई गई। इसी तरह अगर शारीरिक पीड़ा की चर्चा करें, ये भी दिल के रोगियों में, चाहे वे धूम्रपान करने वाले समूह से हों या ना करने वाले से, में ज्यादा पायी गई। हालाँकि सामान्य समूह में धूम्रपान समूह और धूम्रपान ना करने वाले समूह में खास फर्क नहीं था। उससे अगले स्तर पर जब इस्केमिक दिल के रोगियों

और सामान्य सहभागियों के बीच अन्तर शारीरिक और मानसिक या भावात्मक पीड़ा के विशेष हिस्सों पर केन्द्रित किया गया तो पाया गया कि शारीरिक पीड़ा, जैसे–आँख–कान में शिकायत, साँस की समस्या, पाचन तंत्र, हृदय सम्बन्धी समस्याएं, वात रोग आदि और मानसिक पीड़ा के कारक, जैसे थकान, अवसाद, चिंता संवेदनशीलता, गुस्सा, तनाव आदि दिल के रोगियों में अधिक पाए गए।

इस शोध से हमें सबक मिलता है कि शरीर और मानसिक प्रक्रियाएँ एक–दूसरे को प्रभावित करते भी हैं और एक–दूसरे से प्रभावित होती भी हैं। भारतीय सिद्धांत तथा पश्चिम के कुछ सिद्धांत तन और मन दोनों पर ही केन्द्रित हो विकारों और रोगों का अध्ययन करते देखे गए हैं तथा मानसिक कारण शारीरिक बीमारी या सेहत के लिए और शारीरिक कारण मानसिक बीमारी या विकार के लिए जिम्मेदार पाए गए हैं। यह शोध इस बात पर ज्यादा केन्द्रित नहीं हो पाता कि यह बीमारी के कारण शारीरिक और मानसिक पीड़ा दिल के रोगियों में ज्यादा पायी गई या ये पीड़ा उन रोगियों में ज्यादा होने के कारण वे बीमार हुए। हालाँकि बहुत से शोध व्यक्तित्त्व के प्रकार को उसकी बीमारी का कारण मानना सिद्ध करते रहे हैं। जैसे–व्यक्तित्त्व का प्रकार और एक विशेष प्रकार की बीमारी होने की ज्यादा सम्भावना होना।

अगर हम ऐसे व्यक्तित्त्व और सम्बन्धित बीमारियों की संभावना होने पर चर्चा करें तो सबसे पहले व्यक्तित्त्व का प्रकार 'ए' और 'बी' में विभाजित होता है। व्यक्तित्त्व 'ए' के लक्षण, जैसे एक समय में कई काम करना, सजग, संगठित, अपने पद के लिए सचेत, महत्त्वकांक्षी मगर इसके साथ–साथ इस प्रकार के व्यक्तित्त्व के लोग कम से कम समय में ज्यादा से ज्यादा काम करना चाहते हैं। 'जल्दी–जल्दी' इनके व्यक्तित्व का लक्षण होता है। ये खेल या कार्य में जीतने के लिए अधिक से अधिक कार्य करने के लिए तत्पर होते हैं और जब कभी–कभी ऐसा नहीं हो पाता तो ये क्रोधित और कुंठित भी हो जाते हैं। इसके विपरीत व्यक्तित्त्व 'बी' 'ए' के मुकाबले शांत स्वभाव, काम में गुणात्मक मात्रा से ज्यादा गुणवत्ता पर जोर देना, कार्य जल्दबाजी से न करना आदि विशेषताओं वाले व्यक्ति होते हैं। व्यक्तित्त्व 'ए' में चालीस और उससे ऊपर की उम्र में यदि सेहत का प्रबंधन इस्तेमाल न करें तो दिल के रोग इस तरह के व्यक्तित्त्व में 'बी' व्यक्तित्त्व के मुकाबले में दोगुना होने की संभावना या भय होता है। अतः 'ए' व्यक्तित्त्व को विशेष तौर पर सेहत प्रंबधन के दौरान योग व ध्यान करने की सलाह दी जाती है।

इस श्रृंखला में अगला कदम आता है मेरी पीएच.डी. के दौरान किया गया शोध। इस शोध का मुख्य विषय था कि व्यक्तित्त्व व स्वभाव में कितनी आनुवांशिक

भूमिका, कितनी माहौल या वातावरण की और कितनी इन दोनों की मिलकर भूमिका रहती है। इसके लिए जुड़वां सहभागियों पर अध्ययन करके परिणाम पाए जा सकते हैं। याद रहे कि जुड़वां एक वे जो एक ही अण्डे से दो भागों में बंटे यानी कि उनके अनुवांशिक गुण शत–प्रतिशत एक जैसे होते हैं और दूसरे, जिसका विकास शुरू से ही दो अण्डों से हुआ और उनमें समानता भाई–बहनों जितनी होती है जो लगभग पचास प्रतिशत, जिन्हें द्वियुग्मज या भ्रातृयमज जुड़वां मानते हैं। अगर इन दोनों प्रकार के जुड़वां सहभागियों की तुलना आपस में की जाए तो एक और दो अलग–अलग अनुवांशिक या अण्डों के स्रोत से शुरू हुए जुड़ावांओं की एक ही तरह के वातावरण से तुलना और अलग–अलग में पले जुड़वांओं की तुलना कर कितनी आनुवंशिक भूमिका, कितनी वातावरण की जिसमें ये व्यक्ति पले हैं और कितनी इन दोनों के मिश्रण की है, इन सब का सांख्यिकी विधि से अनुमान लगाया जाता है।

इस शोध में 30 समरूप या एकांकी और 30 द्वियुग्मज जुड़वां सहभागियों को लेकर अध्ययन किया गया जिसमें व्यक्तित्त्व और स्वभाव में इन जोड़ों में सह–सम्बन्ध का अध्ययन किया गया। मनोवैज्ञानिक आयामों का अध्ययन करने के लिए कुछ मनोवैज्ञानिक परीक्षण इस्तेमाल किए गए, जैसे 'आईजेन्क पर्सनैल्टी क्वेश्चनायर', 'टोरन्टो अलक्सीथीमियां स्केल', 'सैल्फ इस्टीम स्केल, 'करोलिन्सका स्केल ऑफ पर्सनैल्टी'–जिनके द्वारा मुख्यतः व्यक्तित्त्व और स्वभाव का इन दोनों समूहों (प्रकांडी या समरूप और द्वियुग्मज) की तुलना कर किस समूह में आनुवांशिक सह–सम्बन्ध ज्यादा हैं, का अध्ययन किया गया। अगर हम अधिकतर भूमिका हमारे व्यक्तित्त्व और सम्बन्धित आयामों के लिए अनुवांशिक मानें तो ये सह–सम्बन्ध एकांडी जोड़ों में ये एक हैं और द्वियुग्मज जोड़ों में 0.50 होना चाहिए। जब इस अध्ययन में ये अंतर्वर्ग सह–सम्बन्ध देखे गए तो पाया कि एकांडी जुड़वां सहभागियों के बीच में 0.75 से 0.94 तक और द्वियुग्मज जुड़वां सहभागियों के बीच में 0.31 से 0.50 तक सहसम्बन्ध पाया गया और ये दोनों जोड़ों में बर्हिमुखी और मनोविक्षब्धता, व्यक्तित्त्व के इन दो आयामों में महत्त्वपूर्ण ढंग से फर्क था। हालाँकि मुख्यतः सभी परीक्षणों द्वारा नापे गए व्यक्तित्त्व और स्वभाव के कारकों में अनुवांशिक भूमिका के नतीजों में दर्शाया गया और पाया गया कि इन मनोवैज्ञानिक आयामों में अनुवांशिक महत्त्वपूर्ण भूमिका होने के कारण एकांडी जुड़वां सहभागियों के व्यक्तित्त्व और स्वभाव में द्वियुग्मज जोड़ों में पाये गए सहसम्बन्ध की तुलना में महत्त्वपूर्ण ढंग से ज्यादा समानता है जो अनुवांशिक भूमिका का समर्थन करता है।

'पोषण बनाम प्रकृति' पर मनोविज्ञान में विचार–विमर्श होता रहा है, अगर हम मनोविज्ञान के विभिन्न दृष्टिकोणों पर प्रकाश डालें तो एक तरफ आईजिन्क जो

प्रकार और विशिष्ट लक्षण दृष्टिकोण के तहत हर गुण–अवगुण में आनुवांशिक या मनुष्य की प्रकृति को अहमियत देते हैं और इनके सहभागी कैटल ने भी जुड़वां सहभागियों का एक ही माहौल में और अलग–अलग माहौल में पले सहभागियों का अध्ययन कर पोषण और प्रकृति की विभिन्न आयामों पर अपने अध्ययनों पर प्रकाश डाला है। मुख्यतः प्रकृति की भूमिका को ज्यादा अहमियत दी गई है मगर इसके साथ–साथ आईजिन्क ये भी कहते हैं कि जीन या वंशाणु गुण एक तरह से बीज की तरह से हैं और जैसे बीज को अंकुरित होने के लिए अनुकूल मौसम, मिट्‌टी, पानी आदि मिलना उसके अंकुरित होने के लिए जरूरी हैं, वैसे ही हमारे वंशाणु गुणों या अवगुणों को भी माहौल का अनुकूल होना उन्हें क्रियान्वित होने के लिए महत्त्व रखता है। जैसे कि अगर एक व्यक्ति अत्यधिक संवेदनशील है, उसके भावात्मक कमजोर होने की ज्यादा संभावना होगी मगर यदि उसका माहौल उस व्यक्ति की संवेदनशीलता की रक्षा करने वाला हो तो वह कभी भी भावात्मक रूप से कमजोर हो, नकारात्मक भावनाएँ, जैसे–चिंता, उदासी, तनाव का शिकार नहीं होगा। इसके विपरीत अगर उसका वातावरण उसकी रक्षा करने में समर्थ नहीं है तो निश्चय ही यह व्यक्ति भावात्मक रूप से संवेदनशील होने के कारण नकारात्मक भावनाओं का जल्दी शिकार होगा। अतः वातावरण या माहौल और अनुवांशिक दोनों ही आयामों का मानव–व्यवहार के लिए विशेष महत्त्व है।

हालाँकि वाटसन वातावरण को ज्यादा महत्त्व देते हैं। उनके इस विषय में एक प्रसिद्ध कथन के अनुसार–"मुझे नवजात शिशु दीजिए, मैं उन्हें आपकी चाह अनुसार इंजीनियर, डॉक्टर, अध्यापक या जो भी और इच्छा हो, बना सकता हूँ, यहाँ तक कि मुजरिम, भिखारी या कोई और अपराधी आदि भी।" इस कथन के अनुसार मनुष्य के व्यक्तित्त्व में मुख्य भूमिका वातावरण की है और पोषण ही हमारे व्यवहार का मुख्य कारण माना गया है तथा प्रकृति को अपेक्षाकृत कम महत्त्व दिया गया है।

आधुनिक सकारात्मक मनोविज्ञान के भी अगर उद्देश्यों पर प्रकाश डालें तो आजकल वातावरण या माहौल को बदल कर, चाहे वह स्कूल का हो, कॉलेज का हो, संगठनों का या समाज, समुदायों या देश का, खुशी व जीवन जीने क स्तर को बढ़ाने की कोशिश की जा रही है। और अनेक शोध उपलब्ध हैं, जो वातावरण या माहौल में कुछ बदलाव से व्यक्तियों के व्यवहार पर सकारात्मक असर देखे गए हैं। इस पहल के मुख्यतः दो विशेष कारण हैं– एक आनुवांशिक गुण या स्वभाव को बदलना मुश्किल है, जबकि वातावरण को बदल मानव–व्यवहार में बदलाव लाये जा सकते हैं। हालाँकि आधुनिक सकारात्मक मनोविज्ञान में भी लगभग 50 प्रतिशत सेट

पॉइंट यानी कि अनुवांशिक और 50 प्रतिशत वातावरण और व्यक्ति द्वारा चुनी गई उसकी गतिविधियों को माना है। अतः सर्वश्रेष्ठ जीवन के लिए दोनों मामलों का ही महत्त्व है।

इस श्रृंखला में हमारा अगला शोध आता है जिसमें हमने देखा घर के अंदर और बाहर एक निश्चित क्षेत्र में कितने लोग या जनसंख्या हैं तथा इससे मानसिक तनाव कैसे प्रभावित होता है। सबसे पहले हमने देखा कि घर के अंदर कितने लोग रहते हैं और घर के बाहर के क्षेत्र का क्या घनत्व है और उसका मानसिक तनाव पर क्या प्रभाव पड़ता है। इस शोध में घर के अंदर और उसके बाहर के जनसंख्या घनत्व को स्वतंत्र चर माना गया जिसको चयन के द्वारा बदला गया। घर के अंदर के जनसंख्या घनत्व में लगभग 200 वर्ग फुट घर में सिर्फ 4 लोग रहते हैं, 5 से 9 लोग रहते हैं और 10 लोग या इससे भी अधिक रहते हैं, इस तरह से घर के अन्दर के चर को तीन भागों में बांटा। इसके अलावा घर के बाहर के जनसंख्या घनत्व के रूप में इस आकार के घर के बाहर उसके चारों तरफ 10,000 वर्ग मीटर में 1–20 घर हैं, 20 से 40 घर हैं और 40 और इससे ऊपर है जो आमतौर पर जयपुर शहर का बीच का इलाका, उसके चारों ओर का मध्यस्थ इलाका और शहर का बिल्कुल बाहर वाला इलाका, जहाँ काफी अलग–अलग घर बने हुए थे। इस तरह से जनसंख्या घनत्व को घर के अंदर और उसके चारों ओर बाहरी जनसंख्या घनत्व को चयनित कर स्वतंत्र चर को तीन घर के अंदर और तीन घर के चारों ओर के स्तर पर मापा गया और इन इलाकों में रहने वाले लोगों के मानसिक तनाव का अध्ययन किया गया। हर समूह से 30 सहभागी चयनित किए गए। कुल 9X30=270 सहभागियों के मानसिक तनाव का जाँच मनोवैज्ञानिक परीक्षण के द्वारा किया गया। नतीजों में यह पाया गया कि घर के अंदर जब ज्यादा लोग थे (10 या इससे ऊपर), तब घर में रहने वाले सहभागियों में महत्त्वपूर्ण ढंग से ज्यादा तनाव पाया गया। हालाँकि बाहर की जनसंख्या घनत्व का मानसिक तनाव के साथ संबंध नहीं पाया गया। मगर जब घर के अंदर और बाहर दोनों थे, इनका परस्पर प्रभाव मानसिक तनाव पर नकारात्मक देखा गया। अतः इस अध्ययन से हमें समझ आता है कि बाहरी जनसंख्या से ज्यादा हानिकारक घर के अंदर की जनसंख्या का घनत्व है जो मानसिक तनाव का कारण हो सकता है। इसके अलावा यह भी पाया गया कि मानसिक तनाव औरतों में आदमियों की बजाय ज्यादा हो सकता है। संभव है कि औरतें घर में ज्यादा समय बिताने के कारण वातावरण में ज्यादा तनाव अनुभव करती हैं।

इसी अध्ययन में मानसिक तनाव कैसे भीड़ के अनुभव और बहिर्मुखी व न्यूरोटिक व्यक्तित्त्व के साथ भी वर्गीकृत करके अध्ययन किया गया और इन दो मुख्य चरों को लेकर 4–4 समूह बनाकर उन लोगों के मानसिक तनाव को प्रभावित करने वाले चरों का विश्लेषण किया गया। ये समूह थे : भीड़ का अनुभव ज्यादा और कम, बहिर्मुखी ज्यादा और कम, और इसके समीकरण से चार समूह, ऐसे ही न्यूरोटिक ज्यादा और कम और भीड़ का अनुभव ज्यादा तथा कम और इस मिश्रण से चार समूह और फिर देखा गया कि क्या इन व्यक्तित्त्व के कारकों और भीड़ के अनुभव पर आधारित समूहों में मानसिक तनाव का स्तर अलग–अलग है। यह पाया गया कि जो सहभागी ज्यादा भीड़ अनुभव कर रहे थे, उनमें ज्यादा मनोवैज्ञानिक तनाव और शारीरिक तनाव पाया गया और न्यूरोटिक झुकाव वाले समूह में भी उदासी, मनोवैज्ञानिक और शारीरिक तनाव, मानसिक तनाव का स्तर ज्यादा पाया गया। अतः यह निष्कर्ष निकाला जा सकता है कि हमारे घर और बाहर का वातावरण और व्यक्तित्त्व के दूसरे कारक हमारे मानसिक तनाव को प्रभावित करते हैं।

पर्यावरण मनोविज्ञान के एक दूसरे अध्ययन में हमने पाया कि हवा आयन, जो सकारात्मक और नकारात्मक दो तरह के होते हैं, अलग–अलग स्थानों पर अलग–अलग महत्त्वपूर्ण ढंग से अलग–अलग मात्रा में पाए गए। इस शोध में विभिन्न प्रयोगशालाओं के वातावरण की विशेषताओं, जैसे नमी, तापमान, प्रकाश आदि और आयामों के प्रकार उनकी मात्रा का अध्ययन किया गया। शोध आमतौर पर यह दर्शाते हैं कि नकारात्मक हवा आयन हमारे स्वास्थ्य पर सकारात्मक असर डालते हैं और सकारात्मक हवा आयन हमारे स्वास्थ्य पर नकारात्मक प्रभाव डालते हैं।

इस तथ्य को सिद्ध करने के लिए हमने एक और अध्ययन किया है और इसमें नकारात्मक आयन हवा यंत्र से पैदा किए गए। इस शोध में एक शिक्षण संस्थान में स्टाफ सदस्य, जो कार्यालय में कंप्यूटर पर काम करते हैं, उन पर शाम में 3–5 बजे के दौरान प्रयोग किया गया। 20 सहभागियों ने तीन अवस्था में अपने शारीरिक व मानसिक पैरामीटर पर अपना डाटा दिया। यह तीन अवस्था थीः जब हवा आयन यंत्र नहीं रखा था (नियंत्रण अवस्था), हवा आयन यंत्र मौजूद था मगर चालू नहीं था (प्रयोग औषध या पलसबो) और तीसरी प्रयोग अवस्था जब नकारात्मक हवा आयन यंत्र वहाँ रखा भी गया था और चालू भी था जिससे नकारात्मक आयनों का स्तर काफी ज्यादा बढ़ा हुआ रहा। सहभागियों का मानसिक तनाव एक मनोवैज्ञानिक परीक्षण से और रक्तचाप और दिल की धड़कन, शारीरिक परीक्षण से 3 बजे प्रयोग के शुरुआत में और 5 बजे प्रयोग के अंत में मापे गए।

इस अध्ययन में यह पाया गया कि तनाव, जिसके कारक मनोवैज्ञानिक तनाव और कम्प्यूटर से सम्बन्धित तनाव था, वह प्रयोग अवस्था में महत्त्वपूर्ण ढंग से प्रायोगिक औषध और नियंत्रण अवस्था से कम आँका गया लेकिन प्रायोगिक औषध अवस्था और नियन्त्रण अवस्था में कोई विशेष तनाव में फर्क नहीं था जो इशारा करता है कि यह तनाव कम होना सिर्फ मनोवैज्ञानिक असर न होकर प्रयोग अवस्था, जिसमें सचमुच नकारात्मक हवा आयन बढ़े और मापे गए थे, उनका था। दिल की धड़कन और रक्तचाप में भी फायदे दर्ज हुए। ज्ञात रहे, कुछ और भी अध्ययन ऐसे परिणामों का समर्थन करते हैं, जैसे अमेरिका में मौसम उत्तेजित विकार के रोगियों में तेज प्रकाश के साथ नकारात्मक हवा आयन वाले वातावरण में सहभागियों को रखने से और अधिक फायदे पाए गए। ऐसे अध्ययन हमें एक दिशा दिखाते हैं कि हमें किस तरह से वातावरण और उसमें व्यवहार को प्रभावित करने वाले तत्त्वों का सूक्ष्म रूप से परीक्षण करना चाहिए। अगर हम प्राकृतिक वातावरण की भी बात करें तो प्रकृति के समीप, पानी के कारणों के समीप नकारात्मक हवा आयन प्रचुर मात्रा में मिलते हैं, जबकि कम्प्यूटर और कुछ अन्य बिजली उपकरण हो सकते हैं जो संभवतः सकारात्मक हवा आयन पैदा करते हों जो मानव–व्यवहार पर नकारात्मक प्रभाव डालें। हालाँकि नकारात्मक हवा आयन कृत्रिम रूप से भी पैदा किए जा सकते हैं, जैसा कि हमने अपने शोध में यंत्र द्वारा किया मगर इस दिशा में बहुत अधिक शोध नहीं हुए हैं।

यह शोध हमें पर्यावरण की महत्ता और पर्यावरण मनोविज्ञान का मानक व्यवहार समझने में योगदान को महत्त्व देता है। हालाँकि ये शोध 2000 के दशक में किए गए मगर आधुनिक समय में ऐसे शोध और भी प्रासंगिक माने जा सकते हैं और सुप्रीम कोर्ट ने भी महाविद्यालयों और विश्वविद्यालयों में पर्यावरण साइंस को विद्यार्थियों के लिए एक अनिवार्य विषय बनाने पर जोर दिया है। पर्यावरण मनोविज्ञान में मानव–व्यवहार पर उसके चारों तरफ के वातावरण, जो प्राकृतिक और निर्माणित दोनों है, का क्या प्रभाव पड़ता है। इस विषय को विस्तृत रूप में विचार–विमर्श किया जाता है। आधुनिक समय में स्कूल, समुदाय, संगठन और दूसरे स्थानों को जीवन जीने के स्तर को बेहतर बनाने के लिए डिजाईन किया जाता है। नए–नए प्रयोग और आधुनिक यंत्रों और उपकरणों के डिजाईन में मानव–व्यवहार संबंधित शोध–कार्यों का बखूबी से इस्तेमाल किया जाता है।

यहाँ से मेरी खोज यात्रा थोड़ी और व्यावहारिक विषयों पर केंद्रित होने लगी और इसके साथ–साथ कुछ और सकारात्मक पहलुओं पर कुछ छोटे–छोटे प्रयोग

प्रकाशित किए गए। इसी श्रृंखला में एक अध्ययन आता है जिसमें कक्षा में कॉलेज छात्र, जो लगभग सभी हॉस्टल में रहते थे। एक सहभागी क्रियात्मक अनुसंधान में हॉस्टल जीवन में क्या–क्या समस्याएँ हैं और उनके अनुसार उनका क्या–क्या समाधान हो सकता है, इसके तहत अपनी समस्याओं की पहचान की और उनके समाधान सूचीबद्ध किए। ज्ञात रहे, सहभागी क्रियात्मक अनुसंधान की विशेषता यही है कि इसमें शोधकर्ता यह मानता है कि इस शोध में सहभागी अपनी समस्याएँ खूब अच्छे से जानते हैं और उनके समाधान की जानकारी, शोधकर्ता का कार्य उसे सिर्फ एक सूचनाबद्ध तरीके से क्रियान्वित करना होता है। इन छात्रों ने हॉस्टल में विभिन्न मुख्य समस्याएँ, जैसे समय प्रबन्धन, धूम्रपान, शराब व मादक पदार्थों की लत, हॉस्टल में राजनीति, शिक्षा स्तर पर उच्च उपलब्धि व कम उपलब्धि वाले विद्यार्थियों के जीवन या दिनचर्या में अन्तर, साथियों का दबाव, वीडियो या कम्प्यूटर गेम, खेल–कूद का फायदा, सांस्कृतिक गतिविधियाँ और भी अन्य हॉस्टल में छात्रों के जीवन के विभिन्न महत्त्वपूर्ण आयामों पर कक्षा में चर्चा के दौरान विशेष विचार–विमर्श किया गया। उसका दूसरा भाग था कि चिह्नित की गई समस्याओं का समाधान–विद्यार्थियों ने इंटरनेट, धूम्रपान, शराब व अन्य मादक पदार्थों की लत से दूर कैसे रहा जाये और छुटकारा कैसे पाया जाए व इस विषय पर विशेष एहतियात बरतने पर प्रकाश डाला। उन्होंने समय–प्रबंधन के लिए विशेष सूची तैयार की, 'नाईट–आउट' पूरी रात न सोना कैसे होस्टल में प्रचलन में है और इसके शारीरिक व मानसिक दुष्प्रभाव, किस तरह से हॉस्टल–राजनीति में बदलाव आए आदि पर विचार–विमर्श हुए।

ऐसे नवयुवकों पर किए गए शोध उनके मनोविज्ञान को समझने के लिए, उनमें अपनी एक सूझबूझ पैदा करने के लिए, उन्हें उनके जीवन के प्रति और अधिक जागरूक बनाने के लिए, उन्हें स्वयं को तथा साथियों को प्रभावित करने वाले कारणों और समस्याओं को जानकर और उनके समाधान के प्रति जागरूकता बढ़ाने के लिए अत्यंत उपयोगी हैं।

मनोविज्ञान में कुछ विशेष सम्प्रत्यय भी हैं जो मानव–व्यवहार को समझने में एक प्रमुख भूमिका रखते हैं, जैसे पुरुष–स्त्री की प्रकृति के अनुसार उनके व्यक्तित्व का अध्ययन करना। इस दिशा में भी हमने शोध किया। मनोविज्ञान में लिंग के आधार पर व्यक्तित्त्व को चार भागों में बाँटा जा सकता है– मर्दाना गुण, स्त्रियोचित गुण, दोनों तरह के अच्छे और ज्यादा गुण और दोनों तरह के कमजोर गुण। मर्दाना गुण, जैसे स्वयं के विश्वास की रक्षा करना, स्वतंत्र, दबंग, बलवान व्यक्तित्त्व, नेतृत्व

के गुण, उग्र, जोखिम उठाना, स्वयं के लिए खड़ा होना, प्रबल या हावी होना आदि और स्त्रियोचित गुण, जैसे स्नेही, सहानुभूति, दूसरों की जरूरतों के लिए संवेदनशील होना, समझना व करुणामय होना, बच्चों से प्यार करना, सज्जनता, कोमल व नाजुक आदि होना और तीसरा व्यक्तित्व का प्रकार जिसमें दोनों श्रेणियों के अच्छे गुण विद्यमान हों और चौथा, जिनमें किसी भी श्रेणी के गुण विशेष मात्रा में नहीं हों। हमने भारतीय कामकाजी महिलाओं पर एक शोध किया जिसमें हमारी परिकल्पना थी कि कम उम्र की महिलाओं में ज्यादा मर्दाना गुण और बड़ी उम्र की कामकाजी महिलाओं में ज्यादा स्त्रियोचित गुण मिलेंगे। इस उद्देश्य से 20—65 साल की सहभागी औरतों को 20—35, 36—50 और 51—65 साल के समूहों में बाँटा गया और नतीजों में पाया गया कि 20—35 साल की महिलाएँ स्वयं के विश्वास की रक्षा करने में, नेतृत्त्व करने में, जोखिम उठाने में और इस आयाम के कुछ स्कोर में मध्यम और बड़ी उम्र से महत्त्वपूर्ण ढंग से अधिक स्तर पर थीं। हालाँकि सहानुभूति में भी युवा वर्ग ही ऊपर पाया गया और दूसरे स्त्रियोचित गुणों में कोई विशेष फर्क नहीं था। युवा वर्ग बड़ी उम्र की सहभागियों की बजाय मनोवैज्ञानिक तौर पर ज्यादा उभयलिंगी या द्विलिंगी पाया गया और बड़ी उम्र में दोनों ही गुण अपेक्षाकृत कम प्रदर्शित हुए। इसका कारण ये भी हो सकता है कि बड़ी उम्र की महिलाएँ उतनी स्वतंत्रता से नहीं अपने व्यवहार को समझतीं जितना युवा वर्ग की महिलाएँ। इसी शोध में आगे ये भी परीक्षण किया गया कि लिंग सम्बन्धित गुण और 'सफलता के डर' में क्या सम्बन्ध है। ज्ञात रहे, असफलता का डर एक आम बात है मगर 'सफलता का डर' भी कुछ लोगों में पाया गया है। एक अमेरिकी महिला मनोवैज्ञानिक ने इस तथ्य को सम्बोधित किया। इनके अनुसार, क्योंकि स्त्रियोचित गुण प्यार, सहानुभूति, दूसरों का ध्यान रखना उनकी देखभाल करने जैसे गुण हैं तो कभी—कभी जिन औरतों में ऐसे गुणों की प्रचुर मात्रा होती है, वे विनम्र व विनीत होने के कारण कभी—कभी सफलता से डरती हैं। अतः इस शोध में कामकाजी महिलाओं के गुणों के साथ 'सफलता के डर' का अध्ययन किया गया। हालाँकि सफलता का डर मर्दाना और स्त्रियोचित दोनों गुणों के साथ नकारात्मक रूप से सम्बन्धित पाया गया और तीन उम्र के अनुसार बंटे औरतों के समूहों में भी इस कारक का कोई महत्त्व नहीं पाया गया। कहा जा सकता है कि यह कारक कुछ लोगों में पाया जा सकता है, न कि आम जनता में इसका प्रचलन उपलब्ध है।

जनसंख्या को लिंग के अनुसार समझने के लिए हमने एक और किशोर लड़कियों पर शोध किया जो देहात के गाँव में 9वीं से 12वीं तक की कक्षाओं में पढ़ रही थीं। इस शोध में हमारी ये जानने की कोशिश थी कि क्या कुछ सामाजिक सांस्कृतिक रुकावटें हैं जो इन किशोर लड़कियों के विकास को रोकती हैं। ज्ञात

रहे, कि भारत में लिंग भेदभाव काफी उजागर होता रहा है, उसमें से एक है विषम लिंग अनुपात, जो वस्तुगत हमारे लिंग अनुपात आंकड़ों में साफ झलकता है और इसके साथ–साथ सामाजिक और सांस्कृतिक कारण भी हैं जो लड़कियों को आजाद हो आगे बढ़ने से रोकते हैं। जब लिंग भेदभाव से सम्बन्धित यह शोध किया गया तो पाया कि लड़कियाँ विभिन्न अनादर सूचित वाक्यांशों को अपने माहौल में बार–बार सुनती हैं। जैसे "लड़की तो पराया धन है", "जमाना बहुत खराब है", "समाज बोझ समझता है", "लड़की तो हमारे घर की मेहमान है" आदि। 74 प्रतिशत लड़कियों ने माना कि समाज में लिंग पक्षपात है जो बाहर ना जाने देने, लड़कों को ज्यादा अच्छी शिक्षा देने, लड़का होने पर ज्यादा खुश होने आदि से दिखाई पड़ता है।

ये शोध हमें समझाते हैं कि मानव–व्यवहार सामाजिक–सांस्कृतिक परिवेश में तथा लिंग के आधार पर भी समझने की जरूरत है। ये वे मानव–व्यवहार को समझने के लिए आयाम हैं जो अपनी भूमिका महत्त्वपूर्ण ढंग से प्रस्तुत कर सकते हैं। इसी श्रृंखला में हमारे विभिन्न शोध–पत्रों से एक और मनोवैज्ञानिक क्षेत्र लिया जा सकता है कि मनोवैज्ञानिक आयाम या कारक एक–दूसरे के साथ कैसे सम्बन्धित है? मानव–व्यवहार में विभिन्न कारकों को मुख्यतः दो भागों में बाँटा जा सकता है, एक वे जो ज्यादा नकारात्मक हैं, जैसे चिंता, तनाव, स्वार्थीपन, उदासी, या दूसरे मानसिक विकार, जो मानसिक विकार में नैदानिक सांख्यिकी मैनुअल में प्रस्तुत किए गए हैं जिनका अध्ययन ज्यादातर परामर्शदाता और नैदानिक मनोवैज्ञानिक करते हैं। इसके विपरीत कुछ कारक सकारात्मक भी हैं, जैसे–खुशी, आशावाद, सकारात्मक स्वयं, सचेतन आदि जो हम सब पसन्द करते हैं और इन्हें अपने व्यवहार में बढ़ाने के प्रयास करते हैं, क्योंकि ये सकारात्मक कारक हमारे व्यवहार के वे गुण हैं जो हमें सकारात्मक दिशा में प्रगतिशील रखते हैं तथा सकारात्मक मनोविज्ञान इन्हीं कारकों पर ज्यादा ध्यान केन्द्रित करती है।

इस दिशा में हमने स्कूली और महाविद्यालयों के बच्चों पर शोध किए और ये पाया कि सकारात्मक कारक आमतौर पर एक–दूसरे से सम्बन्धित हैं और नकारात्मक कारक आपस में एक–दूसरे से सम्बन्धित हैं मगर सकारात्मक कारक नकारात्मक कारकों से नकारात्मक रूप से सम्बन्धित है, जैसे सकारात्मक भावनाएँ नकारात्मक भावनाओं से नकारात्मक दिशा में सम्बन्धित होना। आइए, इन सम्बन्धों को हमारे किए गए शोध–पत्रों के द्वारा समझें।

एक स्कूली छात्रों पर किए गए शोध में हमने पाया कि खुशी के विभिन्न स्केल जो खुशी को अलग–अलग आयामों पर नापते हैं, आपस में सम्बन्धित हैं। यहाँ तक

कि माता–पिता द्वारा नापी गई बच्चों की खुशी भी उनकी अपने द्वारा नापी गई खुशी से सम्बन्धित है। हालाँकि उनके स्वभाव में शर्मीलापन और भावनात्मक होना खुशी के कारकों से नकारात्मक और मिलनसार या मैत्री और सक्रियता या फुर्तीलापन होना सकारात्मक रूप से सम्बन्धित पाया गया। जबकि ऐसे ही एक सह–सम्बन्धन अध्ययन में पाया गया कि खुशी के विभिन्न आयाम जो भावात्मक, मनोवैज्ञानिक व सामाजिक कारकों को सम्मिलित करते हैं, आपस में और जीवन जीने के स्तर पर इसके कारकों, जैसे शारीरिक सेहत, मनोवैज्ञानिक स्वास्थ्य, सामाजिक सम्बन्ध और पर्यावरण सेहत के साथ सकरात्मक रूप से सम्बन्धित हैं जिनमें खुशी समृद्धि के रूप में, जीवन स्तर, सेहत, जीवन में उपलब्धि, आपसी सम्बन्ध, सुरक्षा, समुदाय में आपसी सम्बन्ध और भविष्य की सुरक्षा आदि कारक सम्मिलित हैं।

इसी तरह से और भी बहुत सारे व्यक्तित्त्व और मानव–व्यवहार के कारक, जैसे भावात्मक बुद्धि, व्यक्तित्त्व के गुण, प्रतिरोधक्षमता, आशावादी, साहस और दृढ़ता, सकारात्मक भावनाएँ, जीवन–शैली, संतुष्टि, विभिन्न खुशी के कारक, जैसे जीवन में सार्थकता, दूसरों के साथ सकारात्मक सम्बन्ध, अपने जीवन और चारों ओर के वातावरण को प्रभावी ढंग से व्यवस्थित करने की क्षमता, जीवन में निरंतर विकास और तरक्की, आत्मनिर्भरता की भावना, अपने जीवन का सकारात्मक मूल्यांकन, काम में मस्त रहना, लक्ष्य की ओर प्रगतिशील आदि गुण आपस में महत्त्वपूर्ण ढंग से सकारात्मक सम्बन्धित भी हैं और कुछ हद तक एक– दूसरे के साथ समानता भी साझा करते हैं। हमारे दूसरे शोध–पत्रों में कुछ नकारात्मक कारकों में आपस में सकारात्मक सम्बन्ध मिले, जैसे तनाव, अवसाद, चिंता, नकारात्मक भावनाएँ, व्यवहार में समस्याएँ, साथियों के साथ समस्याएँ आदि आपस में एक–दूसरे से आमतौर पर सम्बन्धित पाये गए। इसके अलावा अधिकतर शोध–पत्रों में सकारात्मक कारक नकारात्मक कारकों के साथ नकारात्मक रूप से सम्बन्धित पाए गए हैं, जैसे खुशी, आशावाद, भावात्मक बुद्धि का चिंता, तनाव, अवसाद और नकारात्मक भावनाओं के साथ नकारात्मक सम्बन्ध।

इसके अलावा मनोविज्ञान में जनसंख्या के दूसरे चर और उनका मनोवैज्ञानिक कारकों से सम्बन्ध का भी अध्ययन किया जाता है। जैसे– लिंग के आधार पर व्यक्तित्त्व, भावात्मक बुद्धि, अवसाद या दूसरे मनोवैज्ञानिक कारकों में अन्तर होना, ऐसे ही उम्र के अनुसार, उनके इलाके, स्कूल में प्रकार, संगठन के प्रकार, सामाजिक व सांस्कृतिक कारकों को संज्ञान में रखकर इन आयामों के आधार पर समूह बनाकर उनमें अन्तर देखा जाता है, ताकि पता लग सके कि क्या ये कारक चयन किए गए

मनोवैज्ञानिक कारकों पर कुछ विशेष प्रभाव डालते हैं? जैसे हमने अपने शोध–पत्रों में पाया कि अगर हम खुशी और सम्बन्धित कारकों को लिंग के अनुसार बाँटकर और लड़के और लड़कियों में अन्तर के नतीजों का विश्लेषण करते हैं, तो लड़के जीवन–शैली स्तर में लड़कियों से बेहतर महसूस करते हैं। निजी तंदुरुस्ती या स्वास्थ्य, निजी सुरक्षा, जीवन में उपलब्धि आदि में भी लड़के महत्त्वपूर्ण ढंग से ज्यादा स्तर रिपोर्ट करते हैं। हालाँकि लिंग के आधार पर पाए गए आँकड़े हर शोध में इसी दिशा में नहीं हैं, कई शोध लड़कियों को भी बेहतर स्तर पर दिखाते हैं। इसका कारण हैं मध्यस्थता करने वाले बहुत सारे कारक। अतः नतीजे हर अध्ययन में अलग रुख दर्ज करते हुए पाए गए हैं। ऐसे ही अध्ययन उम्र को भी लेकर किए गए हैं। हमारे कई अध्ययनों में जब किशोरावस्था को 13–15 साल और 16–18 साल में विभाजित कर देखना चाहा कि क्या कम उम्र किशोरावस्था ज्यादा उम्र (16–18 साल) से मनोवैज्ञानिक कारकों पर भिन्न हैं, तो पाया गया कि कम उम्र (13–15 साल) में किशोर ज्यादा उम्र (16–18 साल) वालों की तुलना में ज्यादा खुश, बेहतर जीवन–शैली, निजी स्वास्थ्य, भावात्मक, मनोवैज्ञानिक और सामाजिक स्वास्थ्य, कम अवसाद, चिंता व तनाव में हैं। ऐसे ही ग्रामीण किशोरावस्था के बच्चे शहरी और सरकारी से प्राइवेट में पढ़ने वाले बच्चों ने खुशी और इसके दूसरे आयामों पर ज्यादा स्तर रिपोर्ट किया।

अतः हम मान सकते हैं कि हम किस उम्र में किन हालातों में हैं, कुछ हद तक ये कारक हमारे लिए महत्त्वपूर्ण हैं और हमें ऐसे कारकों की भूमिका को नजरअन्दाज नहीं करना चाहिए। जैसा कि मनोविज्ञान में भी ये माना जाता रहा है कि कुछ मनोवैज्ञानिक सिद्धांत व नियम सर्वव्यापी हैं, हर सामाजिक व सांस्कृतिक माहौल में वैध हैं। कुछ उस विशेष सामाजिक और सांस्कृतिक माहौल को ही ज्यादा ध्यान में रखकर किए जाते हैं और किसी विशेष परिवेश में ज्यादा उपयोगी होते हैं, जैसे अगर भारतीय परिवेश की बात करें तो लिंग भेदभाव, घूंघट प्रथा, बाल विवाह आदि भारतीय परिवेश में कुछ प्रांतों में दूसरों की बजाय ज्यादा हो सकते हैं। ऐसे परिवेश को समझना और कैसे ये विशेष परिवेश के कारक हमारी जीवन–शैली को तोड़ते या जोड़ते हैं यानी हमारी खुशी और कुशलता को घटाने और बढ़ाने में योगदान देते हैं, यह समझ भी मनोवैज्ञानिकों के लिए मायने रखती है।

इस क्षेत्र में हमारे हरियाणा की महिलाओं पर कई शोध किए और उनके जीवन के मनोवैज्ञानिक कारकों के साथ–साथ सामाजिक और सांस्कृतिक कारकों को भी उनकी शोध में भागीदारी के दौरान समझने की कोशिश की गई। जब उनसे पूछा

गया कि वे अपने माहौल में कैसे मनोरंजन करती हैं, तो मुख्यतः टेलीविजन देखना, शादी में जाना, घर–परिवार के साथ रहना, सत्संग में जाना आदि को सम्मिलित किया गया। हरियाणा के रीति–रिवाजों के बारे में उनका रवैया जानने के दौरान हमें पता लगा कि वे हरियाणवी खाना–दूध, दही और शाकाहारी भोजन, बुजुर्ग की इज्जत करना, मन से त्यौहार मनाना, पति–पत्नी के सम्बन्ध और लड़कियों की भी परवरिश पर ध्यान देना आदि को अच्छा मानती हैं मगर सामाजिक बुराइयों के रूप में कई कुप्रथाओं, जैसे कन्या भ्रूण हत्या, बाल विवाह, दहेज प्रथा, पर्दा सिस्टम आदि को मुख्य मानती हैं। वे औरतों की स्थिति पर भी संतुष्ट नहीं दिखीं, जैसे लड़की के साथ पक्षपात, विधवा की शादी न करना, घरेलू हिंसा, पूरी आजादी ना मिलना आदि। उन्होंने यह भी माना कि ताश खेलना और शराब पीना समाज में काफी हैं। इसके साथ धर्म का विकृत रूप जिसमें जादू–टोना करना काफी प्रचलित है। नकारात्मक आपसी सम्बन्ध, जैसे–दूसरों का अपमान करना, लोगों को भड़काना, दुष्ट भावना व ईर्ष्या की भावना भी लोगों में काफी है। इसके अलावा जादू–टोने लेने व तांत्रिक या दूसरे आस्था चिकित्सकों के बारे में पूछने पर सहभागियों ने बताया कि समाज में जादू–टोना है, महिलाएँ आमतौर पर ज्यादा जादू–टोना करती हैं और वे पुरुषों की बजाय ज्यादा धन भी इस पर खर्च करती हैं, वे इस तरह से शारीरिक व मानसिक बीमारियों का इलाज होना, भूत–प्रेत और इनका इलाज होने में भी विश्वास करती हैं। ये भी पाया गया कि समाज में जो लोग आर्य समाज को मानते हैं, उनमें ऐसे जादू–टोने व आस्था चिकित्सा से एक दूरी होती है। ज्ञात रहे, महर्षि दयानन्द आर्य का दूसरे उत्तरी राज्यों की तरह आर्य समाज के प्रचार और मूल्यों का अभी भी प्रभाव देखने को मिलता है और बेशक इन परिवारों की ज्यादा उन्नत व सुलझी हुई संस्कृति रहती है।

इसके अलावा जब उनसे पूछा गया कि क्या वे मानती हैं कि समाज में औरत–आदमी में भेदभाव किया जाता है, तो अधिकतर 'हाँ' में जवाब रहा और उन्होंने माना कि लड़के–लड़की में भी भेदभाव होता है, उन्होंने यह भी माना कि ग्रामीण महिलाएँ शहरी की बजाय ज्यादा भेदभाव सहन करती हैं, उन्हें घर के निर्णय लेने व पैसे खर्च करने में बराबर का हक नहीं है।

ऐसे ही एक और शोध में हमने उनकी मानसिक स्वास्थ्य के बारे में जागरूकता का अध्ययन किया। उनसे पूछा गया कि क्या वे किसी मानसिक रूप से अस्वस्थ व्यक्ति को जानती हैं? उनके क्या–क्या लक्षण उन्होंने देखे? आमतौर पर सभी, विशेष तौर पर बड़ी उम्र की औरत किसी–न–किसी व्यक्ति का उदाहरण दे पायी।

हालाँकि जब उन्हें केस स्टडी देकर पूछा कि उस व्यक्ति को क्या बीमारी होगी, वे अवसाद को मनोविकृति की बजाय ज्यादा जान पाईं, उन्हें यह भी बहुत स्पष्टता नहीं थी कि मानसिक रोगों के इलाज के लिए कौन–सा डॉक्टर सबसे ज्यादा उपयुक्त इलाज कर पाएगा।

अतः उपरोक्त नतीजे हमें क्षेत्र सम्बन्धित सामाजिक और सांस्कृतिक कारकों की महत्ता दर्शाते हैं और विशेष इलाकों में कुछ कारक जो लोगों की खुशी और जीवन–स्तर को घटाने व बढ़ाने में काफी महत्त्वपूर्ण भूमिका निभा सकते हैं। खुशी या कुशलता घटाने वाले कारक, जैसे परिवार के पुरुष सदस्य बेरोजगार होना, शराब पीने वाला होना, आपसी सम्बन्ध अच्छे ना होना आदि और इन्हें बढ़ाने वाले कारक, परिवार में सौहार्दपूर्ण माहौल, नौकरीपेशा और परिवार के पुरुषों में कोई लत न होना आदि कारक हरियाणा की बुजुर्ग महिलाओं ने अपने शोध के दौरान दिए गए जवाबों में प्रदर्शित किए और निजी कारकों की बजाय परिवार सम्बन्धी कारकों को खुशी के कारकों के रूप में ज्यादा महत्त्व दिया।

इसके अलावा हमारे हाल के शोध–पत्रों में मनोवैज्ञानिक परीक्षणों की सत्यता और वैधता का अध्ययन किया गया जिससे हमें पता लगे कि हमारे देश में या सांस्कृतिक दायरे में दूसरे मनोवैज्ञानिकों द्वारा, दूसरी संस्कृति या देशों में इस्तेमाल के लिए कामयाब पाए गए मनोवैज्ञानिक परीक्षण हमारी संस्कृति में कैसे प्रस्तुत होते हैं, जैसे– मानसिक स्वास्थ्य का परीक्षण, सकारात्मक और नकारात्मक अनुभव का परीक्षण, खुशी का परीक्षण, जीवन में मकसद आदि परीक्षणों के बारे में सांख्यिकी विधि को इस्तेमाल कर नतीजे सिद्ध किए। इसके साथ–साथ बहुत सारे नए परीक्षण, जैसे प्रतिरोधक्षमता, आध्यात्मिकता, मानसिक स्वास्थ्य, आंतरिक व आपसी गुण आदि सम्प्रत्यय पर हमने परीक्षण तैयार किए। इसके अलावा भारतीय विषय, जैसे–विकार, (काम, क्रोध मोह, लोभ आदि) अनासक्ति, सुख–दुःख, स्वाध्याय आदि पर भी मनोवैज्ञानिक परीक्षण तैयार किए गए हैं ताकि मनोवैज्ञानिक अपने शोध में ऐसे विषयों को भी व्यक्तियों में तुलना या फर्क जानने के लिए इस्तेमाल कर सकें। मनोविज्ञान में मनोवैज्ञानिक परीक्षण सत्यापित और वैधतापूर्वक होने सत्यता व वैध नतीजों को प्राप्त करने के लिए आवश्यक हैं और इस दिशा में किए गए शोध काफी प्रासंगिक हैं। इसके अतिरिक्त कुछ अध्ययन खुशी, कुशलता और दूसरे सम्बन्धित कारक बढ़ाने के लिए मध्यस्थता करते हुए कार्यक्रम तैयार किए और उनकी प्रभावशीलता का अध्ययन किया गया। इसके अलावा हमने धार्मिक और आध्यात्मिक संगठनों के द्वारा संचालित किए गए कुछ कार्यक्रमों का भी अपने शोध–पत्रों में उल्लेख किया है। और उनकी प्रभावशीलता का अध्ययन कर उनके औचित्य को भी परखा है जिसका विस्तृत उल्लेख दूसरे अध्यायों में किया गया है।

इसी तरह से कुछ अध्ययन मनोवैज्ञानिक सम्प्रत्य, जैसे–खुशी, सकारात्मक और नकारात्मक अनुभव, समृद्धि, भावात्मक, मनोवैज्ञानिक और सामाजिक स्वास्थ्य आदि का सम्बन्ध भारतीय धर्मों और आध्यात्मिक साहित्य से उजागर हुए सम्प्रत्यय, जैसे विकार, सद्चितानन्द, स्वाध्याय, सुख–दुःख, वैदिक व्यक्तित्त्व सत्व, रजस और तमस् आदि के साथ देखा गया और आमतौर पर पाया गया कि सद्चितानन्द, सुख, सत्व आदि सकारात्मक कारक खुशी और इसके दूसरे आयामों से सकारात्मक रूप से सम्बन्धित हैं, जबकि विकार, दुःख, तमस् आदि नकारात्मक अनुभवों के साथ सकारात्मक और खुशी, और इसके दूसरे आयामों के साथ नकारात्मक रूप से सम्बन्धित है।

मेरे अपने शोध–पत्रों के साथ–साथ कुछ सबक उन शोध–पत्रों से भी हैं जिन पर मेरे साथ पीएच.डी. करने वाले छात्रों ने अपनी डिग्री के दौरान एक विषय चुनकर उस पर शोध किया और आखिर में भविष्य में शोध करने के लिए कुछ दिशा– निर्देश भी दिए। आइए, उन आठ शोध–पत्रों में से कुछ प्रासंगिक शोध और उनसे मिले सबक पर चर्चा करें।

इस श्रृंखला में सबसे पहले नाम आता है शालिनी दुग्गल झा जिसने 2009 में अपनी डिग्री प्राप्त की। इनका शोध का विषय था– महाविद्यालय के छात्रों और अध्यापकों का मनोवैज्ञानिक गुण और सांस्कृतिक उन्मुखीकरण पर अध्ययन। इनके शोध के अनुसार ग्रामीण इलाकों से शहरी इलाकों की बजाय छात्र ज्यादा समूहवाद दिखाते हैं। इस अध्ययन में मनोविज्ञान के विभिन्न कारकों पर ग्रामीण छात्रों, जो शहर में पढ़ने आते थे, छोटा शहर रोहतक, बड़ा शहर चंडीगढ़ और मैट्रो शहर दिल्ली से डाटा लिया गया था। इस शोध में ग्रामीण क्षेत्रों में ज्यादा समूहवाद के अलावा जब छात्रों से उनके व दूसरे लोगों में आदर्श गुणों को पूछा गया तो ग्रामीण छात्रों के जवाब ज्यादा दूसरों से सम्बन्धित, जैसे एक दूसरों का ख्याल, ध्यान और काम आने वाले जवाब और शहरी विशेषतः दिल्ली के छात्रों के जवाब स्वयं से सम्बन्धित जैसे खुद के उद्देश्य या लक्ष्य, आत्मविश्वास जैसे जवाब ज्यादा थे। जैसे– ग्रामीण बच्चों के अधिकतर मदद करना, परिवार समुदाय या भगवान से सम्बन्धित और शहरी बच्चों के दोस्ती, आशावाद, आत्मसम्मान, पक्का इरादा, जोश, ज्ञान आदि से सम्बन्धित थे। इस शोध के आधार पर एक सकारात्मक व्यक्तित्त्व के कारक वाला मनोवैज्ञानिक परीक्षण भी तैयार किया गया जिसके कारक हैं: सकारात्मक आत्म–छवि, प्रतिबद्धता, लोगों का नजरिया और सांस्कृतिक पहचान। ये कारक प्रचलित मनोवैज्ञानिक परीक्षणों से थोड़ा अलग हैं, क्योंकि इसमें शुरुआती प्रश्न छात्रों के

प्राप्त किए गए जवाबों से तैयार किए गए थे। इस शोध पत्रिका से हमें संक्षिप्त में संदेश मिलता है कि भारतीय परिवेश में सहभागी किस इलाके या स्थान से है, उसका प्रभाव उनके मनोवैज्ञानिक कारकों में दिखता है, हमारे दूसरे अध्ययन भी ग्रामीण या शहरी परिवेश को महत्त्वपूर्ण कारक मानते हैं।

इस श्रृंखला में अगला शोध रजनीश चौबीसा द्वारा प्रकाशित 2011 में इंटरनेट के जरिए किया गया जो एक कुशलता बढ़ाने के लिए किया गया कार्यक्रम था, जिसमें काफी फायदा देने वाले नतीजे निकलकर आए। ऐसे बहुत सारे कार्यक्रमों की चर्चा दूसरे अध्यायों में भी की गई है। ऐसे शोध–पत्रों से सबक यही है कि क्योंकि अब इन्टरनेट सुविधा भारत में दूरदराज के इलाकों में भी पहुँच गई है और मनोवैज्ञानिकों को भी इस सुविधा का फायदा उठा इंटरनेट के जरिए मनोवैज्ञानिक ज्ञान और जागरूकता सभी क्षेत्रों में पहुँचानी चाहिए ताकि ये व्यावहारिक ज्ञान उनकी खुशी व कुशलता बनाए रख सकें और इसे बढ़ा भी सकें और वे जीवन में समस्याओं के कारण तनाव, चिंता या अवसाद का शिकार ना हों।

इससे अगला शोध आता है सोनिका दांगी का, जिसने 2013 में हरियाणा में शादी के लिए बिहार या दूसरे गरीब राज्यों से लाई गई लड़कियाँ, जिनसे हरियाणवी लड़कों ने शादी की थी, पर अपना पीएच.डी. का शोध किया। ये प्रवासी लड़कियाँ, हरियाणा इनके लिए एक नया परिवेश होने के कारण काफी सांस्कृतिक सदमा सहन करती हैं। एक नए परिवेश का खान–पान, रहन–सहन, भाषा, रीति–रिवाज बहुत अलग होने के कारण इन्हें कठिनाइयों का सामना करना पड़ता है। दूसरा, लोकल लोगों का रवैया इनके साथ अच्छा नहीं होता, क्योंकि इनके साथ शादी करना हरियाणा में लड़कों को अपने क्षेत्र से लड़की न मिल पाने के कारण एक कामचलाऊ व्यवस्था जैसा है। इसलिए इस शोध में लोकल महिलाओं की कुशलता इन बाहर से आई औरतों की बजाय ज्यादा अच्छी पाई गई। शोध के अगले हिस्से में सामाजिक और सांस्कृतिक मुद्दों को सम्बोधित करते हुए एक सात दिन का मध्यस्थता करता हुआ कार्यक्रम भी इन बाहर से आई औरतों के साथ रखा गया। इनकी सास, जो घर में मुख्य भूमिका रखती है, उनको भी इनके प्रति संवदेनशील बनाने के लिए कार्यक्रम का एक हिस्सा रखा गया। इस कार्यक्रम के नतीजें काफी फायदेमन्द पाए गए।

इस शोध से हमें सबक मिलता है कि आधुनिक समय में जो भी समाज या संस्कृति में बदलाव आ रहे हैं, मनोवैज्ञानिकों को उनके प्रति जागरूक रहना चाहिए और जहाँ भी जरूरत हो, अपने कार्यक्रम प्रस्तुत कर लोगों की कुशलता को बनाए

रखने में अपना योगदान देना चाहिए और मनोवैज्ञानिकों को समाज में एक–दूसरे के साथ अच्छा व्यवहार करने के लिए संवेदनशीलता व जागरूकता फैलाते रहना चाहिए। ग्रामीण समाज और अधिक परंपरागत होने के कारण आज का युवा बहुत सारी समस्याओं से जूझ रहा है जिसमें मनोवैज्ञानिक अपनी अहम् भूमिका निभा सकते हैं। व्यावहारिक तथ्यों पर प्रकाश डालते हुए दूसरे शोधकर्ताओं के अध्ययनों का दूसरे अध्यायों में विस्तृत रूप से विवरण कर दिया गया है जिनमें मुख्यतः धार्मिक और आध्यात्मिक कार्यक्रमों का और स्कूलों में खुद से कार्यक्रम आयोजित कर उनके प्रभाव पर शोध किए गए हैं। जिन कार्यक्रमों की आगे भी दूसरे परिवेश में जारी रखने की आवश्यकता है और इस विषय पर दूसरे अध्यायों में काफी चर्चा की गई है। अन्य शोध मनोवैज्ञानिक सैद्धांतिक समझ के लिए ज्यादा उपयुक्त हैं और व्यावहारिक पहलू तुलनात्मक रूप से कम हैं। अतः उनकी यहाँ चर्चा नहीं की जा रही है तथा व्यावहारिक तथ्यों पर ज्यादा ध्यान केन्द्रित किया गया है। इस अध्याय से हमें सीख मिलती है कि मानव–व्यवहार को समझने के बहुत सारे आयाम हैं और किसी विशेष शोध में किसी विशेष लक्ष्य के तहत ही अध्ययन किया जाता है।

❑❑❑

अध्याय : 8

आधुनिक वैज्ञानिकों का व्यावहारिक ज्ञान और उसका विश्लेषण

सार

तेजी से बढ़ते इन्टरनेट के इस्तेमाल ने मानव–व्यवहार में बहुत सारे बदलाव लाए हैं। इंटरनेट एक तेज चाकू की तरह है जो रसोई में काम आसान करने के लिए एक कारगर उपकरण है मगर अगर आप इसके इस्तेमाल में थोड़ी–सी भी लापरवाही करेंगे तो यह उपकरण आपकी अंगुली काट एक मुसीबत बन सकता है। इसी तरह आधुनिक युग में इंटरनेट से आपके पास पलक झपकते ही मनचाहे विषय पर बेशुमार ज्ञान उपलब्ध है मगर अगर हम एक दिशाहीन तरीके से इसे इस्तेमाल करते हैं तो हमें पता भी नहीं चलता कि कब ये दुरुपयोग होने लगा और यह हमारी कुशलता को बढ़ाने की बजाय इसमें बाधा बनने लगा? इसलिए इसके सुरक्षित स्तर के इस्तेमाल की चेतावनी आधुनिक मनोविज्ञान में दी जाती रही है। इस अध्याय में इंटरनेट के द्वारा प्राप्त व्यावहारिक ज्ञान पर ही चर्चा और उसका विश्लेषण किया गया है।

परिचय

हालाँकि इंटरनेट का सदुपयोग हमारे हर क्षेत्र के साथ विज्ञान में महत्त्वपूर्ण तरक्की कर रहा है, आज आप किसी भी विषय पर शैक्षणिक वीडियो देख सकते हैं। इन शैक्षिक सत्रों का एक और लाभ ये भी है कि इनमें से अधिकतर वीडियो आम लोगों की समझ बढ़ाने के लिए बहुत ही सरल भाषा में तैयार किए गए होते हैं। आजकल ऐसे ज्ञानवर्धक वीडियो विभिन्न भाषाओं में अनुवादित रूप में उपलब्ध हैं। विज्ञान और प्रौद्योगिकी में जो काफी वैज्ञानिक ढंग से शोध किए गए नतीजे होते हैं, उन्हें भी व्यावहारिक ज्ञान में रूपांतरित कर प्रस्तुत किया जाता है जिससे आम आदमी सरल भाषा में उस ज्ञान की समझ बना सके। इस व्यावहारिक व रूपांतरित ज्ञान को आप बहुत सारी बातचीत के जरिए एक श्रृंखला में पा सकते हैं, प्रमाण विषयक या छोटी–छोटी कहानियों के द्वारा ऐसी जानकारी प्रस्तुत की जा सकती है।

व्यावहारिक मनोविज्ञान और सम्बन्धित क्षेत्रों में टैड–चर्चा के द्वारा मानव–व्यवहार पर समझ बनाने के लिए भरपूर ज्ञान उपलब्ध है। ऐसे ज्ञान का कक्षा में, वैज्ञानिकों में, आम जनता में प्रसारण करना इसलिए जरूरी है, क्योंकि एक, इस ज्ञान की बिना किसी वैज्ञानिक शब्दजाल या पेचीदी भाषा के आम जनता की भाषा में प्रस्तुति होती है और दूसरा, उस वैज्ञानिक शोध का अधिक से अधिक व्यावहारिक परिणाम निष्कर्ष पर संदेश केन्द्रित होता है। आइए, इस अध्याय में उन टैड–चर्चाओं का विस्तृत विवरण करें जो सकारात्मक मनोविज्ञान या सम्बन्धित क्षेत्रों से ली गई हैं और मानव–व्यवहार को खुशहाल व और बेहतर जीवन बनाने में कारगर सिद्ध हुई है। यह चर्चा सिर्फ मनोवैज्ञानिक क्षेत्र से न होकर आध्यात्मिक क्षेत्र से, प्रेरणा वक्ताओं से, दूसरे सामाजिक वैज्ञानिकों और शारीरिक विज्ञान के विशेषज्ञों से भी हैं जो हमें एक प्रेरणादायक संदेश देती है। इन चर्चाओं में व्यवहार सम्बन्धित कुछ तकनीकों, समझ, मानव–व्यवहार के दृष्टिकोण पर प्रकाश डाला गया है जो हमारे लिए काफी फायदेमंद हैं।

इस श्रृंखला में इन चर्चाओं से खुशहाली, कुशलता और सम्बन्धित कारकों पर दिए गए वृत्तान्तों का विवरण सबसे पहले करते हैं। यह ऐसा विषय है जिसको आध्यात्मिक गुरु, प्रेरणास्रोत वक्ता, सकारात्मक मनोवैज्ञानिक तथा दूसरे सामाजिक वैज्ञानिक विशेष ध्यान केन्द्रित करते रहे हैं, जैसे अगर मनोवैज्ञानिक अध्ययनों की बात करें तो हार्वर्ड यूनिवर्सिटी में लम्बे समय (75 साल) तक किए गए एक शोध के अनुसार तीन मुख्य कारक खुश रहने के हैं : अच्छे सम्बन्ध–इस देशान्तर अध्ययन के हाल के निदेशक रॉबर्ट वाल्डीनगर ने आपसी सम्बन्धों को खुशी और सेहतमन्द होने का मुख्य कारण पाया। इस अध्ययन के 75 साल के आंकड़ों से उन्हें पता लगा कि जो लोग समाज, परिवार, दोस्तों से ज्यादा जुड़े थे, वे ज्यादा लम्बे समय तक जीवित रहे और सेहतमंद भी रहे। इस अध्ययन के अनुसार दूसरा कारक था जो जीवन में अपने मनपसन्द माहौल में रहे, वे ज्यादा खुश थे, जैसे मनपसन्द जीवन–साथी, मनपसन्द दोस्त, मनपसन्द कार्य आदि। जबकि ज्यादा बीमार रहने वाले लोगों ने बताया कि उन्हें बीमार होने पर ज्यादा जीवनसाथी, दोस्तों से या कार्यालय से सहारा नहीं मिला, जिससे उन्हें और ज्यादा अकेलापन, चिड़चिड़ापन और परेशानियाँ हुईं। इसके विपरीत मनपसन्द रिश्तों और कार्यालय से सम्बन्ध रखने वाले लोगों ने बताया कि जब भी वे बीमार हुए, उन्हें भरपूर सहारा मिला और वे शीघ्र ही ठीक हो गए। तीसरा मुख्य कारक पाया गया 'सुरक्षा की भावना'। जो लोग पूरी उम्र ज्यादा सुरक्षित रहे, अच्छा धन रहा, सुरक्षित देश, समुदाय या समाज में रहे, अच्छी बीमा पॉलिसी थी। वे ज्यादा खुशहाल और लम्बे समय

तक जीवित रहे। इसके विपरीत जो सहभागी अपने जीवन–साथी को लेकर असुरक्षित रहे, धन सम्बन्धी कमी को झेलते रहे, देश, समुदाय या समाज में लड़ाई–झगड़े झेलते रहे, वे अपेक्षाकृत कम समय तक जिंदा रहे और कम खुशहाल रहे।

इसी प्रकार इड डीनर अपने दुनिया के विभिन्न देशों से किए गए शोध के जरिए खुशी और इस प्रकार प्रभाव डालने वाले कारकों को खुशी या कुशलता को व्यंजन के रूप में उसके लिए विभिन्न सामग्री को महत्त्व देते हैं ताकि इस सामग्री की मात्रा से खुशी रूपी व्यंजन एक खुशबूदार स्वादिष्ट व्यंजन बन सके। इन्होंने भी सबसे पहले आपसी और सामाजिक सम्बन्धों को महत्त्व दिया है। यह सामग्री खुश रहने के लिए बहुत महत्त्वपूर्ण है। अतः अपने सामाजिक सम्बन्धों को मजबूत बनाइए। दूसरी सामग्री है–सकारात्मक मानसिक प्रवृत्तियाँ और दृष्टिकोण। ज्ञात रहे, एक जैसे हालात में विभिन्न व्यक्ति विभिन्न ढंग से देखते हैं और इस दृष्टिकोण का उसकी सोच और भावनाओं पर सीधा असर पड़ता है जो उनकी खुशी को भी एक दिशा देता है। तीसरी सामग्री–धन दौलत हो सकता है। जब हमारी मूल जरूरतों के पूरा होने की बात आती है तो पैसा महत्त्वपूर्ण हो सकता है। मगर उन जरूरतों के पूरा होने के बाद पैसा उतना महत्त्वपूर्ण न रहे, यह हो सकता है। इड डीनर के अध्ययन में बहुत से विद्यार्थियों के लिए पैसा महत्त्वपूर्ण पाया गया और नौकरी पाकर पैसा कमाना उनके द्वारा महत्त्वपूर्ण बताया गया। जीवन में एक मकसद रहे, ये भी महत्त्वपूर्ण पाया गया तथा मनोरंजन भी जीवन का एक हिस्सा माना गया। अतः खुशी का अनुभव करने के लिए विभिन्न कारकों की महत्त्वपूर्ण भूमिका है। इनके 200 से अधिक शोध–पत्रों में खुशी के विभिन्न आयामों का विवरण दिया गया है। इन्होंने खुशी के लिए लोकनीति पर चर्चा करते हुए बताया कि देश, समाज व समूह में लोकनीतियों का अपना महत्त्व है। जैसे– आपसी सम्बन्ध बरकरार रखती हुई लोकनीतियाँ, कुछ देशों के लोग, जैसे नीदरलैण्ड ज्यादा खुश हैं दूसरों (जैसे दक्षिण कोरिया) की तुलना में। कुछ देशों में शराब और दूसरे नशीले पदार्थों की लत ज्यादा है, जो वहाँ के युवाओं की खुशहाली में बाधा है। खुशहाली जो कि हमारे अच्छे मूड, अच्छी सेहत, अच्छी जीवन, अच्छे कार्य के लिए महत्त्वपूर्ण हैं। अतः लोगों की खुशहाली पर भी उनके आर्थिक स्तर के साथ–साथ ध्यान देना चाहिए।

इस विषय की महत्ता को देखते हुए बहुत सारे धार्मिक और आध्यात्मिक स्रोत भी खुशी की चर्चा करते हैं, जैसे हिन्दू धर्म 'पहला सुख (या खुशी) निरोगी काया' और भी दूसरे सुखों की चर्चा होती है। भारतीय धार्मिक स्रोत ज्यादा सोच, भावनाएँ

और व्यवहार में एक ताल–मेल होने को, मन में शान्ति होने को महत्व देते हैं। जहाँ पाश्चात्य साहित्य सकारात्मक भावनाओं के अत्यधिक होने को खुशी मानता है, वहीं भारतीय एक संतुलित और औसतन भावनाओं को महत्त्व देता है। अब सकारात्मक मनोविज्ञान में उन सब स्रोतों की चर्चा होती रही है जो खुशी और कुशलता बढ़ाने के लिए मददगार हैं जिनका हमने पिछले अध्यायों में विस्तृत विवरण दिया है।

खुशी के लिए हमारे सोचने के ढंग का एक विशेष स्थान है, क्योंकि हमने जीवन के विभिन्न वृत्तांत या घटनाएँ कैसे परिभाषित कीं, यह एक निर्णायक कारक सिद्ध हो सकता है। विशेषज्ञ इसे आमतौर पर आशावादी और निराशावादी दृष्टिकोण भी मान लेते हैं। मगर इन दो चरम सीमाओं के बीच में भी बहुत सारे बिंदु हो सकते हैं और यह सोच के बिंदु हमारी भावनाओं के तद्नुसार निर्देश देते हैं, जैसे खुशनुमा विचार–खुशनुमा भावनाएँ।

जैसा कि हमें ज्ञात हुआ, आपसी संबंध खुशी के लिए बहुत ही आवश्यक हैं। इन संबंधों को और प्रगाढ़ करने के लिए भावनात्मक बुद्धि का अपना महत्त्व है। जैसा कि पिछले अध्यायों में बताया गया है कि भावनात्मक बुद्धि में स्वयं के भाव समझने, जानने व प्रबंधन करने तथा दूसरों के भावों को भी समझने, जानने व प्रबंधन करने तथा दूसरों की स्थिति को सहानुभूति और परानुभूति के साथ–साथ समझने की योग्यता शामिल हैं।

टैड–चर्चाओं के दौरान विभिन्न विशेषज्ञों ने भावात्मक बुद्धि के महत्त्व और इसमें वृद्धि करने के तरीकों पर विशेष प्रकाश डाला है, जैसे रमोना हैकर अपनी चर्चा में 6 तथ्यों की चर्चा करती हैं। भावात्मक जागरूकता ताकि हम दूसरों के साथ सहानुभूति के साथ काम कर सकें, भावनाओं का उपयोग कर निर्णय लेने में और समस्याएँ सुलझाने में मदद लेना, स्वयं को और दूसरों को खुश रखने के लिए अपने भावों का प्रबंधन करना, क्योंकि कई बार भावात्मक लोग बिना सोचे–समझे भावों में बहने की वजह से बिना भावात्मक बुद्धि का इस्तेमाल करे भावों का प्रदर्शन करते हैं। आगे वक्ता मानती हैं कि उनको न ही तो माता–पिता ने भावों की कीमत और न ही उनका प्रबंधन करने के महत्त्व को सिखाया, इसलिए रिश्तों और दोस्तों से संबंध विच्छेद होने पर प्रवक्ता को ज्यादा तकलीफ हुई, क्योंकि न तो ये अपने भावों को समझ पाईं और न ही दूसरे लोगों के भावों को और यह बर्ताव दोस्तों और रिश्तों के लिए एक विषैला कारण रहा। अपनी चर्चा में वह आगे कहती हैं कि भावात्मक बुद्धि हमारे लिए एक महत्त्वपूर्ण कौशल या हुनर है जिसके सीखने और इसमें वृद्धि करने से सचेत होकर संबंधों के साथ पेश आ सकते हैं। हमारी सचेत

सोच भावनाओं को एक मनचाहा मोड़ दे सकती हैं जो हम इस कौशल को सीखते समय जानते हैं। इस चर्चा में वह बताती हैं कि अपने भावों को समझने के लिए उन्हें लिखना, सचेत होकर जानना कि उन भावनाओं में उन्हें कैसे अनुभव हुआ, क्योंकि इस दौरान हम और हमारे भाव एक दूरी पर हैं जिन्हें समझना आसान होता है। और इस तरह की ट्रेनिंग धीरे–धीरे हमें कुशलतापूर्वक भावों को सचेत हो प्रतिक्रिया करने की तरफ अग्रसर करती हैं। हम अपने भावों को ठीक तरह से समझने, सचेत मन से प्रतिक्रिया देने, उन्हें स्वीकार और सहन करना सीख लेते हैं। ऐसे प्रशिक्षण स्कूल के दौरान ही शुरू होने चाहिए ताकि व्यक्ति अपना, दूसरों का और अपने हालातों का प्रबंधन कर जीवन में कुशलता के साथ अग्रसर रहें।

इसी विषय पर रोनन हबीब भी अपनी टैड–चर्चा में विशेषतया चर्चा करते हैं कि कैसे भावात्मक बुद्धि उनके जीवन में एक दिशा दिखाने वाले यंत्र की तरह रही है और अर्थशास्त्र विषय को पढ़ाते हुए भावात्मक बुद्धि बढ़ाने वाले कारकों के प्रति कक्षा में जागरूक कर छात्रों की भावात्मक बुद्धि में वृद्धि करते हैं। यह अपनी चर्चा को प्रारंभ करते हुए बताते हैं कि इनका विश्वविद्यालय काफी बड़ा होने के कारण अक्सर रास्ता भूल जाते थे और इनके दोस्त मजाक में कम्पास या दिशासूचक यंत्र देने की बात करते थे। इन्होंने अपने कॉलेज की पढ़ाई के दौरान यह भी पाया कि कंप्यूटर शिक्षा इन्हें पसंद न होते हुए भी नौकरी ज्यादा सुरक्षित होने के कारण यह पढ़ाई के साथ संघर्ष कर रहे थे, तब इनकी दोस्त ने इन्हें समझाया कि भविष्य में लक्ष्य प्राप्ति को लेकर आज संघर्ष करना या परेशान और नाखुश रहना क्या सही है? इन दो वाक्यों से वह भावात्मक बुद्धि को जोड़ते हुए कहते हैं कि भावात्मक बुद्धि हमारे जंगल जैसे जीवन में एक कम्पास या दिशासूचक यंत्र का काम करती हैं और यह हमें दिशा निर्देश देती हैं कि क्या जीवन के उद्देश्य सही हैं और उन्हें कैसे चुनना उपयुक्त रहता है? इसी समझ के अनुसार इन्होंने अर्थशास्त्र को कंप्यूटर शिक्षा की बजाय चुना और अब शिक्षक होकर पढ़ाते समय भावात्मक बुद्धि को कक्षा में पढ़ाते समय काफी अहमियत देते हैं। यह बताते हैं कि उनकी कक्षा में छात्र जो लगभग 18 साल के नवयुवक होते हैं, वे काफी मेहनती और स्मार्ट होते हैं। मगर वे अपनी भावनाओं से काफी बेमेल और तनाव में होते हैं, क्योंकि इनमें अपने सामाजिक संबंधों की समझ की कमी होती है। वक्ता आगे कहते हैं कि वे जानते हैं कि वे विषय नहीं पढ़ाते, बल्कि विद्यार्थियों को पढ़ाते हैं और उनके समुदाय को महत्त्व देते हैं। वे आगे जोर देते हैं कि कैसे हमें तनावपूर्ण स्थिति में अपने तनाव को कम करने के लिए लंबी सांस लेना, अपने मन को तनावपूर्ण माहौल से भटकाना, स्वयं को शांत रखना आदि जानना और इस्तेमाल करना आना जरूरी है।

भावात्मक बुद्धि हमें प्रेरणामय रहने द्वन्द्व या प्रतिकूल स्थिति से निपटने, दूसरों को समानुभूति के भावों के साथ समझना और जानना, सिर्फ दूसरों को दोष ना देना आदि समझना और अपने व्यवहार में सम्मिलित करना हमारे लिए जरूरी है। सभी समस्याओं का हल और सभी हुनर आपके पास हों, यह जरूरी नहीं है, मगर जो कार्य आप किन्हीं कारणों से नहीं कर पा रहे, उस कार्य को कैसे क्रियान्वित किया जा सकता है? उन दूसरे विशेषज्ञों, टीम और समूहों को प्रेरित करना आना जरूरी है, इसलिए संगठनों, कंपनी और उद्योगों में इस हुनर को एक अहम् स्थान दिया गया है और नेतृत्व के साथ भावनात्मक बुद्धि का भी नेता के गुणों में होना मुख्य माँग रहती है। इसलिए सभी बड़े–बड़े संगठन आमतौर पर भावनात्मक बुद्धि में और वृद्धि करने के लिए समय–समय पर अपने कर्मचारियों के लिए भावनात्मक बुद्धि पर विशेष कार्यक्रम प्रस्तुत करते रहते हैं। स्कूलों में और महाविद्यालयों में शिक्षा के दौरान ऐसे कार्यक्रमों को आधुनिक शिक्षा में काफी महत्त्व दिया जा रहा है, जो स्वयं को नियमन व नियंत्रण में रखने के लिए सामाजिक भावनाएँ व शारीरिक विकास के लिए अति आवश्यक हैं, इसलिए सामाजिक और भावनात्मक बुद्धि का कार्यक्रम स्कूलों में काफी प्रसिद्ध है और इसके कार्यक्रम के बाद यह पाया गया कि 50 प्रतिशत बच्चों में उनका पढ़ाई का नतीजा सुधरा, 44 प्रतिशत बच्चों ने कम स्कोर के कारण स्कूल नहीं छोड़, 63 प्रतिशत बच्चों के व्यवहार में सकारात्मक बदलाव आया। ये आगे इस विषय पर भी चर्चा करते हैं कि सकारात्मक मनोविज्ञान कैसे कई विश्वविद्यालयों में एक प्रसिद्ध विषय रहा है, क्योंकि विद्यार्थी इस कौशल और हुनर को सीखना और समझना चाहते हैं।

मनोविज्ञान में भावात्मक बुद्धि को बहुत ही महत्त्वपूर्ण माना गया है। इसके मुख्यतः दो कारण हैं– एक बुद्धि की बजाय भावात्मक बुद्धि को सीखकर ज्यादा प्रखर बनाया जा सकता है और प्रशिक्षण और अनुभव सत्रों में हम बेहतर भावात्मक व्यवहार को सीख सकते हैं। दूसरा स्कूल, महाविद्यालयों या कार्यालयों में कार्य प्रदर्शन में बुद्धि के साथ–साथ और भी बहुत सारे कारक महत्त्वपूर्ण भूमिका निभाते हैं। भावात्मक बुद्धि उन कारकों में से एक है जिसे हम प्रशिक्षण के द्वारा सीखकर अपने कार्य प्रदर्शन को बेहतर बना सकते हैं।

भावात्मक पहलुओं को ही समझने के लिए एक और महत्त्वपूर्ण टैड–चर्चा, जो गाए विच ने दी है, इस चर्चा में यह बताते हैं कि कैसे हमें भावात्मक प्राथमिक चिकित्सा की जानकारी होनी चाहिए और उसे समय पड़ने पर इस्तेमाल करना चाहिए। ये अपने दोस्त की पाँच साल की बच्ची का उदाहरण दे समझाते हैं कि बच्ची को चोट लगने पर कैसे प्राथमिक चिकित्सा बॉक्स से जरूरी सामान ले बच्ची

पट्टी लगा लेती है। ऐसा भावात्मक पीड़ा होने पर कोई उपचार करना हम नहीं सिखाते। हमें अपने शरीर का ध्यान रखने की बड़ी अच्छे से सीख मिली होती है और हम अपने दाँतों के बचाव के लिए हर रोज दो बार ब्रुश करते हैं। लेकिन हम अपने मानसिक स्वास्थ्य के लिए क्या जानते हैं? हम बच्चों को भावात्मक स्वास्थ्य के बारे में क्या पढ़ाते हैं? शारीरिक सेहत मानसिक स्वास्थ्य से ज्यादा महत्त्वपूर्ण क्यों है? मानसिक स्वास्थ्य की हमें और अधिक जरूरत पड़ती है, जब भी हमारे जीवन में कोई मानसिक आघात लगता है। आघात, जैसे फेल होना, अस्वीकार होना, अकेला पड़ना आदि और हम इन आघातों को अनदेखा करते हैं तो और अधिक दुःखदायी हो जाते हैं। आगे ये वक्ता कहते हैं कि जबकि भावात्मक आघातों को भरने के लिए अगर हम जागरूक रहे तो कुछ कारगर तकनीक हैं। शारीरिक और मानसिक स्वास्थ्य हमारी दो टाँगों की तरह है और एक के बीमार होने पर दूसरे पर इसका असर आता है, फिर ये कई मानसिक समस्याओं पर प्रकाश डालते हुए शारीरिक रूप से बीमार होने का कारण बताते हैं जैसे 'अकेलापन' एक मानसिक गहरा घाव या आघात है जो हमारे जीवन को समझने के नजरिए को विकृत कर देता है। अकेलापन बिल्कुल व्यक्तिगत भावना है जिसमें आप लोगों से घिरे होने पर भी अकेलापन महसूस कर सकते हो। अकेलेपन से दिल की बीमारी, ऊँचा रक्तचाप जैसी बीमारी हो सकती है। आगे ये अनेक उदाहरणों के द्वारा समझाते हैं कि भावात्मक आघात लगने पर स्वयं को या दूसरों के साथ कैसे व्यवहार करें, यह प्रशिक्षण हमें जरूर होना चाहिए और जैसे शारीरिक सेहत का ध्यान रखना हम सीखते हैं। हमें मानसिक व भावात्मक स्वास्थ्य का ध्यान भी रखना सीखना चाहिए ताकि हम उस हीन भावना, फेल होने, अनादर होने या कोई और भावात्मक आघात से जल्दी से जल्दी उबर सकें। आगे यह जोर देते हैं कि हमें अकेला महसूस करने पर कैसे कार्रवाई करनी चाहिए, फेल होने पर कैसे अपने आत्मसम्मान की रक्षा करनी चाहिए, कैसे नकारात्मक विचारों के साथ झुकना चाहिए, न केवल मनोवैज्ञानिक या भावात्मक घाव को भरने के लिए, बल्कि भावात्मक प्रतिरोधक्षमता का विकास करने के लिए भी।

अगर हम इस श्रृंखला में आगे बढ़े तो प्रतिरोधक्षमता भी एक विशेष कारक हैं जिसे विकासात्मक अवस्थाओं में माता–पिता और अध्यापकों की मदद से बच्चों को परेशान करने वाले माहौल को घटाकर और उन्नत व उन्हें समझने वाले माहौल को बढ़ाकर बच्चों में प्रतिरोधक्षमता का स्तर बढ़ा सकते हैं। प्रतिरोधक्षमता का मतलब यह हुआ कि हम तनाव, कटु अनुभव, सदमा या मानसिक आघात से कितनी जल्दी उबर सकते हैं। इस प्रक्रिया में हमारे सहारा देने वाले गुण और चारों तरफ का

माहौल दोनों ही बहुत जरूरी हैं। अतः गुणों के साथ–साथ हमें सहारा देने वाले माहौल, जैसे दूसरों से मदद, इस दौरान विशेष सहारा, समुदाय या समाज से मदद आदि कारकों को भी महत्त्व दिया जाता है। इस विषय पर चर्चा करते हुए विशेषज्ञ विभिन्न उदाहरणों के द्वारा समझाते हैं कि कैसे वे या उनके उदाहरण में व्यक्ति मुश्किल समय से निकल जीवन में सफल हुए। गर्ग एलस अपनी टैड–चर्चा में प्रतिरोधक्षमता में वृद्धि करने के तरीकों की चर्चा करते हुए कहते हैं कि पहला कदम है– सामाजिक सम्बन्ध बनाते रहना। अकेलेपन को कई और शोध–पत्रों में भी बहुत हानिकारक बताया गया है। और बताया गया है कि कैसे अकेलापन हमारे दिमाग में दुःख या दर्द से सम्बन्धित क्षेत्रों को उत्तेजित करता है। और अकेलापन हमें पीड़ादायी लगता है। दूसरा कदम बताते हैं कि हमारा मनोभाव, रवैया या नजरिया जो सकारात्मक होने पर हमारी प्रतिरोधक्षमता बढ़ता है। अगर आप में गुण हैं स्थायित्व, ठहराव या दृढ़ता, जो लोग ज्यादा निरंतरता के साथ किसी कार्य में तल्लीन रहते हैं, तो वे ज्यादा प्रतिरोधक्षमता रखते हैं। अपने जीवन–मूल्यों को महत्व देना और साथ–साथ आध्यात्मिक कारक भी सकारात्मक भूमिका निभाते हैं जिससे हम दूसरों को माफ कर, करुणा व कृतज्ञ हो आपसी सम्बन्ध मजबूत करते हैं तथा जीवन में एक मकसद को खोजने के लिए अग्रसर रहते हैं। सचेतन विचारों और भावनाओं के साथ हम प्रतिरोधक्षमता वाले निर्णय ले सकते हैं।

इसी तरह से इलके जरेरटस अपनी टैड–चर्चा "प्रतिरोधक्षमता सफलता की पूँजी है", पर चर्चा करते हुए बताती है कि कैसे प्रतिरोधक्षमता हमें तनाव, उदासी और चिंता से उबरने में मदद करता है और बताती है कि कैसे शारीरिक प्रशिक्षण की तरह मानसिक या दिमाग के लिए अभ्यास भी हमें मानसिक ताकत या गुणों में और अधिक मजबूत बनाते हैं और हार या गिरने पर फिर से खड़ा होने की कला में प्रशिक्षित करते हैं। मनोवैज्ञानिक विभिन्न प्रशिक्षण सत्रों के दौरान लोगों को प्रशिक्षित करने के लिए जानें शूरे अपनी टैड–चर्चा में बताती हैं कि कैसे कई बार हमारे अन्दर स्वयं का आलोचनात्मक रवैया और अन्दर का नकारात्मक योद्धा हमें भावात्मक रूप से तोड़ता है और कैसे हम सचेतन मन से अपनी प्रतिरोधक्षमता को प्रोत्साहित कर सकते हैं। जैसा कि पहले भी बताया गया है, हमारी सोच हमारे सकारात्मक या नकारात्मक भावनाओं को अपनी प्रकृति अनुसार पैदा करती हैं। प्रवक्ता इस समझ को दिमाग में आये बदलाव के साथ जोड़ते हुए बताती हैं कि हम शर्म और दोष लगाने से बचते हुए कैसे खुद को सकारात्मक वार्तालाप के लिए प्रशिक्षित कर सकते हैं। ये बताती हैं कि कैसे सबसे पहले स्वयं की भावनाओं को स्वीकार कर उन्हें अभ्यास के द्वारा सकारात्मक ढाँचे में डालने का प्रयास करना

सीखना होता है। इस प्रक्रिया से स्वयं को सशक्त और प्रतिरोधक्षमता में बढ़त पैदा कर सकते हैं। प्रतिरोधक्षमता को समझाते हुए लगभग सभी वक्ताओं ने स्वयं और दूसरों के जीवन से वृत्तांत लेकर उनका विश्लेषण करते हुए उदाहरणों के द्वारा सरल और सीधी भाषा में इस मनोवैज्ञानिक कारक को समझाने की कोशिश की है।

इसी तरह लोना बोनीवैल खुशी और प्रतिरोधक्षमता की शिक्षा देने पर जोर देते हुए पूछती हैं कि माता–पिता और अध्यापक अपने बच्चों को भविष्य में कैसा देखना चाहेंगे? शायद अधिकतर का जवाब होगा–खुश, अच्छी उपलब्धि, कुशलतापूर्वक। आगे ये कहती हैं कि अगर हम उन्हें खुशी और प्रतिरोधक्षमता के साथ देखना चाहते हैं तो ये हमें स्कूल में उनके पाठयक्रम के साथ–साथ पढ़ाने होंगे। आगे ये बताती हैं कि कैसे बच्चे बड़े होकर माहौल में द्वन्द्व या नकारात्मक अथवा अव्यवस्थित वातावरण होने पर उन्हें चुनौती दे सकते हैं, जिसके कारण उनमें अवसाद, तनाव, या दूसरे मानसिक विकार आ सकते हैं। ऐसा इन विकारों के दिनोंदिन दुनिया में बढ़ते आँकड़े भी समर्थन कर रहे हैं। अतः स्कूली बच्चों को मानसिक आयामों पर प्रशिक्षित कर हमें उन्हें खुशहाल और प्रतिरोधक्षमता के गुणों को विकसित करने वाला स्कूली माहौल देना चाहिए। ये आगे आंकड़ों को दर्ज करते हुए बताती हैं कि कैसे अवसाद और चिंता 11 साल से 15 साल तक के बच्चों में 2 प्रतिशत तक और 16 साल से 24 साल के बच्चों में 11 प्रतिशत तक पायी गई है। इन मानसिक समस्याओं के कारण बच्चों में ड्रग की लत, धूम्रपान और शराब की लत तथा शैक्षिक कठिनाइयाँ शामिल हैं। इसके सकारात्मक पहलू को उजागर करते हुए ये बताती हैं कि कैसे स्कूल में खुशी और प्रतिरोधक्षमता में मध्यस्थता करते हुए कार्यक्रम आयोजित करने से बच्चों में ज्यादा ध्यान देने की प्रक्रिया, रचनात्मकता, बेहतर शैक्षिक स्तर, आशावाद जो प्रतिरोधक्षमता के लिए महत्त्वपूर्ण है, आदि में बढ़ोतरी हुई। खुश रहना हमारे लिए इसलिए भी जरूरी है, क्योंकि विज्ञान ने खुश रहने के अनगिनत फायदे दर्ज किए हैं और ये खुशी के विभिन्न आयामों पर चर्चा करती हैं, जिसमें यह चर्चा करती है कि जीवन में जितने ज्यादा विकल्प, उतनी ज्यादा उलझन। आधुनिक युग में हमारे सामने बहुत सारे विकल्प हैं। अतः हमें इन्हें संभालना आना चाहिए। दूसरा कारक है दूसरों से तुलना करना–ये बताती हैं कि अगर आपको जीवन में नाखुश या नाराज होना है तो उनसे तुलना कर लो, जो आपसे ज्यादा सफल हैं। जीवन में मुश्किल यह है कि जितना हम आगे बढ़ते हैं, उतना ही दूसरों से तुलना करते जाते हैं। अगला कारण ये बताती हैं कि प्रौद्योगिकी का दुरुपयोग। आगे ये कहती हैं कि बीस साल पहले भी बच्चे ऐपल (फल) लेकर स्कूल आते थे और आज भी ऐपल (आई–पैड) लेकर आते हैं। बस दोनों का मूल्य

बदल गया है। हर रोज नई सामग्री, यंत्र व तकनीक भी उन्हें दबाव में रख रही हैं, जहाँ हर समय नए यंत्र व तकनीक को पाने की एक होड़ उनकी खुशी में एक बाधा है। बच्चे उनके बारे में जानकारी के लिए बहुत संवेदनशील होते हैं। याद रहे, नकारात्मक रवैया सकारात्मक रवैये से ज्यादा प्रबल असर छोड़ता है। अतः माता–पिता और अध्यापकों को इस संवदेना का उनके साथ व्यवहार करते समय ध्यान रहना चाहिए। आगे यह बताती हैं कि नकारात्मक भावनाओं के सकारात्मक प्रभाव को प्रभावहीन या रोकथाम करने के लिए हमें सकारात्मक भावनाओं के लिए तीन गुणा बल के साथ काम करना चाहिए। अतः हमें सकारात्मक भावनाएँ पैदा करना और उन्हें बनाए रखने के लिए बच्चों को स्कूलों में प्रशिक्षित करना चाहिए। जैसे– नकारात्मक भावनाओं के क्रम को तोड़ने के लिए उल्टी गिनती या ध्यान लगाना सीखना। प्रतिरोधक्षमता में वृद्धि करने के लिए बच्चों से विभिन्न केस स्टडी देकर अलग–अलग संज्ञानात्मक विवरण और विश्लेषण, जिनसे वे सकारात्मक और नकारात्मक विवरण और उसका भावात्मक पहलू के साथ सम्बन्ध सीख कर, अपने संज्ञानात्मक और भावात्मक पहलू को सीख सकें। दूसरी तकनीक जिसमें परिवार, दोस्तों और दूसरे नजदीकी लोगों से मुसीबत के समय मदद लेना सीखना। आगे यह बताती हैं कि जैसे–जैसे यह प्रशिक्षण बढ़ता है, बच्चों में अवसाद कम होना शुरू हो जाता है। वक्ता स्वयं को प्रशिक्षित कर खुद की और दूसरों की खुशी में सकारात्मक बढ़त को बढ़ावा देने की भी तरफदारी करती है।

इसी तरह से बहुत सी टैड–चर्चाएँ सचेतन या माइडफुलनेस पर भी उपलब्ध हैं धार्मिक या आध्यात्मिक जड़ों से निकला सचेतन आधुनिक वैज्ञानिक में इसके अभ्यास के विभिन्न फायदे होने के कारण आकर्षण का केन्द्र बना हुआ है। विभिन्न क्षेत्रों में, जैसे मनोवैज्ञानिक, तंत्रिका वैज्ञानिक, मनोचिकित्सक और आध्यात्मिक गुरु इस विषय को और समझने व अभ्यास करने के लिए प्रेरित करते रहे हैं। अपनी टैड–चर्चा में कासिम एल–मशात बताते हैं कि कैसे सचेतन ध्यान पीड़ा, खुशी और संतुष्टि की परिभाषा बदल देता है। ये बताते हैं कि कैसे हम हमारी सारी मूल जरूरत पूरी होने पर भी खुश नहीं रहते और कभी–कभी कुछ ज्यादा ही कुण्ठा या निराशा होने लगती है। इन्हें अब समझ आता है कि कैसे मन नकारात्मक पहलू की तरफ चला जाता है और उसमें खो जाता है तथा वर्तमान समय में रहना मुश्किल होता है। इन्हें यह स्पष्ट रूप से अपने सचेतन ध्यान के अभ्यास के दौरान समझ आया। फिर ये अपने अनुभव को साझा करते हैं कि दक्षिणी–पूर्वी एशिया के आश्रम में कैसे सचेतन ध्यान सीखने के छह महीनों के दौरान इनके अनुभव रहे। सुबह जल्दी उठना एक कर्कश घण्टी के साथ, चारों

तरफ बहुत सारे कीड़े–मकौड़ों के बीच करुणामय होकर रहना, सिर्फ एक दोपहर का खाना मिलना आदि। और ये आगे बताते हैं कि शुरू के मुश्किल दौर के बाद कैसे ध्यान लगाना, इन्हें अनुकूल लगने लगा। फिर ये सचेतन ध्यान के बारे में अपनी निजी समझ और व्यावसायिक समझ का विस्तृत वर्णन करते हुए बताते हैं कि यह अभ्यास कैसे खुशी और संतुष्टि की परिभाषा बदलता है और हम अपने दर्द से तकलीफ कम महसूस करते हैं। एक प्रयोग के द्वारा बताते हैं कि अगर हमारे पेट में दर्द है तो कैसे दर्द के संकेतों के साथ–साथ हम नकारात्मक सोच के कारण नकारात्मक भावनाओं के संकेत भी दिमाग को भेजने शुरू कर देते हैं और प्रक्रिया को हम नकारात्मक रवैये के साथ लगातार जारी रखते हैं। इस ध्यान के दौरान इन्होंने सीखा कि दर्द–दर्दनाक होगा, मगर ये मन है जो दर्दनाक पैदा कर रहा है, अगर इस अस्थायी पल को उसी रूप में देखा जाए तो इसके साथ दूसरे नकारात्मक भाव इस प्रक्रिया को बढ़ावा नहीं देंगे। यह हमारी पसन्द है कि हम किस विकल्प को चुनते हैं। करुणामय हो हम दर्द को दर्द और उल्लास को उल्लास बिना मन को आंदोलित या उत्तेजित किए देख सकते हैं। आगे यह बताते हैं कि कष्ट को खत्म करने के लिए सिर्फ यह जानो की तुम कष्ट में हो और वर्तमान में केन्द्रित रहो, प्यार और करुणामय हो, तुम्हें कष्ट को पसन्द नहीं करना, मगर उसे करुणामय भाव से अनुभव करो, उसमें अपनी उत्तेजना जोड़े बगैर मुस्कराएँ, लम्बी साँस लें यह जानते हुए कि आप अकेले कष्ट में नहीं हैं। इस सचेतन ध्यान के लिए यह आमंत्रित करते हुए कहते हैं कि इस अभ्यास से हम दर्द, खुशी और संतुष्टि को नए तरीके से परिभाषित कर सकते हैं और दर्द कम कर खुशी और संतुष्टि को बरकरार रख सकते हैं।

हम समझने लगते हैं कि कैसे दिमाग नकारात्मक पहलुओं की तरफ ज्यादा आकर्षित होता है। ये भी जोर डालते हैं कि कैसे 40–45 मिनट हर रोज सचेतन ध्यान का अभ्यास करने से हमारी एकाग्रचित्तता या तन्मयता बढ़ती है, करुणा या जीवन में सन्तुष्टि बढ़ती है। ये ध्यान दिमाग को प्रशिक्षित करता है कि हम वर्तमान में कैसे रहे? इस दौरान हम अपने सांस पर ध्यान लगा इसका अभ्यास करते हैं। इस प्रक्रिया में हम जो हमारा उद्देश्य और इरादा या लक्ष्य हो, उस पर ध्यान लगाना और पूरी तरह से वर्तमान में रहना सीखते हैं। इसमें सबसे मुश्किल है। अनिर्णायक होकर अपने मन में चलने वाले विचारों को आते–जाते बिना उनमें लिप्त हुए देखना। जब हम अपने सांस पर शुरू में ध्यान लगा कर अभ्यास करते हैं, तो हो सकता है कि सोच, भावनाएँ या संवेदना में हम लिप्त हो जाएँ, तब हमें फिर से अभ्यास कर ध्यान वापस केन्द्र में लाकर अनिर्णायक हो देखने का ही अभ्यास

करना होता है। यह एक जिम की तरह है और हमारा दिमाग इसे बार–बार अभ्यास कर प्रशिक्षित होता है जिसे हमें करुणा और धैर्य के साथ करना होता है। ये अपने अनुभव को सांझा करते हुए बताते हैं कि कैसे गाड़ी चलाते समय ट्रैफिक ज्यादा मिलने पर कुण्ठा की बजाय ध्यान के कारण बदली सोच से सबकी सुरक्षा की कामना और धैर्य से इंतजार कर शांत भाव से अपने गंतव्य स्थान पर पहुँचते हैं। यह बताते हैं कि वह अब भी देर से पहुँचे लेकिन बिना नकारात्मक भावना को बढ़ावा दिए और यह व्यवहार में बदलाव इनके हर रोज के ध्यान के अभ्यास के कारण हुआ।

इसी तरह से एनी मैरी रोशे अपनी टैड–चर्चा में प्रश्न उठाती हैं कि हम आपको सचेतन रहना क्यों नहीं सिखा रहे? जिसमें विभिन्न आयामों की चर्चा करते हुए बताती हैं कि हमें शर्तिया ही इसे सीख इसके फायदों से जीवन में लाभान्वित होना चाहिए। यह अपनी चर्चा एक हार्वड यूनिवर्सिटी के शोध से करती है जिसमें एक हजार से ज्यादा लोगों को जन्म से 32 साल की उम्र तक लगातार योजनापूर्ण ढंग से अध्ययन किया जिसका मकसद था सफल लोगों के गुण या विशेषताएँ, उनकी जाति, भाषा, पड़ोस, माँ–बाप के पास पैसा आदि कारकों को मानते हुए जानना। इस शोध में पाया गया कि यह गुण या विशेषता बुद्धि परीक्षण में कितना अच्छा किया, यह कारक न होकर स्वयं पर नियंत्रण था। वे लोग अपने व्यवसाय में, वित्तीय स्थायित्व, आपसी सम्बन्धों में प्रिय और शारीरिक स्वास्थ्य में सफल थे जो अपने ध्यान को केन्द्रित कर पाते थे और अपनी भावनाओं को नियमन व नियन्त्रण में रख सकते थे। ये आगे बताती हैं कि आप विज्ञान या गणित की पढ़ाई तभी कर सकते हैं, जब ध्यान दे पायें। अतः सभी सीखों की सबसे बड़ी सीख है सचेतन होना। पूरे जीवन के लिए सफलता का ये एक प्रमुख भविष्यवक्ता है। इसकी महत्ता पर जोर देते हुए ये पूछती हैं कि हम सचेतन रहने के अभ्यास क्यों नहीं सिखाते, जिससे दिमाग ध्यान केन्द्रित और भावनाओं को नियमित कर सके और क्रियाओं में सचेतन होकर सुनना, खाना या सांस लेना सम्मिलित कर सके। हम अपने वर्तमान में बिना निर्णायक और आसक्त हुए वर्तमान में संलग्न हो सके। आगे ये प्रसिद्ध व सर्वोच्च विश्वविद्यालयों का हवाला देते हुए बताती हैं कि इन सब में सचेतन को पढ़ाया जा रहा है और बहुत से वैज्ञानिक शोध इस विषय पर इन विश्वविद्यालयों से प्रकाशित किए गए हैं। यह सिर्फ एक धर्म न होकर, विज्ञान में इसके महत्त्वपूर्ण फायदे दर्ज हुए हैं। आगे यह बताती हैं कि शोध सचेतन अभ्यास करने पर तनाव, अवसाद, चिंता का घटना और खुशी और कुशलता का बढ़ना दर्ज करते हैं। खुशी से ध्यान ज्यादा केन्द्रित रहता है और अधिक शैक्षिक सफलता

मिलती है, फिर हम क्यों नहीं सचेतन अभ्यास करना सिखाते हैं? कितनी बार फोन और दूसरे यंत्रों के कारण विचलित या व्याकुल हो जाते हैं, कितनी बार कक्षा में चल रहे व्याख्यान हम नहीं सुनते, हमारे दिमाग में निरंतर विचार चलते रहते हैं। इन सबके समाधान के लिए हमें सचेतन अभ्यास करना चाहिए। सचेतन हमारे भावात्मकता और जवाब के बीच में एक जगह बनाता है ताकि हम पहले समझ सकें कि दर्द और खुशी एक समुद्र में लहर की तरह है। उसके ऊपर तैरना सही है, न कि डुबकी लगाना। जीवन में हमें कुछ अनियंत्रित हालात भी मिलते हैं। हालाँकि कुछ हद तक हम इनका चयन भी कर सकते हैं। फिर भी हमें हालातों का शिकार न बनने का चयन भी करना चाहिए, क्योंकि हम ऐसे माहौल में भी अपनी प्रतिक्रियाओं का चयन कर सकते हैं, चाहे वह गुस्सा हो या दर्द। गुस्से के बदले गुस्सा अच्छी प्रतिक्रिया नहीं है। ये जरूरी नहीं है कि आपकी भावात्मक प्रतिक्रियाएँ कितनी वाजिब हैं, ये बेमतलबी हो सकता है, क्योंकि यह आपकी भावात्मक प्रतिक्रिया के आधार पर निर्मित हैं। यह हमारी भावात्मक प्रतिक्रियाओं से भागना न होकर या हमारे विचारों को नियंत्रित करना न होकर, बल्कि हमारे विचार या भाव हमें नियंत्रित न करें, की प्रक्रिया है। आगे वक्ता बताती हैं कि क्यों हर स्कूल, जिले, प्रान्त में सचेतन रहने के अभ्यास सिखाए जाने चाहिए ताकि हर किशोर एक स्थिर और उन्नत बनकर जीवन में प्रगतिशील हो सके। और किशोरवस्था से चिंता, तनाव, अवसाद, आत्महत्या, दूसरों को परेशान करने की प्रवृत्ति आदि कम रहे। इतने सब फायदे गिनवाते हुए वह फिर पूछती हैं कि क्यों नहीं सचेतन अभ्यास सिखाये जाते?

यू–ट्यूब पर सचेतन अभ्यास और ध्यान के बहुत सारे और वीडियो उपलब्ध हैं जिनमें स्कूलों से अध्यापकों ने इस अभ्यास या तकनीक को उनके स्वयं के लिए और स्कूली बच्चों के लिए बहुत सराहा है। एमी बुरके इसी विषय पर अपनी टैड–चर्चा के दौरान वह बताती हैं कि कैसे इस तकनीक से परिचित होने से पहले वे स्कूल में पढ़ाने से नफरत करती थीं, विलाप करती थीं, अपने जीवन में दुःखी और अवसाद ग्रसित थीं। ये बताती हैं कि वे दुःखी इसलिए थीं कि छात्रों से वह जुड़ नहीं पाती थीं और व्यावसायिक जीवन और व्यक्तिगत जीवन में नकारात्मक गिरावट आती जा रही थी, जब तक उन्हें दोस्त और परिवार का सहारा और थैरेपी से मदद नहीं मिली। इस दौरान एक और तकनीक ने इनकी मदद की, वह था सचेतन ध्यान। इसके आगे सचेतन तकनीक को विस्तारपूर्वक बताते हुए यह कहती हैं कि सचेतन प्रक्रिया साधारण तरीके से वर्तमान में ध्यानपूर्वक रहना है और विचारों और भावनाओं के लिए अनिर्णायक बने रहना है। यह बताती हैं कि सचेतन तकनीक से

कैसे व्यक्तिगत जीवन बेहतर होता है। विद्यार्थियों के साथ एक जुड़ाव का आनन्द होने से व्यावसायिक जीवन अच्छा लगता है। ये बताती हैं कि इस तकनीक के लिए जरूरी नहीं है कि आप धार्मिक हों और विशेष प्रकार के धार्मिक कपड़े पहनें और अभ्यास करें। ये एक जीवन को पूर्ण रूप से समझने का तरीका है मगर उससे पहले स्वयं को समझना भी आवश्यक है। आगे ये विद्यार्थियों के लिए इसकी तकनीक की आवश्यकता पर जोर देती हैं। अपने दिल को सुनना और भावनाओं का समझना एक अहम पहलू है जो हमें और अधिक विश्वसनीय प्रामाणिक बनाता है। सचेतन एक व्यावहारिक तकनीक है जो विद्यार्थियों को आंतरिक समझ और यथार्थ के साथ रहना सीखाती हैं कि उनका मन, शरीर और दिल कैसे वर्तमान में काम करता है। उसके बाद अपनी चर्चा के दौरान ये निर्देश देते हुए श्रोताओं को सचेतन ध्यान करने के लिए प्रेरित करती हैं। आगे ये बताती हैं कि कैसे ये तकनीक शीघ्रताशीघ्र सब लोगों के बीच पहुँचनी चाहिए और विज्ञान में दर्ज किए गए फायदे जो पहले भी बहुत सारे विशेषज्ञों ने अपनी चर्चा में बताये हैं पर विशेष जोर देती हैं और बताती हैं कि कैसे अध्यापकों और विद्यार्थियों को शिक्षा को आंतरिक से बाहर की ओर विकास रखना चाहिए।

इस श्रृंखला में हम निरंतर कई चर्चाओं पर लम्बी टिप्पणी कर सकते हैं जो व्यावहारिक और आम इंसान के ज्ञान के लिए बहुत ही आवश्यक हैं। मगर कुछ और व्यावहारिक विषयों को भी इस पुस्तक में शामिल करने के उद्देश्य से एक और विशेषज्ञ के महत्त्वपूर्ण कार्य को शामिल कर इस अध्याय पर पूर्ण विराम लगाते हैं। ये प्रसिद्ध टैड–चर्चाएँ हैं, लीसा रेनकिन जो मेडिकल विज्ञान में एक एम.डी. हैं। मनोविज्ञान में इनकी चर्चाएँ इसलिए महत्त्वपूर्ण हो जाती हैं, क्योंकि यह दवाई से इलाज की बजाय आध्यात्मिक और मनोवैज्ञानिक इलाज के तरीकों पर तथा मनोवैज्ञानिक स्वास्थ्य पर ज्यादा ध्यान केन्द्रित करती हैं। ये अपनी टैड–चर्चाओं में यह जिक्र करती हैं कि क्या दवाई आपको मार रही है? जिसमें बताती हैं कि कितने लोग हर रोज दवाई लेते हुए भी मर रहे हैं। आमतौर पर यह एक अस्थायी राहत है, न कि बीमारी का पूर्ण रूप से इलाज। यह मेडिकल संस्कृति की समस्या न होकर हमारी डॉक्टर और रोगी दोनों की तरफ फट से दवाई लेने के रवैये की गलती है। 90 प्रतिशत रोगी का डॉक्टर के पास जाने का कारण है रोगी का तनाव में होना, जिसके इलाज और समझ के लिए डॉक्टर को तैयार नहीं किया। अस्थायी रूप से दवाई लेने से कुछ समय के लिए रोगी की समस्या हल हो जाती है जो लम्बे समय तक समाधान नहीं है। आगे यह दलील देती हैं कि तनाव जब समस्या का मुख्य कारण है तो सिर्फ दवाई लेना या ऑपरेशन करवा लेना कैसे बीमारी का

समाधान हो सकता है? आगे यह बताती हैं कि आपकी बीमारी का कारण हो सकता है। आपके द्वेषपूर्वक और नकारात्मक सम्बन्ध, आत्मा को झकझोरने वाली नौकरी, वित्तीय समस्याएँ, अकेलापन, या दुनियादारी के लिए एक नकारात्मक पहलू। ये सब कारक विज्ञान में सत्यापित किए गए हैं कि ये कारक बीमारी के लिए जिम्मेदार हो सकते हैं। फिर अपनी चर्चा में यह आगे पूछती हैं कि कब डॉक्टर ने इन सब कारकों के बारे में मरीज से बात की? हमारा मेडिकल व्यवसाय राहत देता है, बीमारी के लक्षणों का इलाज नहीं करता। बीमारी का प्रबन्धन होता है, सेहत की देखरेख का नहीं और हम मानसिक तनाव की तरफ से आँखें बंद किए रहते हैं।

अच्छा होगा कि तनाव को कम करने के कुछ कारगर तरीके लम्बी और स्वस्थ जीवन–शैली के लिए इस्तेमाल करें। आगे ये आधुनिक मेडिकल तंत्र की कमियों पर ध्यान केन्द्रित करती हैं और दिखाती हैं कि आंकड़ों के अनुसार लोग कितनी दवाइयाँ लगातार ले रहे हैं। फिर अपनी चर्चा में ये फुटबॉल खिलाड़ी का उदाहरण देते हुए समझाती हैं कि जब भी खिलाड़ी को चोट लगती है, उसका सब अनुकूल इलाज किया जाता है, जैसे पट्टी लगाना, हड्डी जोड़ना, दवाई देना आदि। मगर उसे खेलने के लिए वापस खेल के मैदान में नहीं भेजते। असल जिन्दगी में मरीज को वापस से उसी माहौल में जो भावात्मक तौर पर तोड़ने वाला है, में भेज दिया जाता है और उसका कोई ध्यान भी नहीं रखा जाता। फिर यह वैज्ञानिक विवरण के साथ तनाव और शारीरिक प्रतिक्रिया के बीच के सम्बन्ध की चर्चा करती हैं। यह बताती हैं कि हमारे शरीर में खुद को स्वस्थ करने की क्षमता है, जिसे तनाव खत्म कर देता है। तनाव जो अकेलेपन, निराशावादी रवैया, डर, चिंता, परेशानी भरे विचार, विषैले सम्बन्ध, वित्तीय परेशानियाँ, ये सब तनाव के अन्दरूनी कारण हैं जो हमारे जीवन के उद्देश्य से दूर ले जाते हैं और हम स्वयं से कट जाते हैं। आधुनिक समय में, औसतन हर रोज 50 तनाव की प्रतिक्रियाएँ हम अनुभव करते हैं जिससे शरीर प्राकृतिक तौर पर स्वयं का इलाज करने में असक्षम हो जाता है। ये आगे कहती हैं कि यह प्रक्रिया जिसे डॉक्टर स्वीकार नहीं कर पाते, हमारे जीवन जीने के बेहतर स्तर में बाधा हैं और जीवनकाल कम कर रही हैं। आगे वक्ता जोर देती हैं कि हमें जो दवाई हमारी आत्मा के लिए चाहिए, वह जिसमें हम सैकड़ों साल पहले ज्यादा बेहतर थे। ये दवाई हैं– प्यार–प्रेम, जिन्हें जरूरत है उनकी मदद करना, आशावादी–आधा गिलास भरा हुआ देखना, बेशर्त प्यार आदि। हालाँकि आधुनिक दवाइयों की गंभीर रूप से दुर्घटना या बीमारी होने पर मदद करने को मेडिकल विज्ञान को ये एक वरदान मानती हैं। मगर मानसिक तनाव के कारण आई

बीमारियों के लिए तनाव खत्म करना या कहें कि बीमारी की जड़ को खत्म करने की वकालत करती हैं। यह फिर अपने जीवन के कटु अनुभवों व तनाव को अपनी शारीरिक बीमारियों से जोड़ते हुए बताती हैं कि कैसे ये दोनों इनके खुद के जीवन में सम्बन्धित रहे हैं।

अपनी अगली टैड–चर्चा ''क्या हमारे पास स्वयं को स्वस्थ करने के वैज्ञानिक सबूत हैं?'' में चर्चा करते हुए बताती हैं कि 50 सालों से ज्यादा पलैस्बो असर को वैज्ञानिक आंकड़ों के द्वारा सत्यापित किया है। इसका मतलब यह हुआ कि अगर आपके दिमाग को मनोवैज्ञानिक तौर पर कोई संदेश मिलता है तो उसकी भी दिमाग सकारात्मक प्रतिक्रिया देता है, जैसे शक्कर से लिपटी दवाइयाँ असली दवाइयों जैसी प्रतिक्रिया शरीर में पैदा करें। ज्ञात रहे, मेडिकल विज्ञान में पलैस्बो दवाइयाँ भी उपलब्ध रहती हैं और केवल दवाई ली है, के मनोवैज्ञानिक संदेश से ही मरीज में फायदा देखा जा सकता है। ऐसे प्रयोग गंभीर बीमारियों, जैसे एच.आई.वी., दिल की बीमारी, किडनी फेल, मधुमेह, थायरायड आदि बीमारियों में भी किए गए हैं। विज्ञान से ये ऐसे बहुत सारे विशेष प्रकरण चर्चा में प्रस्तुत करती हैं। इस तरह से 'नोसेबो' नकारात्मक मनोवैज्ञानिक प्रभावों का भी जिक्र करती हैं। और विश्लेषण करती हैं कि यदि विज्ञान पलैस्बो और नौसेबो असर शोध नतीजों में पाता है तो दिमाग में निर्देशानुसार शरीर में सकारात्मक या नकारात्मक प्रभाव पैदा करने की क्षमता है।

आगे अपना स्वास्थ्य मॉडल देते हुए यह बताती हैं कि जीवन के सभी आयाम एक–दूसरे के साथ जुड़े हैं और अच्छे स्वास्थ्य के लिए यह सब आपस में सकारात्मक रूप से जुड़े होने चाहिए, जैसे मानसिक स्वास्थ्य, शारीरिक स्वास्थ्य, धन, माहौल, आध्यात्मिकता, सर्जनशीलता व्यवसाय या जीवन का मकसद आदि। यदि ये सारे स्तम्भ बरकरार हैं तो स्वास्थ्य निश्चित रूप से अच्छा होगा।

आगे अपनी चर्चा में फिर से हमारा मानसिक स्वास्थ्य खराब करने वाले कारक, जैसे अकेलापन, खराब आपसी सम्बन्ध और उन शोध–कार्यों का भी जिक्र करती हैं जो स्वास्थ्य और लम्बी आयु के लिए सकारात्मक कारकों पर प्रकाश डालते हैं, जैसे शादीशुदा लोग ज्यादा लम्बी उम्र तक जीते हैं और स्वस्थ भी रहते हैं। आध्यात्मिक और धार्मिक जीवन सकारात्मक सेहत से जुड़ा है। इसके विपरीत जरूरत से अधिक कार्य करना लोगों को अति तनावपूर्ण स्थिति में लाकर अत्यधिक तनाव के कारण मौत तक हो जाना। ये जापान में 'करोशी' नामक विकार की चर्चा करती हैं जिसमें जापान में अत्यधिक कार्य के तनाव से कार्यकर्ताओं में

दिल का दौरा पड़ना और मौत हो जाना देखा गया है। करोशी का मतलब है अत्यधिक काम के तनाव से मौत, जो जापान की संस्कृति में देखी गई है। जीवन के प्रति हमारा रवैया वाकई मायने रखता है, खुश लोग आमतौर पर 7 से 10 और साल तक नाखुश लोगों से ज्यादा जीवन जीते हैं। आशावादी निराशावादी लोगों की तुलना में 77 प्रतिशत कम दिल की बीमारी के शिकार होते हैं। इस तरह से मनोवैज्ञानिक आयामों को इन्होंने काफी महत्त्व दिया है।

इस तरह का ज्ञान–विज्ञान जो सीधा मनोवैज्ञानिक दृष्टि पर उपयुक्त बैठता है, वह है आध्यात्मिक ज्ञान, जिसमें भारत और भारतीय गुरुओं का भी बहुत योगदान रहा है। मनोवैज्ञानिक फायदों में आध्यात्मिक आयाम को जोड़ना इसलिए भी जरूरी हो जाता है, क्योंकि भारत में लोग मनोविज्ञान से अधिक धार्मिक और आध्यात्मिक जगत को ज्यादा मानते और जानते हैं तथा इनसे लाभान्वित भी होते हैं। निश्चय ही इस क्षेत्र से भारतीय मनोविज्ञान का गहरा सम्बन्ध है, क्योंकि भारतीय मनोविज्ञान मुख्यतः भारत के विभिन्न धर्मों और आध्यात्मिक जगत से ही उत्पन्न हुआ है।

इस श्रृंखला में बहुत से विद्वान गुरु हैं, जिनके लाखों अनुयायी हैं, उन सबका वर्णन न करके उदाहरण के तौर पर एक गुरु, सद्गुरु को इस श्रृंखला में सम्मिलित करते हैं। इनका ज्यादातर ज्ञान अनुभवी है और आंतरिक यात्रा या स्रोत से ये मानव–व्यवहार के विभिन्न कारकों पर चर्चा करते हैं जिनमें से कई सीधे मनोवैज्ञानिक विषय भी हैं, जैसे खुशी, अवसाद, तनाव, आपसी सम्बन्ध आदि।

आइए, इनके द्वारा परिभाषित ईशा संगठन के द्वारा प्रस्तुत किए गए इनके कुछ मनोवैज्ञानिक सम्प्रत्ययों को इस भाग में सम्मिलित करें और उनके अनुसार इन्हें समझने की कोशिश करें।

सद्गुरु वक्ता के रूप में किसी परिचय के मोहताज नहीं। इनके सैकड़ों वीडियो जिन्हें अब अंग्रेजी से हिन्दी में भी रूपान्तरित किया गया है, यू ट्यूब पर भरपूर मात्रा में उपलब्ध हो रहे हैं। यह मानव–व्यवहार के विभिन्न आयामों को परिभाषित भी करते हैं और कैसे मानसिक द्वन्द्व में अपनी समझ बढ़ा बेहतर जीवन–शैली की ओर अग्रसर हों, पर भी चर्चा करते हैं। आइए, इनमें से कुछ सम्प्रत्ययों पर इनकी चर्चा पर प्रकाश डालें, जो मनोविज्ञान से सीधे–सीधे सम्बन्धित हैं। जैसे 'खुश कैसे रहें'। इस वीडियो में यह बताते हैं कि कैसे बाहरी हालात को बिना ज्यादा महत्त्व दिए हर समय हम आनन्दमय रह सकते हैं? उदाहरण के लिए, यह कॉलेज अध्यक्ष के द्वारा आप पर लागू किए गए नियमों की बात करते हैं कि यदि आप पर वह नियम लगाते हैं कि आपको विशेष प्रकार के कपड़े पहनने हैं और

विशेष प्रकार का खाना ही खाना है, इस तरह के मान लीजिए आप पर दस नियम लगाए जाते हैं तो आपको लगेगा कि वह आपको गुलाम बनाने की कोशिश कर रहे हैं। आप अपनी आजादी के लिए चीख–पुकार करने लगते हैं। आगे यह समझाते हैं कि अब आपके आसपास क्या होना चाहिए, जब यह कोई और तय करने लगता है, तो हम इस गुलामी के लिए चीख–पुकार करने लगते हैं परन्तु जब कोई हमारे अन्दर क्या होना चाहिए, इसका निर्णय कर रहा है तो क्या यह गुलामी नहीं है? कोई और तय कर रहा है कि हमें खुश होना चाहिए या नहीं, तो क्या यह गुलामी नहीं है? कोई और यह तय करे कि आप खुश इंसान बनें या दुःखी इंसान, तो क्या यह असामान्य नहीं? हालाँकि हममें से अधिकतर लोग ऐसे ही जी रहे हैं। लेकिन फिर भी ये सामान्य बात नहीं हो जाती। आपके चारों ओर का माहौल आपके हिसाब का हो, यह जरूरी नहीं और यह जरूरी भी नहीं होना चाहिए। यह तभी हो सकता है, जब आप केवल मशीनों के साथ रहें जो आपका हुकुम मानती हों। और यह भी कभी–कभी खराब होकर आपको धोखा दे देगी। बाहर की स्थिति 100 प्रतिशत आपके अनुकूल कभी नहीं होने वाली। आपके भीतर खुशी, आनन्द, शान्ति आदि कई सुखी अवस्था के नाम हैं और तनाव, डर, चिंता, उदासी आदि दुःखी अवस्था के नाम हैं। यह बहुत जरूरी हो जाता है कि अपनी भीतरी अवस्था को बनाए रखने की जिम्मेदारी हम स्वयं लें। यह पूछते हैं कि क्या किसी भी चीज को हमने मन के बाहर अनुभव किया है? अगर यह हमारी आंतरिक प्रक्रिया है तो किसे तय करना चाहिए कि हमारे अन्दर क्या होना चाहिए? निश्चित तौर पर ही हमें यह फैसला लेना चाहिए कि हमारे अन्दर क्या अनुभव या घटना चाहिए, हो सकता है कि बाहरी दुनिया हमारे अनुकूल ना हो, मगर आंतरिक अनुभव हमारे अनुसार ही घटने चाहिए। अगर हम इसे ढीला छोड़ देंगे तो यह कोई और निर्धारित करने लगेगा। वह भी ऐसा जानबूझ कर नहीं करेगा, बल्कि आपकी तरह ही बेहोशी में ऐसा करेगा। इनके दूसरे वीडियो में होश और बेहोश को भी विस्तृत रूप से विवरण दिया गया है जो कुछ–कुछ सचेतन प्रक्रिया में होना या न होने की अवस्था है। होश जब हम अपने जीवन के प्रति पूरी तरह से जागरूक हो जीवन जी रहे हैं और बेहोश जब हम आदतन व्यवहार, जीवन की ढीली डोर होने के कारण दिशाहीन तरीके के साथ व्यवहार करते और जीवन जीते रहते हैं।

ऐसे ही डिप्रेशन, चिंता, तनाव आदि की मूल समझ और इनसे परे होने की सीख या समझ पर इन्होंने काफी अनुयायियों और श्रोताओं का ध्यान खींचा है। यह बताते हैं कि स्वयं के लिए मानसिक रोग पैदा करने के लिए आप स्वयं ही अपने विरुद्ध कार्य करते हैं। यह बताते हैं कि विवेक और पागलपन की रेखा बहुत

ही बारीक है। जब आप गुस्सा करते हैं तो विवेक को पीछे धकेल कर कुछ समय के लिए गुस्से में पागलपन के शिकार हो जाते हैं। अगर यह प्रक्रिया हम हर रोज बढ़ा देते हैं तो एक दिन हो सकता है कि गुस्से से वापस न आयें और मानसिक तौर पर बीमार ही हो जाएं। अगर हम हर रोज गुस्से से ऐसे व्यवहार को स्वयं में बढ़ावा देते हैं तो एक दिन पागलपन तक पहुँच जाएंगे। इन्हीं सब उदाहरणों के साथ यह सत्यापित करते हैं कि अवसाद या डिप्रेशन, चिंता, तनाव हमने स्वयं अपने अन्दर पैदा किए हैं, जो स्वयं का पूरा उत्तरदायित्व न लेने या बेहोश या बेपरवाह अवस्था में जीवन जीने से होता है। एक और वीडियो में यह बताते हैं कि जब इन्होंने अमेरिका में यात्रा करनी शुरू की तो लोगों ने बार–बार पूछा कि वह तनाव को कैसे नियंत्रित या प्रबन्धन करें? आगे यह बताते हैं कि कुछ समय के लिए इन्हें समझ नहीं आया कि तनाव क्या इनके जीवन का वास्तव में एक हिस्सा है, जिसके बगैर यह रह नहीं पाते और इसका प्रबन्धन करने की जरूरत है? इसका जवाब देते हुए कहते हैं कि तनाव इनके जीवन का हिस्सा नहीं है, बल्कि उन्हें नहीं पता कि उन्हें अपने मन को कैसे संभालना है? कैसे तन, भावनाएँ और मन में चलने वाली प्रक्रियाओं को सम्भालना है? क्योंकि यह बेपरवाह या बेहोशी की अवस्था में जी रहे हैं, इन्हें नहीं पता कि इस संवेदनशील तंत्र को कैसे संभालना है? तनाव हमारे बाहरी वातावरण के कारण नहीं है, आगे उदाहरण देते हुए बताते हैं कि अगर आप शादीशुदा हों तो आप तनाव में हो सकते हैं, अगर नहीं, तो आप तनाव में हो सकते हैं, अगर आपके बच्चे हैं तो तनाव में हो सकते हैं, अगर नहीं, तो तनाव में हो सकते हैं। आपका कार्य, जीवन, या दूसरे हालात तनाव के लिए जिम्मेवार नहीं हैं, बल्कि अपने तंत्र को सफलतापूर्वक ना समझ पाने के कारण हैं। आगे आंतरिक अभियांत्रिकी करने की सलाह देते हैं जो ईशा संगठन का मुख्य संदेश या कसौटी है। ऐसे ही अनगिनत इनके वीडियो हैं जो मानव–व्यवहार की समझ में इजाफा करते हैं और भारतीय मनोविज्ञान की समझ के बहुत करीब हैं।

यह अध्याय हमें सीख देता है कि मनोविज्ञान, आध्यात्मिक ज्ञान और सम्बन्धित क्षेत्रों से विज्ञान और आध्यात्मिक क्षेत्र में हमारे जीवन को खुश, संतोषजनक और जीवन के विभिन्न आयामों को उन्नत करने के लिए इंटरनेट के जरिये जो भारत में ग्रामीण क्षेत्रों तक पहुँचा हुआ है सन्देश भेजे जा सकते हैं। जिसे लोकल क्षेत्रों में लोकल जनता के अनुरूप बना उस ज्ञान का रूपान्तरण करने की आवश्यकता है और अब यह कार्य आधुनिक प्रौद्योगिकी ने बहुत ही सरल कर दिया है।

❑❑❑

अध्याय–9

व्यावहारिक सकारात्मक मनोविज्ञान का आगामी समयः एक विश्लेषण

सार

इस अध्याय में व्यावहारिक सकारात्मक मनोविज्ञान की आज की स्थिति के बारे में वर्णन करते हुए आगामी समय में इसके महत्त्व पर प्रकाश डाला गया है। इस अध्याय में भारतीय परिवेश में विशेषकर ग्रामीण इलाकों से कुछ केस दर्ज कर उनका विश्लेषण किया गया है कि क्यों व्यावहारिक सकारात्मक मनोवैज्ञानिकों का भारतीय सामाजिक और सांस्कृतिक परिवेश में काम करना जरूरी है। उसके बाद कुछ सुझाव भी दिए गए हैं, जिन क्षेत्र में हम अपनी महत्त्वपूर्ण भूमिका निभा सकते हैं। सरकारी और गैर–सरकारी संगठनों में भी इनका महत्त्वपूर्ण योगदान हो सकता है तथा लोगों की कुशलता के लिए सरकार की तरफ से बनाई गई नीतियाँ प्रभावी ढंग से लागू करने में और उनकी प्रभावशीलता का अध्ययन करने और उनका विश्लेषण करने में भी खास योगदान दे सकते हैं।

परिचय

जब से सकारात्मक मनोविज्ञान, मनोविज्ञान की एक शाखा के रूप में परिचित कराई गई है। इस क्षेत्र ने दिन दोगुनी और रात चौगुनी उन्नति की है। पिछले लगभग 20 सालों में सकारात्मक मनोविज्ञान में हजारों शोध–पत्र देश–विदेश से प्रकाशित हुए हैं जो इस विषय के विभिन्न उद्देश्यों को उजागर करते रहे हैं। जैसे सकारात्मक मनोविज्ञान के वे सब सद्गुण और विशिष्ट गुण सूचीबद्ध हुए हैं जो हमारे व्यवहार, सोच और भावनाओं में सकारात्मक रूप में विद्यमान हैं। उन सब गुणों पर मनोवैज्ञानिक परीक्षण बने हैं जो हमें व्यक्तियों में इन गुणों के अनुसार अन्तर नापने में मदद करते हैं और इस श्रृंखला के शोध–पत्र लगातार उन परीक्षणों की स्थायित्व या विश्वसनीयता और वैधता को बार–बार परख उनके इस्तेमाल को और अधिक उपयोगी सिद्ध करते रहे हैं। मुख्य धारा मनोविज्ञान में बहुत सारी तकनीक भी हैं जिन्हें मानव–व्यवहार को बेहतर बनाने के लिए इस्तेमाल किया जाता रहा है और असामान्य व्यवहार को सामान्य श्रेणी में लाने के लिए प्रयास किए

जाते रहे हैं। इससे भी बढ़कर सकारात्मक मनोविज्ञान में कुछ मध्यस्थता करते हुए कार्यक्रम हैं जो शोध के दौरान प्रभावशील पाए गए हैं, जिनका पिछले अध्यायों में उल्लेख किया गया है। इसके साथ–साथ धार्मिक और आध्यात्मिक कार्यक्रमों की प्रभावशीलता का भी पिछले अध्यायों में विस्तृत वर्णन किया गया है। इसके अलावा भारतीय धार्मिक और आध्यात्मिक साहित्य से लिए गए सम्प्रत्ययों पर भी पिछले अध्यायों में विस्तृत उल्लेख किया गया है। अब प्रश्न उठता है कि सकारात्मक मनोविज्ञान का आगामी कल या भविष्य क्या होना चाहिए? ये किस तरह से अपनी दिशा सुनिश्चित करें कि भारतीय आम जनता को इससे फायदा हो? अगर हम आधुनिक युग की सुख–सुविधाओं की चर्चा करें तो यह समय इन सुविधाओं के साथ अपनी चरम सीमा पर है। मगर इसके बावजूद भी अगर हम मनोवैज्ञानिक आंकड़ों की मानें तो लोग आधुनिक युग में पिछली पीढ़ियों से ज्यादा खुश नहीं हैं और आधुनिक आंकड़े हमारे नकारात्मक भावों, जैसे चिंता, उदासी, तनाव, अवसाद में क्रमशः बढ़त भी दिखा रहे हैं जो युवा और किशोरावस्था में भी काफी हैं। इस विषय पर रिपोर्ट और शोध पत्रों के मानसिक अवस्था और समस्याओं को दर्शाते नतीजों से लगता है कि मनोवैज्ञानिकों और दूसरे सम्बन्धित वैज्ञानिकों को भारत में आम जनता के बीच मानसिक स्वास्थ्य पर काम करने की अति आवश्यकता है। पिछले अध्याय में हमने अपने शोध से आए नतीजों के तहत भी यह बताया है कि ग्रामीण महिलाएँ जब सुख–सुविधाओं की बात करती हैं तो वे बताती हैं कि पिछले 10 सालों में बिना किसी संदेह के जीवन–शैली में सुधार आया है। मगर जब आपसी सम्बन्धों की बात करते हैं तो आमतौर पर महिलाएँ सकारात्मक आपसी सम्बन्धों में गिरावट और नकारात्मक आपसी सम्बन्धों में बढ़त देखती हैं। अतः आपसी सम्बन्ध, जो देश–विदेश के शोध में खुशी का मुख्य कारक माने जा रहे हैं, में गिरावट महसूस करना हमारे लिए अच्छा संकेत नहीं है।

आइए, अपने समाज से ही कुछ केश स्टडीज के द्वारा समझें कि हमारे लोकल समुदायों में क्या–क्या मनोवैज्ञानिक समस्याएँ हो रही हैं? हालाँकि भारत में संस्कृति में काफी भिन्नता होने के कारण अलग–अलग राज्यों में अलग–अलग सामाजिक व सांस्कृतिक समस्याएँ हो सकती हैं। मेरा मुख्य शोध–क्षेत्र हरियाणा राज्य और एन.सी.आर. (राष्ट्रीय राजधानी क्षेत्र) रहा है तो पाठक इस संदर्भ में ही केस को समझें।

मैं एक बार लोकल बस में यात्रा कर रही थी और धीरे–धीरे साथ वाली महिला से मेरी बातचीत शुरू हो गई। बातों–बातों में इस महिला ने अपने भाई से रिश्तों के बारे में बताना शुरू किया और बताया कि कैसे जब वह भाई को राखी बाँधने उसके

यहाँ गई तो दुकानदार भाई ने उसका अपमान करते हुए कहा कि वे राखी तराजू पर बाँध दे और उसने बहन से कलाई पर राखी नहीं बंधवाई। उसके बाद वह सालों भाई के यहाँ वापस नहीं गई। मगर उसकी कथनी में दर्द साफ झलक रहा था। आगे इन्होंने यह भी बताया कि उसके अपने घर में कोई भी कमी न होने के बावजूद भी वह इस कारण से खुश नहीं रहती है। आपसी संबंधों में अनबन के अनगिनत केस यहाँ जोड़े जा सकते हैं।

अगर हम इसे मनोवैज्ञानिक रूप से समझें तो आपसी सम्बन्ध बहुत महत्त्वपूर्ण ढंग से हमारे जीवन में भूमिका निभाते हैं और ग्रामीण परिवेश में और ज्यादा, क्योंकि वहाँ सामूहिक संस्कृति ज्यादा है। आपसी सम्बन्ध हमें सबसे ज्यादा जोड़ते भी हैं और नकारात्मक होने पर तोड़ते भी हैं। यदि कुछ मनोविज्ञान की तरफ से ऐसे कार्यक्रम हों, जिनमें ऐसे भावात्मक रूप से रिश्ते टूटने पर उन्हें अपने जीवन को सामान्य रखने में कुछ मनोवैज्ञानिक मदद मिल सके, तो उन्हें बहुत ही फायदा होगा। उनमें कुछ समझ होगी कि वे बिगड़े हुए रिश्तों के साथ कैसे बर्ताव करें कि वे शारीरिक और स्वास्थ्य व कुशलता के लिए हानिकारक ना बनें।

अगला केस अपनी शोध के लिए की गई क्षेत्र–यात्रा के दौरान अनुभव से लेती हूँ। एक बार एक औरत से मेरी मुलाकात हुई जो काफी परेशान और तनाव में थी। इस औरत की जटिल परेशानी यह थी कि जब भी वह गाँव में घर से बाहर किसी काम से जाती है, उनके पति इस औरत पर किसी भी व्यक्ति को लेकर उसके साथ गलत सम्बन्ध होने का इल्जाम लगा देते हैं। यह बेचारी औरत अपनी सफाई देते–देते परेशान रहती हैं। मगर पति एक सफाई से संतुष्ट होते हैं, तो दूसरा इल्जाम लगा, इन्हें परेशान करते रहते हैं। यह बताती हैं कि कई बार वह मनोचिकित्सालय में भी पति को लेकर गई हैं। डॉक्टर दवाई दे देते हैं और पति घर आने पर जिद्द करते हैं कि वह दवाई क्यों खाए, वह पागल थोड़े ही है। ज्ञात रहे, पति पैरानायॅड पर्सनैलिटी डिसऑर्डर के शिकार हैं और शक करना इनकी बीमारी का लक्षण। मैंने सिर्फ यही बात इस औरत को हमारी मुलाकात के दौरान बताई कि आप पर शक यह अपनी बीमारी के लक्षण के कारण कर रहे हैं। विश्वास कीजिए, सिर्फ इतनी सी जानकारी इस औरत के लिए बहुत बड़ी राहत थी और इस औरत ने बताया कि कैसे इस जानकारी से उसके सिर में तनाव की वजह से बना हुआ खिंचाव अब कम हो रहा है और बड़ी राहत महसूस कर रही है।

इस केस से हमें समझ आता है कि मानसिक रूप से बीमार परिवारजन की देख–रेख करने वाले लोगों को यह जानकारी मिलनी चाहिए कि इस मानसिक रोग

के क्या लक्षण हैं और उन्हें कैसे बीमार के साथ सामंजस्य बिठाना चाहिए। गाँव में रोगियों की संख्या बहुत ज्यादा भी नहीं हैं लेकिन जो हैं, वे व्यक्तिगत स्तर पर ही संघर्ष कर रहे हैं और उन्हें मानसिक रोगों पर जानकारी काफी तसल्ली दे सकती है। हमारे एक शोध के द्वारा भी ऐसी जानकारी ग्रामीण समाज में देने की दलील दी गई है। इससे समाज में लोग और परिवार में देखभाल करने वाले लोग और ज्यादा समानुभूति के साथ रोगी के साथ सम्बन्ध बना पाएंगे और देखभाल कर पाएंगे।

ऐसा ही एक और केस मुझे हाल ही में देखने को मिला, जो हैरानी है कि पढ़े–लिखे तबके से है। कुछ समय पहले ही एक पढ़ी–लिखी लेकिन ग्रामीण परिवेश से जुड़ी हुई लड़की ने मुझसे मिलकर सलाह लेने की बात कही। मुलाकात के दौरान मुझे पता लगा कि लड़की की शादी के कुछ दिन बाद ही पति ने उसे छोड़ दिया है। कारण उसने बताया कि इनके पति को पता चल गया कि कभी इस लड़की ने मनोचिकित्सक को दिखाया था और डिप्रेशन की दवाई ली थी। उसी को आधार बना, पति ने न केवल तलाक ले लिया, बल्कि लड़की को इनके लोकल समाज के सामने बार–बार पागल कह कर पागल सिद्ध करने की कोशिश भी की, जिससे लड़की फिर से अपनी पुरानी डिप्रेशन की अवस्था में थी और मानसिक स्वास्थ्य के साथ संघर्ष कर रही थी। लड़की ने यह भी बताया कि इनकी दूसरी जगह फिर शादी होने वाली है और जानना चाह रही थी कि उन्हें कैसे हालातों का ध्यान रखकर अपनी परेशानी और बीमारी छुपानी चाहिए?

यहाँ समस्या इस लड़की से ज्यादा समाज में अज्ञानता की है। समाज को प्रशिक्षित होने की है जिससे किसी भी मानसिक स्थिति को लोग गलत नाम न दें और लोगों की परेशानी को बेमतलब न बढ़ाएँ। समाज और लोगों की अपेक्षा मानसिक तौर पर संवेदनशील लोगों को और कमजोर न कर उन्हें सहारा या साथ देने को अग्रसर हों। मानसिक रोग और लक्षणों की सही समझ हो और तोड़–मरोड़ कर हालात गलत ढंग से पेश न किए जाएं।

एक और केस में मैंने देखा कि पति–पत्नी या परिवाजनों में झगड़े होने पर सब नकारात्मक घटनाएँ बच्चों के सामने ही चलती रहती हैं, बिना यह ध्यान दिए कि उनके कोमल मन पर इनका कितना बुरा प्रभाव पड़ेगा।

पिछले दशक के मेरे दूसरे शोध के लिए यात्रा के दौरान मैने पाया कि ग्रामीण महिलाओं में सिरदर्द की समस्या आम है और सही जानकारी न होने के कारण आपस में कोई भी दवाई ले, इससे राहत पा लेती हैं। उन्हें यह समझ या जागरूकता होनी चाहिए कि दवाइयों के दुष्प्रभाव भी होते हैं और सिर दर्द के कारण

जानकर निवारण करना चाहिए। उन मनोवैज्ञानिक कारणों को जानना चाहिए जो उनके सिर दर्द का कारण हैं और फायदेमन्द तकनीक सीखनी चाहिए, जैसे योग, ध्यान और दूसरी आसान तकनीक, जो उन्हें तन और मन से स्वस्थ रखें। ऐसे कार्यक्रम उनके लिए मनोवैज्ञानिकों और सम्बन्धित क्षेत्रों से उपलब्ध कराये जाने चाहिए।

सामाजिक मुद्दों पर आधुनिक समझ को ग्रामीण औरतें यह कहकर नकार देती हैं कि शहरों में ऐसा होता होगा, गाँव में तो अभी भी मानते हैं, जैसे लड़का न होने के कारण दो बेटियों के बाद भी बेटे की चाह में अगला मौका लेने के लिए सास द्वारा बहू को विवश करते रहना जो रूढ़िवादी जीवन–शैली को छोड़ नहीं पाती हैं।

इन दृष्टांतों से हमें समझ मिलती है कि सिर्फ सरकारी नीतियाँ बनाना काफी नहीं हैं, उनकी समझ, जागरूकता और स्वीकार्यता भी आम लोगों तक पहुँचनी चाहिए और लोकल समाज में लोगों के बीच उन कुरीतियों को दूर करने की प्रेरणा होनी चाहिए और लोगों को लगना चाहिए कि ग्रामीण समाज भी इन्हें मानता है।

यह समाज से कुछ चयनित केस हैं जो मनोवैज्ञानिकों को भारतीय ग्रामीण समाज में अपने शोध करते समय सांस्कृतिक व सामाजिक विशेष कारकों की भूमिका को महत्त्व देने के संकेत देते हैं। हालाँकि ऐसे अनगिनत मामले इस श्रृंखला में और भी जोड़े जा सकते हैं।

ग्रामीण क्षेत्रों में किशोरावस्था के बच्चों में अपनी बहुत सारी समस्याएँ और द्वन्द्व हैं, जैसे वे मीडिया के द्वारा बाहरी जगत से भी जुड़े हैं और अपने लोकल समाज में रहने के कारण उससे भी जुड़ाव और प्रभाव है। इन दो चरम छोर के माहौल में, मूल्यों में, आचार–विचार में ये बच्चे कई बार जीवन में द्वन्द्व महसूस करते हैं। कुछ उपयुक्त मंच इन्हें चाहिए, जहाँ ये अपने जीवन में आए द्वन्द्व को समझ पाएँ और सुलझा पाएँ।

मनोवैज्ञानिक विश्लेषण करने से पहले आइए, एक और दृष्टिकोण को समझें, जो व्यावहारिक ज्ञान के लिए महत्त्वपूर्ण हैं। व्यवहारवाद में बहुत सारे सिद्धांत और नियम दिए गए हैं जिनके कारण व्यक्ति और जानवर नई क्रियाएँ सीखते हैं, जो दोनों के लिए लगभग एक जैसी हैं। व्यवहारवाद का पालन करने वाले मनोवैज्ञानिकों ने पहले जानवरों पर सीखने के प्रयोग किए और उसके बाद मनुष्यों पर भी सीखने के प्रयोग कर सिद्धांत बना दिए। इस प्रक्रिया का अगर एक रूप और देखें तो समाज में पालतू जानवरों को कार्य सिखाते समय लोग बिना मनोविज्ञान को जानें,

वे सब नियम इस्तेमाल करते हैं जिन्हें वे समाज में पीढ़ी–दर–पीढ़ी सीखते रहे हैं, जैसे बैल, घोड़े, ऊँट आदि को गाड़ी में चलने के लिए चालक के इशारे समझना, जिनमें रस्से के इशारे से एक प्रशिक्षित जानवर चलना सीखता है। घर मे दूसरे जानवर भी धीरे–धीरे लोगों के इशारे समझने लगते हैं। ऐसे ही सर्कस में जानवर बहुत जटिल क्रियाकलाप मास्टर के इशारे पर सीख लेते हैं। यहाँ मास्टर यह सब सिखाने के लिए मनोविज्ञान नहीं पढ़ाता, मगर वह ईनाम और दण्ड के सीखने में नियम इस्तेमाल करता है। ठीक वैसे ही आपको लोकल क्षेत्र से अनेक उदाहरण मिल सकते हैं, जिनकी मनोवैज्ञानिक व्याख्या की जा सकती है।

यहाँ एक विशेष उदाहरण इस विषय पर और अधिक प्रकाश डालता है। जैसे गाँव में दूध दोहने के लिए गाय या भैंस एक ही व्यक्ति को दूध देने के लिए कई बार अनुबन्धित हो जाती हैं। ऐसे में यदि घर में औरत के लिए यह अनुबन्धित हुई और वह औरत समय पर उपस्थित न हुई तो उस औरत के कपड़े पहन उसी तरह से घूँघट कर आदमी भी दूध दुह लेता है। मनोविज्ञान में इसे 'सामान्यीकरण का सिद्धांत' या नियम कहेंगे। जानवरों और बच्चों के लिए बहुत से सीखने के नियम हैं जो मनोविज्ञान में भी प्रयोग के द्वारा सिद्ध किए गए हैं। लेकिन हमारे दिन–प्रतिदिन के व्यवहार में भी उसकी झलक दिखती है। अतः मानव–व्यवहार को सिर्फ मनोवैज्ञानिक दृष्टि से ही समझे, यह जरूरी नहीं। मानव–व्यवहार को समझना एक अभिक्षमता है जो बिना मनोवैज्ञानिक ज्ञान पाए भी बहुत से लोगों में इसकी समझ होती है। हालाँकि मनोविज्ञान उस ज्ञान को एक पद्धति या प्रणाली के द्वारा क्रमबद्ध तरीके से प्रस्तुत करता है। अतः हमें इस क्रमबद्ध तरीके से प्राप्त ज्ञान के साथ–साथ व्यवहार को विस्तृत रूप से समझने के लिए क्षेत्र में खुले दिमाग व जागरूकता के साथ समाज या समुदायों के क्रियाकलापों को समझना चाहिए और ज्ञान तथा असली जीवन में अनुभव का ताल–मेल बना सर्वश्रेष्ठ ढंग से व्यवहार और मानसिक प्रक्रियाओं को समझने की कोशिश करनी चाहिए, जिसमें लोकल सामाजिक और सांस्कृतिक परिवेश और इनके परिपेक्ष्य में व्यवहार को समझा जा सके और इन कारकों की विशेषता और महत्त्वता को बढ़ावा मिल सके।

ऐसे अनेक केस लेकर इस मुद्दे पर चर्चा की जा सकती है। लेकिन इससे भी ज्यादा आवश्यक है कि मनोवैज्ञानिक और सम्बन्धित क्षेत्र के विशेषज्ञ कैसे भारतीय परिवेश में कारगर ढंग से आधुनिक युग में अपनी भूमिका निभा सकते हैं? पिछले मेरे लगभग 25 साल के अनुभव के आधार पर कुछ मुख्य दिशा–निर्देश हमारे लिए एक व्यावहारिक पहल कर समाज के लिए लाभप्रद दिशा दे सकते हैं जो निम्नलिखित हैं:–

1. मनोविज्ञान और खासकर इसकी शाखा सकारात्मक मनोविज्ञान में बहुत से शोध–पत्रों से निकले संदेश हैं जो एक आम भारतीय के जीवन को और बेहतर बनाने में मदद कर सकते हैं, वे सब संदेश आम जनता के बीच पहुँचने चाहिए। जैसे– पिछले अध्यायों में कई बार ऐसे मध्यस्थता करते हुए कार्यक्रमों का और उनकी प्रभावशीलता का वर्णन किया है जो सकारात्मक मनोविज्ञान में शोध–पत्रों के रूप में उपलब्ध हैं। इसके अलावा हमारी अधिकतर जनसंख्या ग्रामीण क्षेत्रों में रहती है और मनोवैज्ञानिक शोध के केन्द्र आसानी से सहभागी उपलब्ध होने के कारण शहरी आबादी है। हमें अपने शोध में जनसंख्या के अनुपात के अनुसार हर तबके तक पहुँचना चाहिए।

2. अगर हम भारतीय संस्कृति और सामाजिक वातावरण को नजदीक से अवलोकन करें तो बहुत सारे रीति–रिवाज और मौके ऐसे हैं जो हमारी संस्कृति का हिस्सा हैं। इनमें से कुछ धार्मिक व आध्यात्मिकता के अंतर्गत भी आते हैं। अगर हम भारत में धार्मिक और आध्यात्मिक संगठनों में लोगों की सदस्यता के आँकड़े देखें तो हजारों और कुछ प्रसिद्ध संगठनों में तो लाखों अनुयायी हैं। भारतीयों के साथ–साथ हमारी भारतीय आध्यात्मिकता के विदेशी भी कायल हैं और इन संगठनों में अपनी एक महत्त्वपूर्ण हिस्सेदारी दर्ज करते रहे हैं। आध्यात्मिकता मानव–व्यवहार का एक अहम हिस्सा है और आधुनिक सकारात्मक मनोविज्ञान में इसे काफी महत्त्व दिया गया है जो हमारे मनोविज्ञान के उद्देश्य की महत्ता को और सुदृढ़ करता है। हमें उन सब धार्मिक, आध्यात्मिक, सांस्कृतिक और सामाजिक रीति–रिवाजों को भारत में महत्त्व देना चाहिए, जो हमारी कुशलता में योगदान दे सकते हैं।

3. यहाँ पर यह भी समझना होगा कि सामाजिक और संस्कृति के कुछ रीति–रिवाज हमारे आज के परिवेश में बिल्कुल भी उपयोगी नहीं हैं तथा कई बार हमारी कुशलता की राह में रोड़े का काम करते हैं। निश्चय ही ऐसे रीति–रिवाज छोड़ने की जरूरत है, जैसे लड़के–लड़की में फर्क करते रिवाज, लड़कों को ज्यादा महत्त्व देते रिवाज, दहेज या कोई भी दूसरी कुरीति को बढ़ावा देते रिवाज। हालाँकि यहाँ उन रीति–रिवाजों की चर्चा हो रही है जो समाज को आपस में जोड़ते हैं, परिवार में स्नेह और मान–सम्मान बढ़ाते हैं। हमारे त्यौहारों को उत्सव के रूप में मानते हुए एक–दूसरे को मान–सम्मान देना, रिश्तों को आनन्दमय और आपसी मिलन का मौका बनाना आदि। हमें आधुनिकता के चलते बिना–सोचे समझे अपनी सांस्कृतिक धरोहर को छोड़ना

नहीं चाहिए, बल्कि हमारी खुशी और कुशलता को बढ़ाने वाले सामाजिक और सांस्कृतिक कार्यक्रमों को बढ़ावा देना चाहिए और उन्हें आज के संदर्भ में उचित मंच भी उपलब्ध कराना चाहिए। उदाहरण के तौर पर, भारतीय परम्परा में नाचना–गाना काफी प्रसिद्ध है और हर राज्य अपने गीत–संगीत और नाच के लिए प्रसिद्ध है। हरियाणा में भी दूसरे राज्यों की तरह ही इकट्ठे होकर गीत सुनना, लोकल नाटक जो 'भजन' और 'सांग' कार्यक्रमों के जरिए होते थे, काफी प्रसिद्ध रहे हैं। लेकिन समय के साथ–साथ ऐसे कार्यक्रमों की चमक फीकी पड़ने लगी। हालाँकि इसी तरह के दूसरे कार्यक्रम समाज में अपनी जगह बना रहे हैं। जैसे कोई गायक या नर्तकी, जो लोकल गीत–संगीत और नृत्य का प्रस्तुतीकरण कर, आम जनता का भरपूर मनोरंजन कर रहे हैं। ऐसे ही कुछ और शहरों और कस्बों में सामूहिक गीत–संगीत और नाचने के कार्यक्रम 'राहगीरी' के नाम से आधुनिक समय में धीरे–धीरे प्रसिद्धी पा रहे हैं। दिल्ली में भी ऐसे कार्यक्रम देखने को मिल रहे हैं जिनमें हर उम्र के लोग आदमी–औरत, जवान, बच्चे और बूढ़े घरों से बाहर एक किसी खास जगह पर इकट्ठे हो नाच–गाना, और दूसरी रचनात्मक गतिविधियों में भाग लेते हैं। हरियाणा के शहरी और कस्बों में तो एक सड़क को खाली करा तथा यातायात को दूसरी सड़क पर मोड़कर भी सप्ताहांत के दौरान राहगीरी कार्यक्रम किए जा रहे हैं। ऐसे कार्यक्रम निश्चित रूप से ही मानसिक और शारीरिक स्वास्थ्य के लिए फायदेमन्द होंगे। नाचना–गाना और आनन्दमय हो किए गए क्रियाकलाप लोगों में खासकर युवा बच्चों में आत्मविश्वास, उल्लास, आपसी सम्बन्ध आदि को मजबूत करेंगे। हालाँकि ऐसी सांस्कृतिक गतिविधियों को लेकर भी शोध होने चाहिए और कार्यक्रमों की प्रभावशीलता का अध्ययन कर देखना चाहिए कि क्या ये कार्यक्रम युवाओं में कुछ मनोवैज्ञानिक सकारात्मक परिवर्तन लाने में और उनमें अकेलापन, तनाव, अवसाद या चिंता से मुक्त करने में सक्षम हैं?

4. भारतीय समाज और संस्कृति में भी बहुत सारे कारक हैं और इन कारकों के अनुसार बंटे समूह अलग–अलग समस्याओं का सामना कर सकते हैं। अतः मनोवैज्ञानिकों को अपने शोध समूह की विशेषज्ञता को ध्यान में रख उनकी मनोवैज्ञानिक समस्या पहचाननी होगी और निवारण के लिए विश्लेषण करना होगा। उदाहरणतया, एक ही ग्रामीण परिवेश में संभवतः आदमी और औरतों की समस्याएँ अलग हो सकती हैं। जैसे– अल्कोहल की लत ज्यादा आदमियों में हो सकती है तथा औरतें ज्यादा घरेलू हिंसा की शिकार होने के

कारण ज्यादा तनाव में हो सकती हैं। इसी तरह से उम्र के साथ भी हर उम्र के समूह की समस्याएँ अलग–अलग हो सकती हैं जो उनके मानसिक स्वास्थ्य को कमजोर कर उन्हें चिंता, तनाव या अवसाद की तरफ धकेलती हैं। इसी तरह से कुछ और हालात भी लोगों के मानसिक स्वास्थ्य पर भारी पड़ सकते हैं, जैसे– बेरोजगारी, शादी की उम्र पर शादी न हो पाना, शादी को लेकर माँ–बाप से अनबन, पत्नी से सामंजस्य न हो पाना, नौकरी जो करनी जरूरी है, लेकिन किन्हीं कारणों से बिल्कुल भी पसन्द न होना, खेती–बाड़ी में अनिश्चितता, बड़ी उम्र में बुजुर्ग की सही देखभाल न हो पाना, परिवार में धन– दौलत को लेकर झगड़ा आदि। यह सूची और भी बहुत लम्बी बन सकती है जो हमारे चारों तरफ कारक हैं और हमारे जीवन की स्थिरता और शारीरिक और मानसिक स्वास्थ्य में गिरावट के महत्त्वपूर्ण कारक बन सकते हैं। ऐसे समय में यह जरूरी है कि उपयुक्त सलाह मिलना, ऐसा मंच मिलना जिस पर व्यक्ति निश्चित होकर सलाह और मदद ले सके। हालाँकि सरकार की बहुत सारी नीतियों के तहत ऐसे कार्यक्रम हैं लेकिन फिर भी उनके लिए लोगों को जागरूक करना, विशेषज्ञों की संख्या बढ़ाना, लोकल क्षेत्र में उन्हें और अधिक उपलब्ध कराना और उनके द्वारा किए गए कार्यक्रमों की समय–समय पर प्रभावशीलता का अध्ययन कर, उनका विश्लेषण करना आदि जरूरी है।

5. मानसिक स्वास्थ्य के जागरूकता के कार्यक्रमों के लिए आधुनिक प्रौद्योगिकी का इस्तेमाल करना बहुत जरूरी है। ऐसा नहीं है कि इस क्षेत्र में तरक्की नहीं हो रही, लेकिन और अधिक सचेत हो प्रयास करने की जरूरत है। नई तकनीक के इस्तेमाल करने के लिए भी आज का युवा प्रशिक्षित होना चाहिए ताकि वह प्रौद्योगिकी का इस्तेमाल तो करें लेकिन दुरुपयोग कर अपने जीवन को नकारात्मक दिशा में न धकेलें। दिन–प्रतिदिन समाज में बढ़ते मानसिक विकार, जैसे चिंता, अकेलापन, अवसाद और तनाव का स्तर, आत्महत्या आदि का घटित होना हमें इशारा करता है कि बढ़ती आधुनिकता और तरक्की के साथ व्यक्ति स्वयं को सम्भाल नहीं पा रहा है और उसे स्वयं के लिए कुछ खुद का प्रबन्धन करने वाले अभ्यास सीखने की जरूरत है। जैसा कि आध्यात्मिक गुरु सद्गुरु कहते रहे हैं, मानव एक जटिल मशीन है। हम इसके सॉफ्टवेयर के संचालित मैनुअल को समझे बगैर अच्छा जीवन नहीं जी सकते। हमारी सांस्कृतिक धारणाएँ भी स्वाध्याय को एक विशेष महत्त्व देती रही हैं। अतः खुद को जानना, समझना अपने समस्याओं से अवगत होना और

उनके समाधान के प्रति सजग हो प्रयास करना आदि एक सफल जीवन के लिए महत्त्वपूर्ण कदम है। ऐसा ज्ञान और विज्ञान इंटरनेट के जरिए प्रसारित होता रहा है। मगर इंटरनेट पर और भी इतनी सामग्री उपलब्ध है कि आप क्या देखने या पढ़ने चले थे और कहाँ पहुँच गए, अगर थोड़ा–सा भी इससे बेखबर हैं तो यह आपके साथ बहुत जल्दी घटित हो सकता है। अतः 'डिजिटल पोषण' या सिर्फ फायदेमन्द जानकारी को ही प्राप्त करना और 'डिजिटल सचेतन' या पूरी तरह से ध्यानपूर्वक सचेतन मन से डिजिटल दुनिया में प्रवेश करना जरूरी है। ऐसी सभी तरह की समझ में मनोवैज्ञानिक एक महत्त्वपूर्ण भूमिका निभा सकते हैं।

6. सरकारी की विभिन्न योजनाएँ चल रही हैं, जैसे 'सफाई अभियान', 'बेटी बचाओ–बेटी पढ़ाओ' अभियान, समाज के विभिन्न तबकों के लिए न्याय सम्बन्धित जागरूकता, अपने हक को जानने के लिए जागरूकता आदि। उन सब योजनाओं की प्रभावशीलता क्या रही? कैसे ये योजनाएँ और अधिक प्रभावशाली हो सकती हैं? इनके प्रसारण और प्रदर्शन कार्यक्रमों में मनोवैज्ञानिक कारक जोड़ कर कैसे और प्रभावशील बनाई जा सकती है? सामाजिक और सांस्कृतिक कारक उस विशेष क्षेत्र में क्या हैं और ये कैसे योजना को और अधिक बढ़ावा दे सकते हैं? ऐसे विभिन्न प्रश्नों का उत्तर जानने में मनोविज्ञान टीम का हिस्सा बन, सरकार और गैर–सरकारी संगठनों की मदद कर सकते हैं।

7. सरकार की विभिन्न योजनाओं में बहुत से हिस्सेदार हैं जो हर रोज समाज में लोगों से काफी मिलते–जुलते हैं। इन सभी हिस्सेदारों का मनोवैज्ञानिक प्राथमिक चिकित्सा के लिए प्रशिक्षण होना चाहिए जिससे वे अपना, अच्छा व्यवहार रख एक प्रेरणास्रोत की भूमिका निभा सकें, जरूरत पड़ने पर लोगों को सही सलाह दे सकें और उनकी मदद कर सकें। उदाहरण के लिए, ग्रामीण क्षेत्र में ऐसे पद हो सकते हैं, जैसे आँगनबाड़ी कार्यकर्ता, स्कूल में अध्यापक/अध्यापिका, महिला मण्डल या आशा कार्यकर्ता, गाँव में पंचायत, सदस्य और सरपंच आदि। कस्बों और शहरों में इस श्रेणी के लोगों का और भीं बड़ा नम्बर हो सकता है। इस जागरूकता का एक और फायदा हो सकता है कि वे व्यक्तिगत विशेषताएँ और भेद को समझने और इसके अनुसार सार्वजनिक मुद्दों पर अपनी समझ बना बेहतर आपसी व्यवहार करेंगे।

8. समाज आधुनिक तरक्की से हर रोज नई प्रौद्योगिकी, नए सोच– विचार, नए अवसर, नए व्यवसाय आदि से रूबरू हो रहा है। उन सब नए मुद्दों पर

सामंजस्य बनाने वाली सोच बने ताकि उनकी पुरानी सोच–समझ के साथ नए विचार एक सामंजस्य भरी समझ और समय के अनुरूप आधुनिक समझ बना सके। माता–पिता और बच्चों के बीच में ऐसे द्वन्द्व काफी बार देखे जाते हैं, जैसे माता–पिता लड़कियों को शहरों में पढ़ने के लिए उनकी सुरक्षा के मुद्दे को लेकर नहीं जाने देना चाहते तथा जिसमें लड़की का मत उनके लिए द्वन्द्व पैदा कर सकता है। कुछ माता–पिता अपने लड़कों को विदेश शिक्षा लेने नहीं जाने देना चाहते, क्योंकि उन्हें डर है कि वह भारत वापस नहीं आएगा। मनोवैज्ञानिक ऐसे मुद्दों को उजागर कर अपनी जागरूकता बढ़ाने वाले कार्यक्रमों के जरिए व्यक्तियों को एक मंच दे सकते हैं जहाँ उन्हें अपनी ऐसे मुद्दों पर सोच बढ़ाने और जीवन में आए द्वन्द्व सुलझाने का मौका मिले। ज्ञात रहे, किसी भी समाज में लोग एक–दूसरे के लिए सामाजिक मॉडल की भूमिका निभाते हैं। अतः हमें ध्यानपूर्वक सामाजिक व्यवहार को सराह कर प्रचार करना चाहिए, न कि बिना सोचे–समझे, जैसे आज का मीडिया अधिकतर ऐसा प्रचार कर रहा है।

9. जैसा कि पिछले अध्यायों में बताया गया है भारतीय धार्मिक और आध्यात्मिक साहित्य में भी बहुत सारे सम्प्रत्यय हैं जो मानव–व्यवहार की समझ बनाने में और उसे बेहतर बनाने में मदद कर सकते हैं जिनका मैने पिछले अध्यायों में जिक्र किया है, वे हैंः सुख–दुख, सद्चितानन्द, विकार, आसक्ति–अनासक्ति, स्वाध्याय आदि। ऐसे और भी बहुत सारे पाठ हो सकते हैं जो हमारी मनोवैज्ञानिक समझ को बेहतर बना सकें। इस दिशा में मनोवैज्ञानिकों की समझ में बढ़ोतरी दोहरा फायदा देगी–एक मनोवैज्ञानिक इन मुद्दों के तहत मानव–व्यवहार के लिए अपनी समझ में बढ़ोतरी करेंगे। दूसरा, क्योंकि यह ज्ञान बहुत अधिक नया न होकर भारतीय लोगों की सोच में कुछ ही नई दिशा देगा, जिसके कारण मनोवैज्ञानिक संदेश समझना आसान होगा। जैसे अगर ग्रामीण इलाकों में सकारात्मक और नकारात्मक भावनाओं की बात करने की बजाय काम, क्रोध, मोह, लोभ या 'पहला सुख निरोगी काया' उन्हें ज्यादा अपना–सा लगेगा और वे इनसे ज्यादा जुड़ाव महसूस करेंगे।

संक्षिप्त में, आज का भारतीय मनोवैज्ञानिक, मनोविज्ञान और दूसरे सम्बन्धित क्षेत्रों की उन्नत शोध–यात्रा से भली–भाँति परिचित है। उसके पास मानव –व्यवहार और संज्ञानात्मक प्रक्रियाओं को समझने के लिए भरपूर मात्रा में ज्ञान है जो विभिन्न सम्प्रत्ययों की परिभाषाएँ और भूमिका के साथ मौजूद हैं। उसके पास

मानव–व्यवहार के विभिन्न पहलुओं का आंकलन करने के लिए बहुत सारी ज्ञान–विज्ञान की तकनीक हैं, जिनके जरिए वह भारतीय समाज और संस्कृति में अपनी महत्त्वपूर्ण भूमिका निभा सकता है। हालाँकि उसे इस दिशा में और अधिक गतिमान और प्रगतिशील होने की जरूरत है। उसके पास अब अनुकूल माहौल है कि वह इस दिशा में अपना महत्त्व बना सके, जैसा कि सरकार की तरफ से भी सरकारी नीतियों के तहत पहल हो रही है। जैसे दिल्ली के स्कूलों में 'खुशी पर पाठ्यक्रम', मध्य प्रदेश सरकार का आनन्द मंत्रालय और विभिन्न सरकारी और गैर–सरकारी योजनाएँ जो जनता की कुशलता के लिए बनाई गई हैं। इन सब में मनोवैज्ञानिक निश्चय रूप से ही एक अहम् भूमिका निभा सकते हैं। यह भी जरूरी है कि सामाजिक और सांस्कृतिक परिवेश में मानव–व्यवहार को समझने के लिए एकतरफा चैनल यानी कि मनोवैज्ञानिक अपनी ही धारणाओं के साथ क्षेत्र में प्रवेश न करें, बल्कि यह चैनल दोनों तरफ से खुला होना चाहिए और मनोवैज्ञानिक भी क्षेत्र से मनोवैज्ञानिक समस्याएँ और भारतीय परिवेश के वातावरण में विशेष कारकों को समझने के लिए खुले मन से क्षेत्र में काम करें और नए मुद्दों पर नई सोच व समझ बनाने के लिए और हर हाल में मनोवैज्ञानिक मदद देने के लिए तत्पर रहें। किसी भी सामाजिक विज्ञान में शिक्षा के दौरान भी विद्यार्थियों को क्षेत्रों में यात्रा करना और अपने समाज और संस्कृति का अवलोकन करने के भरपूर अवसर मिलने चाहिए। इस तरह से हम आने वाली पीढ़ी को भी व्यावहारिक क्षेत्रों में काम करने के लिए प्रोत्साहित कर उन्हें एक दिशा दे पाएँगे।

❑❑❑

व्यावहारिक सकारात्मक मनोविज्ञान के किए गए शोध कार्य की झलकियाँ

1. डॉ. कमलेश सिंह दूसरे अंतरराष्ट्रीय सकारात्मक संगठन के बोर्ड के सदस्यों के साथ

2. ग्रामीण महिलाओं को कुछ आरामदेय व्यायामों को समझाते हुए, जो हमारे एक शोध–कार्य का हिस्सा थे।

3. ग्रामीण औरतें मेरे साथ तनाव–मुक्ति की तकनीक सीखते हुए।

4. ग्रामीण महिलाओं के साथ मनोचिकित्सक डॉ. पी.डी. चौधरी और डॉ. दलबीर सिंह उनके स्वास्थ्य की जांच और आंकलन करते हुए।

5. आँगनबाड़ी कार्यकर्ताओं को एक शोध का परिचय करवाने के लिए उनके साथ एक मुलाकात।

6. डॉ. पी.डी. चौधरी, डॉ. दलबीर सिंह, आँगनबाड़ी प्रतिनिधि प्रीति और विद्यार्थी, जिन्होंने डाटा इकट्ठा करने के लिए ग्रामीण महिलाओं के साथ बातचीत में हिस्सा लिया।

7. मेरे साथ डॉ. दलबीर सिंह और डॉ. ओमन डांग सत्संग करती हुई ग्रामीण औरतों के साथ बातचीत करते हुए।

8. ग्रामीण औरतों की दिनचर्या और खुशी के मुख्य कारक समझने के लिए एक अनौपचारिक चर्चा।

9. चौपाल, एक गैर–सरकारी संस्थान के डॉक्टरों के साथ ग्रामीण महिलाओं के मानसिक स्वास्थ्य पर विचार–विमर्श करते हुए।

10. ब्रह्मकुमारी संगठन का अनुसरण करने वाले ग्रामीण लोगों के साथ बातचीत करते हुए।

11. जापान से डॉ. योशिकी ताकाहाशी और डॉ. दलबीर सिंह के साथ खुशी और उसके विभिन्न आयामों को समझने के लिए चर्चा करते हुए।

12. डॉ. योशिकी ताकाहाशी और डॉ. दलबीर सिंह के साथ खुशी के विषय पर ही एक ग्रामीण व्यक्ति का साक्षात्कार करते हुए।

13. डॉ. योशिकी ताकाहाशी हरियाणवी लोकल परिवेश को समझते हुए।

14. महाविद्यालय में विद्यार्थी मानसिक स्वास्थ्य कार्यक्रम से पहले मनोवैज्ञानिक परीक्षण में भाग लेते हुए।

15. एक और महाविद्यालय में खुशी को बढ़ाने के उपाय पर पहले से रिर्कोड किये गए कार्यक्रम के विशेष सत्र में भाग लेते हुए।

16. महाविद्यालय में विद्यार्थी मानसिक स्वास्थ्य में उत्थान के लिए एक मध्यस्थता के दौरान कार्यक्रम में भाग लेते हुए।

17. मानसिक स्वास्थ्य पर मध्यस्थता करता हुआ कार्यक्रम समाप्त होने के बाद में मैं फीडबैक और सम्बन्धित प्रश्नों का उत्तर देते हुए।

18. हरियाणा के स्कूल में किशोर लड़कियों के मानसिक स्वास्थ्य पर मैं चर्चा करते हुए।

19. सत्संग पर एक शोध को एक सम्मेलन में प्रस्तुत करते हुए।

20. भारतीय सामूहिक संस्कृति पर प्रकाश डालते हुए एक चर्चा।

नोट: कृपया हमारे प्रकाशित शोध–पत्रों, सम्मेलनों में प्रस्तुतीकरण और विभिन्न पुस्तकों के लिए देखें website link : http://web.iitd.ac.in/ singhk/home/index.html

हमारे द्वारा राष्ट्रीय सकारात्मक मनोविज्ञान संगठन की विभिन्न गतिविधियों के लिए देखें Link : http://nppassociation.org/